数字经济发展与治理

Digital Economy Development & Governance 2024年 第1辑

总第2辑

江小涓　主编

中信出版集团 | 北京

图书在版编目（CIP）数据

数字经济发展与治理 . 第 2 辑 / 江小涓主编 . -- 北京 : 中信出版社 , 2024.5
ISBN 978-7-5217-6472-7

Ⅰ．①数… Ⅱ．①江… Ⅲ．①信息经济－经济发展－研究－中国 Ⅳ．① F492

中国国家版本馆 CIP 数据核字（2024）第 064074 号

数字经济发展与治理（第 2 辑）
主编：江小涓
出版发行：中信出版集团股份有限公司
　　　　　（北京市朝阳区东三环北路 27 号嘉铭中心　邮编　100020）
承印者：　嘉业印刷（天津）有限公司

开本：787mm×1092mm　1/16　　印张：17　　字数：265 千字
版次：2024 年 5 月第 1 版　　　　印次：2024 年 5 月第 1 次印刷
书号：ISBN 978-7-5217-6472-7
定价：68.00 元

版权所有·侵权必究
如有印刷、装订问题，本公司负责调换。
服务热线：400-600-8099
投稿邮箱：author@citicpub.com

编辑手记

随着数字经济在世界范围内的蓬勃发展，数字货币、数字经济基础设施、数字要素市场等重要领域都发生着日新月异的变革。在我国，全面发展数字经济已经上升到国家战略高度。

《数字经济发展与治理》第2辑共刊发了国内外29位学者的14篇文章，这些文章聚焦数字经济领域的前沿问题，结合国内外相关学者的最新研究成果，为数字经济治理、数字经济时代经济和管理学科建设，以及数据要素市场的理论与实践等方面，提供了可供借鉴的理论和实践分析。

在"数据要素、数字经济与数字治理"栏目中，江小涓从数据交易和数据交互的视角，探讨构建多层次数据要素市场的重要性，并指出数据要素市场是中国数字经济发展中的原始制度创新，探索中的试错和反复难以避免，鼓励创新和容错纠错机制十分重要。要不断研究探索合理可持续的制度模式，让数据要素的价值充分发挥，支撑数字经济和数字社会的健康发展。中国金融学理事会会长易纲论述了数字人民币的研发背景和相关理论体系，包括数字人民币的主要职能、基本原则、运营架构和管理模式，以及对货币政策传导机制的影响，文章还简要介绍了数字人民币的试点及应用情况。马郓、张颖、梅宏基于数字经济发展的现状，讨论了大力发展数字基础设施建设的必要性，介绍了推进数字经济基础设施建设的主要技术路径，同时结合北京大学研究团队的实践研究，分享了对数字经济基础设施建设的若干思考。何治国等人就信息技术对银行业和金融稳定的影响这一近期政策讨论的热点话题，首次对银行的信息技术支出进行了全面研究。他们将银行的信息技术投资区分为软信息与硬信息，将贷款技术区分为关系贷款和交易贷款，在此基础上构建了实证模型，探讨不同类型信贷活动中内嵌的信息性质如何影响不同类型的信息技术投资；信贷需求冲击和金融科技进入等经营环境冲击如何通过银行的贷款技术调整，进而影响信息技术投资决策。陆志鹏讨论了数据要素化治理过程中对数据资产化的路径的思考和探索。迈克尔·索金和熊伟的文章针对数字经济中的两大趋势——平台以代币方式为其开发和运营筹资，以及平台与用户之间的利益冲突，分析了代币作为一种治理机制如何帮助解决了融资问题，以及引发平台与用户冲突的可信承诺问题。文章围绕需求基本面概念，比较了实用代币与股权代币等不同融资方案在面对不同需求基本面时的优劣，进而提炼出解决平台与用户之间可信承诺问题的最优融资机制设计。

在"数字时代的新特点与经济和管理学科建设"栏目中，叶强提出创新是数字经济时代增长和发展的动力源，而管理则是数字经济时代增长和发展的推进剂，并分享了对如何培养顺应时代要求的高素质拔尖创新人才的一些思考。毛基业、马冲和安筱鹏三位作者聚焦影响中国电子商务发展的供给侧、企业侧和需求侧因素，探讨中国数字经济快速崛起的驱动力，并对未来我国电子商务的发展做出展望，他们认为，只要需求侧、企业侧和供给侧的发展动能存在，中国电子商务仍具有可见的巨大增长空间。谢康及其团队提出了"大数据合作资产"这一重要概念，并通过大数据合作资产理论及其对现实的解释，给新商科教育教学模式的创新带来诸多启示，如"活案例"教育教学模式可以较好地满足数字经济时代新商科教育教学变革的要求。魏江提出了数字平台产业组织的新理论命题，重构数字经济时代"产业—企业—个体"三层次关系与治理体系逻辑，系统地解析了经济组织甚至社会组织变革的底层规律性问题。徐翔和李帅臻介绍了当前数字经济发展和数字经济学学科建设的状况，归纳数据要素市场建设面临的关键问题，并提出适应数字经济发展的分析范式。蔡跃洲从数字经济实践中存在的"大数据统计测算悖论"出发，提出从物理和价值两种尺度进行测算的设想。在此基础上，进一步给出各类数据的统计测算思路。

在"数据要素市场的理论研究与实践探索"栏目中，戎珂、刘涛雄、周迪和郝飞从数据要素市场确权现状出发，提出一种解决数据确权问题的新思路，即建立用户和数字平台围绕数字经济的生产活动进行市场化的数据分级授权制度。文章还构建了有关数据要素市场分级授权的经济模型，分级授权及其对数据要素市场和社会福利分配的影响。俞宁、武华君、杨晓光、孙宁分析了在数字经济迅猛发展的今天，数字经济市场中的拍卖和匹配机制设计问题，并结合实例和数字经济市场机制设计的新现象与新问题，探讨拍卖和匹配机制发挥的作用及需要做出的改进。

目 录
Contents

数据要素、数字经济与数字治理

2　　构建多层次数据要素市场　　　　　　　　　　　　　　　　　江小涓

14　　数字人民币的相关理论与实践　　　　　　　　　　　　　　　易纲

27　　数字经济基础设施：探索与实践　　　　　　　　　马郓　张颖　梅宏

40　　在借贷技术上投资　　　　　　　　　何治国　姜波　徐迅　尹潇

82　　数据资产化路径的思考与探索　　　　　　　　　　　　　　　陆志鹏

85　　通过代币化实现去中心化　　　　　　　　　　　迈克尔·索金　熊伟

数字时代的新特点与经济和管理学科建设

142　　数字经济时代的创新与人才培养　　　　　　　　　　　　　　叶强

150　　中国数字经济快速崛起的驱动力　　　　　　毛基业　马冲　安筱鹏

161　　大数据合作资产的要素市场创新与新商科教育教学　　　　　谢康

173　　数字产业组织之体系逻辑重构　　　　　　　　　　　　　　　魏江

186　建设数据要素市场，推进数字经济学的中国实践　　　　徐翔　李帅臻

198　价值视角的数据要素资源分类与统计测算思路　　　　　　蔡跃洲

数据要素市场的理论研究与实践探索

214　数据确权新思路：探究数据要素的分级授权机制

　　　　　　　　　　　　　　　　　　　戎珂　刘涛雄　周迪　郝飞

249　数字经济中的拍卖和匹配机制设计　　俞宁　武华君　杨晓光　孙宁

数据要素、数字经济与数字治理

构建多层次数据要素市场

江小涓*

一、交易与交互双轨流通：数据要素异质性的突出表现与创新挑战

1. 数据要素市场是中国数字经济发展中的原始制度创新

人类社会进入数字经济时代，数据成为基础性战略资源。如何看待和发挥数据的价值和重要性，成为国内外普遍关注的问题。党和政府敏锐看到这个趋势，将发挥数据要素作用问题放在决策与工作部署的重要位置。如图 1 所示，2004 年，中办发布《关于加强信息资源开发利用工作的若干意见》，提出信息资源作为生产要素、无形资产和社会财富，在经济社会资源结构中具有不可替代的地位。2019 年中央十九届四中全会提出"数据可作为生产要素按贡献参与分配"，明确了数据要素市场这个重要概念。2022 年 6 月，中央全面深化改革委员会审议通过《关于构建数据基础制度更好发挥数据要素作用的意见》（以下简称"数据二十条"），部署了数据要素基础制度"四梁八柱"，开启了数据要素市场建设发展的新征程。2024 年 1 月，国家数据局等 17 部门联合印发《"数据要素 ×"三年行动计划（2024—2026 年）》，推动数据要素高水平应用，数据要素市场建设从理念形成进入实践探索阶段。

---

* 江小涓，中国工业经济学会会长，中国社会科学院大学教授。

图1 中央高度重视发挥数据的重要作用

虽然数据的流通使用和治理引起各国的普遍关注，但我国是首个明确将数据列为生产要素的国家。我国市场体制建设和要素市场发展，借鉴吸收了国外许多成熟的经验。数据要素市场建设是我国的"原始创新"，从头起步探索前行，是典型的制度创新，因此"数据二十条"定位于探讨数据要素市场基础制度架构，勾画出产权制度、交易制度、分配制度和治理制度四个方面的制度框架，如图2所示。总体看，其思路和逻辑基本遵循了其他生产要素市场的基本框架。

更好发挥数据要素作用，构建"适应数据特征、符合数据经济发展规律、保障国家数据安全、彰显创新引领"的数据基础制度

数据产权制度	流通交易制度	收益分配制度	要素治理制度
保障权益、合规使用	合规高效、场内外结合	体现效率、促进公平	安全可控、弹性包容
数据产权结构性分置 / 各方合法权益保护	场内场外市场交易 / 全流程合规与监管	收益合理分配调节 / 数据要素市场配置	企业主体责任义务 / 政府引导多方协同

图2 中国数据基础制度的"四梁八柱"

2. 数据的独特性质和创新的挑战与机遇

数据作为生产要素有其独特性质，确权、生产、流通和治理几个方面，都有与其他要素相似的方面，也有自身独特的性质，主要体现在以下几个方面，如图3所示。第一是多主体生产因而确权困难，数据的生成过程错综复杂，常常是多方主体相互协作的结果，包含了不同主体、不同程度的投入和贡献，因此确权困难。第二是多场景复用方便，一组数据可以被不同主体以不同方式重复利用，在使用上不具有竞争性和排他性，不易清晰明确主张权力。第三是数据中的敏感信息多，许多数据的内容多层次多元化，可能承载了需要保护的个人信息和商业机密，即使匿名化和去标识化，也有可能在新技术条件或与其他数据汇聚后被挖掘出来。第四是减损贬值快，绝大部分数据的价值在于实时性，有研究表明一年期以上的数据贬值达到98%以上，保值增值十分困难。第五是数据的交易和交互，这一点将在下文详细讨论。

多主体生产	多场景复用	敏感信息多	减损贬值快	交易和交互
确权困难：数据的生成过程非常复杂，常常是多方主体相互协作的结果，包含了不同主体不同程度的投入和贡献。	复用方便：数据可以被不同主体以不同方式同时利用，因此不具有排他性，不易主张权力，有一定公共品的性质。	内容敏感：数据的内容非常复杂，往往承载了个人信息，或可以被挖掘出许多敏感信息。	快速贬值：绝大部分数据的价值在于实时性，一年期以上的数据贬值达到98%以上。	非交易型：数据在不同主体间非交易型流通或使用，支持业务拉通并获得相应利益。

图3　数据的独特性质

由于数据的许多特殊性质，数据要素市场制度建设必然会碰到许多新问题。因此，在基本制度架构的基础上，理论与实践创新都应该是开放式的，许多具体规则和模式都需要在理论指引和实践经验的基础上不断探索发展，架构本身也很可能需要不断修改与完善。例如"数据二十条"考虑了所有权，但更强调持有权、使用权、经营权，让数据先动起来、用起来，就是回应了现阶段中国特色数据产权制度的一个鲜明特点。

3. 交易还是交互：数据要素市场的一个特殊重要问题

在一般要素市场中，要素的确权和交易是要素流通使用的基本前提。然而数据要素的流通使用有交易和交互两种方式。交互型流动，即数据在不同主体间的非交易型流通使用，这种方式具有独特性质。因此，理解和处理好数据交易和数据交互这两种流通使用方式，是数据要素市场建设中理论性和实践性都很强的重要问题。下面我们从商业数据、公有数据和跨境数据三个方面，分析数据交易与数据交互的不同性质，以及这两种方式并存对数据要素市场建设产生的影响和未来市场建设中制度创新的重点方向。

二、数据交互与数据交易收益：商业数据流通使用的两条主线

"数据二十条"发布后，数据要素市场建设最显著的进展就是各类数据交易所建设的快速发展。与此同时，对数据流动最普遍的一个认识偏差是忽视数据交互这种流通和使用方式。数据流动与其他要素流通的一个显著差异是数据并非必须经过确权、定价和交易后才能流通和使用。通过数据交互方式拉通全产业链全生态圈的业务、相关各方共同拓展新赛道和分享新收益，是当下数据流动和发挥作用的主要形态。

1.场内数据交易：当下高度受重视的制度建设

建设数据交易所是我国数据要素市场建设中各个地方用力的重点。其中一个显著特点是，"数据二十条"发布后，各地发展热情更加高涨，数据交易所快速增加，到2023年10月底已经超过48家。从各地数据交易所的工作推进情况看，总体上是制度建设和规则建构先行，高频推进的工作包括登记、确权发证（持有权、使用权、经营权）、价值评估、公共数据开放和运营、数据链建设、数据产品合规体系和数据安全体系建设等，以及从数据、数据产品到数据资产、数据资产金融创新的路径指引等。同时，交易所的各类主体汇聚也取得明显效果，在几家主要的数据交易所中，已经入场的各类主体都超过千家，包括数据供给方、数据需求方、多种类型数据服务商和数据安全技术开发主体等。不过总体上看，"场内"数据交易量有限，可以说仍在尝试起步阶段。

没有交易发生甚至没有场内数据交易意愿的主体为何"入场"？首先是数据交易所的信息平台作用突出。如图4所示，数据交易所的基本架构能够促进相关主体之间的充分交流，构建良性互动、开放协作的产业生态，共同推动相关制度建设。在此共性意愿下，各类主体有各自立场。数据拥有方希望在确权的基础上能交易数据并获得收益，在交易不活跃时，也期待数据能够被确权、

评估和入表，成为数据资产。据介绍，我国数据交易所当下业务主要包括数据资产登记、评估、发放资产凭证、数据资产入表、数据资产金融创新、数据资产交易，如图5所示。"数据资产"可以增加企业信誉和改善资产负债表。不过最有共识的期待是数据资产可以用来融资，例如数据质押贷款、数据资产担保和数据资产证券化等。从目前情况看，金融业较为普遍地认为数据资产带来的挑战和机遇都很大，需要积极谨慎研究，试点探索先行。这种想法可以理解，例如一笔估值数千万的"数据资产"用于抵押贷款，如果到期不能还款，而用于抵押的"数据资产"又迅速贬值，风险如何控制的问题还需要实践探索。对数据服务商来说，能在数据交易所得到某种方式的增信，并预期能为交易所中的各类主体提供服务，是其"入场"的重要动力。当然，先行进入获得信息得到增信，并期待在未来海量数据交易中抓住先机，是所有主体的共同愿望。

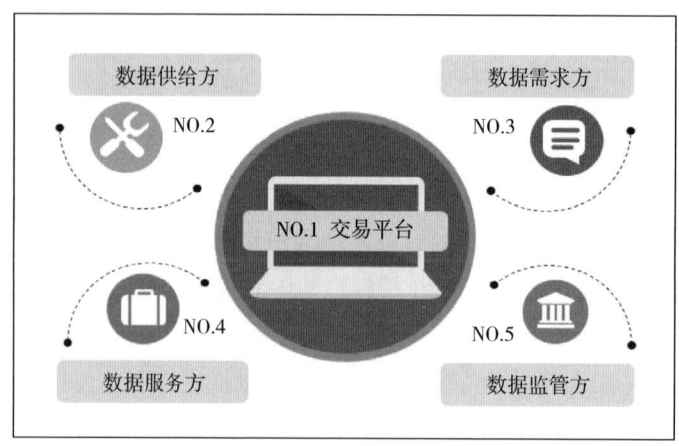

图4 数据交易所的基本架构

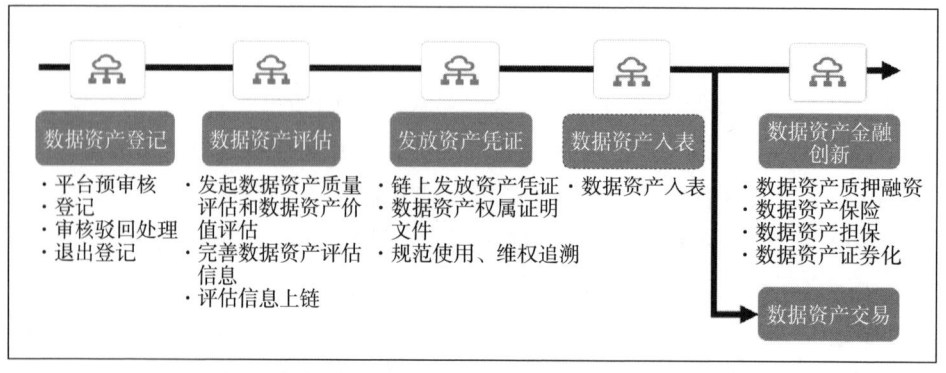

图5 数据交易所对当下业务类型表达的基本架构

2.场外数据交易前景广阔

场外数据交易是指数据需求方与数据拥有方直接交易,两类场景最常见。一类场景是经济社会的"智能化转型",这类转型的本质是将物理场景数据化,并使两者有效协同。智能化转型的市场有多大,智能化转型服务的市场就有多大。有些企业采用专业数据生产商提供的数据库或数据组件,有些企业购买数字化转型解决方案或各种形式多样的转型服务。另一类场景是解决数据无法流通时的数据共享问题。由于隐私保护或其他政策限制或竞争关系,一些领域的数据无法汇聚或拉通,数据服务商提供联邦数据和计算解决方案,私有化部署,数据不动算法动,这为各种数据技术服务商提供了商机。由于技术持续升级,该服务需求量大而且不断迭代升级,发展前景远大,不过从技术类型和交易规模看,数据交易所这类交易平台在发挥品质保障、信用保障、金融服务和撮合交易等作用方面有很好的发展前景。

3.场外数据交互:多种场景拉通支撑业务扩展

数据的交互利用是当前数据流通更为广泛使用的商业模式。数据或数据产品并非用来直接"交易"获利,而是为了业务发展。也就是企业和组织通过与内部各方以及与业务相关的外部各方共享数据,支撑业务打通和创造新价值,各方共享业务发展带来的利益。数据交互的主流模式是API模式,即通过应用程序接口拉通数据。这种模式允许不同的应用程序或系统之间进行数据交换和集成,实现数据流通和共享。API模式在数据流通中的应用非常广泛,它可以帮助实现数据共享、数据交换、数据迁移、数据同步等功能。在API模式下,并没有"数据交易"发生,因此数据持有方并没有确权、估值、入表和交易规则等服务需求,而需要解决数据交互中的匿名化标准、隐私保护责任边界、数据跨界跨境流动、数据安全技术开发、大企业数据垄断等问题。下面我们分别探讨各类平台的数据交互情况。

首先是消费平台。数据主要用于全链条业务和跨界业务打通(数据交互)而非数据交易。例如跨境电商平台有海量实时数据,为平台国国内外客户和商户服务,打通全链条数据交互,从消费者偏好感知、智能广告推送、获得客户订单、生产者排产制造、商户发货、物流体系配送,直到商品交付给消费者,这个运作全链条的数据拉通,支持平台全球业务发展和生态圈的不断拓展。再如银行数据主要用于风险管控、识别客户、推送服务以及各种衍生服务圈的开拓，而不会通过确权–交易这种方式来流通利用。

其次是产业互联网平台。产业互联网的初心就是通过数据交互支持产业链从供应端到客户端各个环节的业务衔接和融通，提高产业全链运行效率。另一类产业平台是复杂场景下全域数据的拉通，例如全过程智能电网建设、智慧城市建设中多场景数据的汇聚和应用。在这两种情形下，平台有可能将行业、领域知识与经验进行数字化封装，提供优秀的服务组件，适应特定企业和特定场景的应用需要。但此时的供需双方可以直接沟通，而且交易的是数字产品而不是数据要素。

最后是通用人工智能模型应用。无论是搜索平台通过人工智能实现极高匹配度的内容分发和信息输出、内容平台实现极为丰富的智能化内容生成、社交平台实现人机极高效率交互，还是人工智能模型在垂直领域的落地应用，都很难想象训练模型所需的多模态海量数据是经过确权后的数据交易这种方式获得的，实践中更多的是用海量交互方式或者网络抓取方式获取数据。

三、数据交互提供服务与数据开发收益：公共数据使用的两条主线

1.公共数据以交互方式提供大量数字化公共服务

政府和各类公共部门及公有企事业单位生产存储大量数据，而且是高质量数据。在现实中，普遍服务类型的公共数据主要通过两种数据交互方式提供服务。一是政府部门与公众和市场主体的交互，例如各级政府及其部门为市场主体和公民提供的数字化服务，就是前台与公民和市场主体的信息交互，以及全流程中政府各部门之间的数据交互过程。二是中央到地方的政府服务平台，纵向层级间数据与横向地方间数据的交互贯通，为公众提供异地或跨层级的数字化服务。

我国国家政务服务平台是全国政务服务平台的总枢纽，通过跨地区、跨部门、跨层级的数据交互和业务协同，依托全国一体化政务服务平台统一身份认证、统一服务事项、统一证照互认、统一数据共享等支撑能力，后台汇聚了超过10亿个实名注册用户的数据、5 981个各级政务部门的数据、258万项地方部门涉企办事服务数据；前台发布各类数据资源1.5万类，支撑政

图6 公共数据在政府不同层级不同地域之间交互拉通，
为公民和社会主体提供数字化公共服务

务数据共享调用超5 000亿次。根据《数字中国发展报告（2022年）》，截至2022年底，全国一体化政务数据共享枢纽直通地方部门500万余项政务服务事项的数字化办理，"跨省通办"服务已接入近100个可网上办理的高频"跨省通办"事项和近200项可跨省办理的便民服务；32个省级政务服务平台"一网通办"服务为广大市场主体提供了企业登记、公章刻制、申领发票和税控设备、员工参保登记、住房公积金企业缴存登记等企业全生命周期的数字化公共服务。

2.公共数据的有偿开发利用也多采取交互方式

公共数据涉及政府治理对象，含有大量个人信息、商业秘密和公共安全信息。因此，在开发公共数据为产业提供有偿服务时，需要数据可用不可见。在这种情况下，如图7所示，政府建立公共数据专区，汇聚政府各部门掌握的多种类型数据，需要了解市场主体信用状况的机构如金融机构可以进入专区获取相关结果，数据不出域，可用不可见，既能助力信用良好的企业获得金融服务，又能保护企业相关商业秘密和个人信息。

另一类普遍应用的公共数据交互是智慧城市建设，交互的目的既有公共服务也有商业化服务。智慧城市建设运用物联网、云计算、大数据、空间地理信息集成等新一代信息技术，以交互方式接通城市各条线的数据，服务城

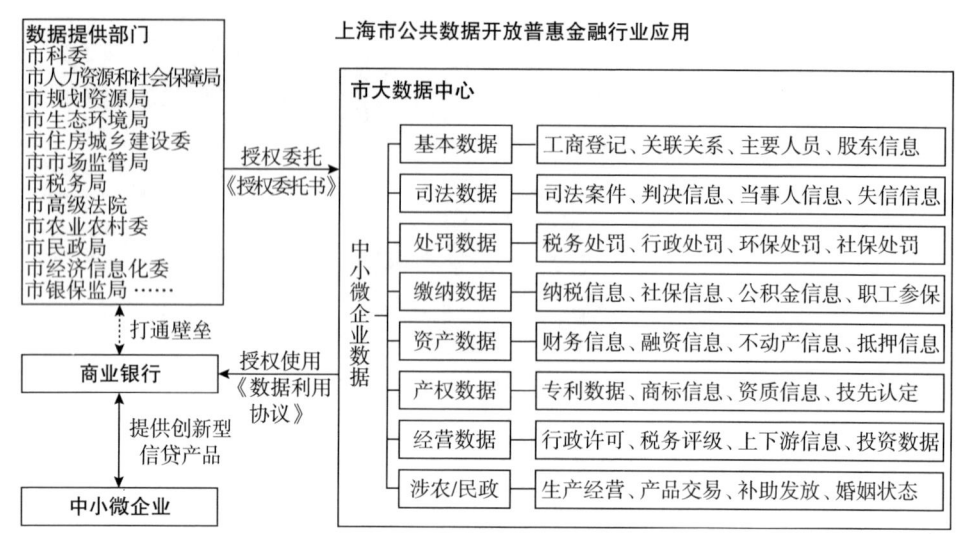

图7 政府公共数据设立专区，以数据可用不可见不可流出的方式，
为市场提供市场主体信用服务

市运转和管理。智慧城市建设涉及政府、企业、公众等多个角色，政府引导、市场主导、公众参与的模式逐步形成，建设主体呈现多元化。政府积极鼓励和引导社会资本参与智慧城市建设，吸引了ICT（信息与通信技术）设备供应商、电信运营商、系统集成商、软件开发商、互联网、金融、房地产等企业纷纷入局。据一些城市数据测算，智慧城市各级政府财政支出约占五分之一到四分之一，其余为社会投资。因此，智慧城市的建设和发展提供的应用场景，既有智慧政务、智慧交通、智慧应急等公共服务，也可以为事业发展和产业发展提供特定的公共服务，如智慧医疗、智慧物流、智慧安防、智慧企业等。

公共数据也存在有条件交易使用方式，这是公共品"用户付费"方式在数字时代的表现。例如有些公共数据并不被广大公民和市场主体所需要，政府无须用财政资金为特定用户提供相关服务，而由相关企业按照自身运营需要付费获得。

这里需要强调的是，公共数据要以为社会提供数字化公共服务为首要目标。目前多个省市都成立了公共数据服务专业机构，统筹公共数据的开放共享和开发利用。要坚持以政务数据开放共享为原则，同时允许多种形态的探索创新，使更多数据得到有效使用。

四、数据交互拓展全球业务与数据交易获得分工利益：数据跨境流动的两条主线

1.数据跨境交互拓展全球业务

数据跨境流动的主体是跨国运营的企业和组织，目前数据交互是主要模式。数据跨境流动的目的是通过企业内部以及相关业务生态内各方的数据交互，拉通全球业务链和统筹全球业务运行。数字时代的每一笔国际贸易都依赖数据跨境流动，跨境电商离不开实时海量的数据跨境流动。阿里速卖通、Shein（希音）、Temu（即拼多多海外版）等一批全球性数字平台企业，通过数据交互，联通我国上万家中小微制造业企业与海外市场，高效组织供应链，带动数以万计的中小微企业以数字化方式进入国际市场。全球供应链管理服务企业基于客户全球运营的需求，向运营各个环节实时提供运输、仓储、包装、搬运装卸、生产等过程中的多维度数字化信息，通过高质量的全球数据链和先进的人工智能算法为货主和物流服务商提供高水平供应链管理能力。数据跨境交互流动还促进了可数字化交付的数字服务贸易增长，拓展了数字广告、数字营销、数字音乐、数字视频、游戏、动漫、软件研发、远程医疗、在线教育等数字服务贸易发展。再如金融理财机构因业务发展需要，需将一部分国内业务数据与研究成果融入全球化研究体系，以便使用全球视野的研究资源和分析系统等，来支撑业务发展。还有民航业数据的跨境流动，是为了支持世界各地旅行者从乘机决策、机票购买、值机候机、登机服务、到达行李全流程业务的拉通。从业务拓展看，希望能通过数据交互，将业务拓展到与乘机人旅行目的相关的服务领域中，例如教育消费、医疗消费、旅行消费、文化消费、商品消费以及金融服务等领域。在上述各类数据跨境流动中，数据都是通过交互拉通全链业务和拓展新的业务，而不是直接进行数据跨境交易。

2.数据跨境交易并获利

数据跨境交易的某些业务与国内场外交易类型相似，包括为国外有智能化转型需求的企业提供数据服务、当数据出于隐私或安全跨境流通需要时提供数据计算结果服务等。跨境数据交易也有独特的内容，例如来数加工业务和离岸数据外包业务。来数加工是指在中国境内对来自境外的数据进行加工处理的行

为，类似于较早时期的产品型加工贸易，这种行为必然涉及数据的跨境传输。离岸数据外包是指企业将内部数据处理相关的业务流程以商业的形式发包给位于海外的服务提供者，通常是为了利用国外相对廉价的劳动力或专业知识。中国从事这两类业务具有优势，一是我们许多数据服务商的技术能力和商业模式具有较强竞争力，能为海外客户提供更好的服务；二是我们有较低的劳动力成本，在劳动密集型数据行业中具有较强竞争力。因此，我们在全球数据跨境交易中应该占据重要地位。

3. 数据跨境流动治理模式：以合规流通为出发点

对跨境流动数据进行管控是各国的共同做法。我们目前主要采用发布规则并逐单核准的模式。这种方式有利于数据跨境流动安全，但对政府和企业来说负担很重且效率很低。从国际经验和我国一些数据交易机构的实践看，需要将审核企业数据合规能力和审核数据内容合规性相结合。当下常用的有以下几种治理类型。

第一，审核企业数据保护的合规能力。美国主张通过行业自律实现跨境数据自由流动。企业制定隐私政策的标准，最具代表性的为ISO/IEC29100系列标准，包括《隐私保护框架》《隐私体系框架》《隐私能力保护评估模型》《隐私影响评估》《个人可识别信息保护指南》等。但跨境数据流动涉及双方或多方，因此美国大力推动APEC（亚太地区经济合作组织）采用跨境隐私规则体系（Cross Border Privacy Rules, CBPRs），这个体系强调"数据持有者标准"，这是一种企业数据合规能力标准。CBPRs体系是一项企业和各类组织自愿认证的体系，通过认证后，认证企业内部和企业之间个人信息的跨境传输应不受阻碍。

第二，制定白名单。欧盟执行的是白名单管理制度。CBPRs的本质也是白名单，但主要针对企业和各类组织。而欧盟的白名单指经过欧盟评估认定的对个人数据保护充分的国家、地区或国际组织，如果达到要求就可以直接向其传输数据，不必采取进一步的保护措施，其评估的主要内容是对个人隐私的保护。目前欧盟确认安道尔、阿根廷、加拿大、以色列、日本、新西兰、瑞士、英国和乌拉圭等国家和地区获得白名单资格。

第三，制定标准合同（Standard Contractual Clause, SCC）。如果一个国家或地区不在欧盟认定的个人数据得到充分保护的白名单中，此时企业传输个人数据则需要采取其他豁免途径，如签订标准合同、约束性企业规则、获得数据主体同意等。其中标准合同应用最广泛。标准合同要求明确个人信息被传输的方式和途径，个人信息被传输的地点、接收方和用途，个人信息被传输的合法性和安全性保障措施，出现违规行为的责任追究机制等。

第四，制定负面清单。美国2010年界定的"重要数据"范围包括农业、受控技术信息、关键基础设施、地理产品信息、情报、核、隐私、安全法案信息等17个门类。这些数据特别是受控技术信息出境要受到数据安全审查。审查内容和程序则依据相关法案，如《外国投资风险评估现代化法案》《出口管制条例》等。

无论哪种审查方式，都不涉及"数据交易的合规性"，而只针对"数据跨境流动的合规性"。其实践背景就是数据跨境流动主要是跨国企业集团内部数据流通，以及跨国经营企业在其全球产业链条和产业生态内的数据流通，主要是数据跨境交互而不是交易。我国数据跨境流动的商业模式和监管制度，要深刻理解这个实践背景，从我国实际出发，参考借鉴其他国家经验，持续创新和完善。

总之，数据要素市场是一种新型要素市场，我们进行的是原始创新。探索中的试错和反复难以避免，鼓励创新和容错纠错机制十分重要。要不断研究探索合理可持续的制度模式，让数据要素的价值充分发挥，支撑数字经济和数字社会的健康发展。

数字人民币的相关理论与实践

易纲[*]

一、引言

数字货币是当前许多中央银行比较关注的热点领域。本文讨论的数字货币，特指中央银行数字货币（central bank digital currency，以下称CBDC），不包括比特币等非中央银行发行的加密货币或稳定币。国际清算银行（Bank for International Settlements，以下称BIS）对CBDC的定义是：由发行国法币定值的数字支付工具，是发行国中央银行的直接负债，是不同于传统准备金或清算账户资金的一种数字化的中央银行货币（BIS，2020a，2020b）。我国的中央银行数字货币是数字人民币。

2021年发表的《中国数字人民币的研发进展白皮书》指出，数字人民币是人民银行发行的数字形式的法定货币，由指定运营机构参与运营，以广义账户体系为基础，支持银行账户的松耦合功能，与实物人民币等价，具有价值特征和法偿性（中国人民银行数字人民币研发工作组，2021）。数字人民币已经开始试点，有正式的标志，英文名字是e-CNY，其相关工作进展在各国央行间比较领先。本文主要分析论述数字人民币的研发背景和相关理论体系，并简单

---

[*] 易纲，中国金融学理事会会长。本文为作者2023年7月5日在清华大学中国数字经济发展和治理学术年会上的讲座文稿。感谢学术年会主席团江小涓主席的邀请。

介绍其试点及应用情况。

二、从货币发展历史的视角看数字人民币

在我国数千年文明史中，出现了多次货币变革，而每一次货币形态的变化都是由科技进步和经济社会发展推动的，数字人民币也不例外。此外，每一种货币形态，都有对应的钱包或者承载工具。历史上的钱包形态有用绳把钱穿起来，也有布袋和皮袋等。在数字时代，移动支付的电子钱包，在携带和支付方面更加方便，数字人民币也有自己的承载钱包，而且根据不同的使用场景需要提供了包括软钱包和硬钱包在内的多种钱包形式。

1.我国历史上的主要货币

货币起源于商品货币，是充当一般等价物的特殊商品。在中国几千年文明史中，老百姓用于市场交易的货币一直是以铜钱为主，在有些朝代官制铜钱管理得比较有序，有些朝代私铸铜钱泛滥。但从中国货币史的总看，铜钱仍是一条占据重要位置的主线。我国历史上金银主要用于统治者征税和富商储藏财富，可用于大宗交易，即"大数用金银"，但基本上没有以官方形式正式铸造用于流通的金银币。在有些朝代，比如宋代曾铸造过一些金银钱币，主要用于赏赐、祝寿、殉葬等。有些金银币流到民间，大都被当作宝贝收藏。民间也有请金银匠打造金银币的情形，币上一般都会有一些吉利语（彭信威，1958）。我国各种史料中对货币的相关记载也非常丰富，不论是《史记》《汉书》这样的正史，还是后来如四大名著等小说资料，其中都有与金银货币和铜钱相关的大量记载。

明朝时期，随着海外白银大量流入，我国逐步形成"大数用银，小数用钱"、以白银为核心的货币体系。明代中期嘉靖年间，各种铜钱已经开始与白银建立比价关系。明朝万历年间（公元1580年左右），张居正成为内阁首辅之后，推行了一系列改革，其中把"一条鞭法"推广至全国是张居正变法的重要内容。其主要内容包括：田赋和役法两方面改革，量地计丁，一概征银，即重新丈量土地，简化税制，摊丁入亩，以银折税，将以实物和劳役纳税转向以银缴税。可以说，推广"一条鞭法"实质上在全国范围内确立了隐含的或事实上的银本位制度，白银成为货币单位和价值尺度的主体，同时铜钱仍在日常交易中广泛流通。张居正作为明朝的内阁首辅，在皇帝的首肯下，依托政治权力推

进改革，使中国很大程度上强化了银本位制度，也在世界范围内影响了之后200多年全球的白银流向。

为什么金属货币能够在几千年的人类货币史上占主导地位呢？一个重要原因是贵金属货币本身具有较高的价值，天然的就是最好的，作为货币的特殊商品，用作支付和价值储藏，其持有者心里非常踏实。至于其如何切割、交易、流通，如何与铜钱和铁钱搭配使用，就是技术层面的问题了。

2. 数字人民币保障了数字时代居民的提现权利

上文提到，贵金属货币本身有价值，老百姓天然拥有持有贵金属货币的意愿。在中国几千年文明史上，一直到近代才有比较系统的法币制度安排。在清朝末年，清政府曾颁发律令想建立银圆券制度，但发布的时间是1909年，离辛亥革命已经很近，所以清政府并没有时间真正建立一套法币或纸币体系。中国历史上实际开始实行法币体系，是1935年11月国民政府推行的法币改革，自此法币系统才正式确立。

但法币体系确立后，很快就面临币值稳定的问题。纸币和银圆、黄金不同，其本身没有价值，进而带来币值波动和保值问题。如果是中央银行印发的纸币，其背后的价值基础就是政府信用，如果政府因财政困难等因素超发货币，此时纸币就会贬值并引发通货膨胀，比如解放战争时期国民政府的金圆券因大肆超发而大幅贬值，其购买力严重缩水，让持有金圆券的老百姓遭受了巨大损失。

新中国成立后，党和政府高度重视币值稳定，《中华人民共和国中国人民银行法》第三条明确规定，货币政策目标是保持货币币值的稳定。过去多年，我国没有出现过严重的通货膨胀，人民币保持了稳定的购买力，老百姓手中的票子没有"变毛"，维护了广大人民群众的利益，促进了经济平稳增长。

在现代金融体系下，老百姓在银行里有存款，在移动支付账户里有余额，但还是会有提现的需求，即对现金的需求。现金的作用之一，是在金融机构出现风险时的一个最后选择。假如A银行出现了流动性问题或其他风险，甚至只是出现了关于其可能出险的传言，A银行的储户就可能前去网点提取现金，集中的大规模提现可能引发挤兑，给整个金融系统带来冲击。这种情形下，金融管理部门和商业银行为了稳定大家的信心，首先要告诉大家，存款其实都是安全的，同时往往会把大量现金摆在银行柜台上，并延长取款业务的办理时间，让大家敞开提款。这就是现金的一种作用，对一些老百姓来说，把现金取出来，拿回家放在褥子底下心里才踏实，这种心理是完全可以理解的，这种提现的需求，是老百姓的合法权益，应予以保障。

数字人民币首先是便捷高效的支付工具，还可以在现金以外给居民和企业提供一个新的提现选择，数字人民币同样是央行的负债，央行有兑付的义务，性质上与现金等同。而随着科技进步和社会发展，现金交易的比例可能逐步下降，此时老百姓还是要保留提现的选择，数字人民币就提供了这样的选择。

三、数字人民币的理论体系

国内外关于CBDC的讨论很多，涉及其定位、组织架构、技术路线以及推出CBDC对货币政策传导的影响等多个领域，数字人民币的制度设计，是在充分借鉴国内外研究成果的基础上，结合我国国内的需求和实际情况，做出的具体安排。

1.研发背景和必要性

首先要回答的问题是，我们为什么要研发数字人民币？数字人民币是央行发行的数字货币，其主要职能是提供高效安全的数字支付工具。研发数字人民币主要有三方面的考虑，一是提高央行支付系统和货币发行的效率，二是为我们的支付系统提供一个备份，三是促进普惠金融和一些特殊群体、特定场合的交易。

我国的金融服务普惠性比较高，老百姓拥有银行账户的比例在全球也处于前列。但与此同时，我国人口众多、幅员辽阔，仍有银行账户服务覆盖不到的人群，数字人民币可以进一步覆盖这些人群。特殊群体包括老年人、残疾人、短期来华人士等开立银行账户不便的群体；特定场合主要指需要通过智能合约管理的交易，比如灾后重建、医保支出等，需要通过智能合约追踪资金流向。类似的还有在对外贸易交易和保险保障中，需要定位货物的流动，并与资金流进行匹配。上述情形用数字货币的智能合约管理更加有效。

2.数字人民币的价值基于物权

大家熟悉的现钞，遵循"占有即所有"的原则，任何人把现钞支付给对方，在这张现钞完成实物转移的同时，其所有权也同步转移，这个支付过程就完成了，不再需要其他的确认环节，这就是"占有即所有"。

数字人民币以币串（token）体现价值，币串代表了数字人民币的物权，与现钞类似,其价值也是基于物权,同样遵循"占有即所有"的原则。使用电子钱包支付数字人民币,完成币串的传递也就完成了数字人民币所有权的转移,同样不再需要其他的确认环节。正因为数字人民币具有这一特征,它才可以实现离线支付和无电支付功能,即在手机没有网络甚至没电的情况下,仍然可以使用手机内电子钱包中的数字人民币进行支付。

银行存款适用"占有即所有"的过程就比较复杂。在使用存款账户资金进行支付时,资金的划转要通过银行账户体系,其中商业银行本代本[①]账户转移可以在银行内部系统完成,而从A银行转到B银行这种跨行转账还需要通过中央银行的支付系统才能完成。

关于数字货币的未来方向,现在国际上的讨论也较多,有一个近期讨论较多的理论认为,将来数字货币应该是一种代币化存款(tokenized deposit)。但代币和存款这两个概念的法律含义有所不同,代币基于物权,代币的所有权转移可以直接通过实物的转移完成,但是作为银行存款,其转移就要通过银行系统,大多数时候还要通过中央银行的支付系统,是一个有第三方参与的过程。另一个法律含义上的不同是匿名性的不同,比如一笔用现钞进行的支付,其支付过程的匿名程度就比较高,很多时候只有收款方和付款方两人知晓相关信息,但如果是用存款资金通过银行系统支付,整个交易过程会有一家或多家银行机构参与,而且是完整留痕的。所以用代币支付和用账户支付这两个用户端看上去很相似的过程,其背后的法律含义有所区别。

数字人民币选择的方向是价值基于物权,与贵金属货币和现钞类似,遵循"占有即所有"的规则。但与此同时,数字人民币也可以同银行账户建立联系,即支持银行账户松耦合功能。这里的"松耦合"是与传统移动支付工具同银行账户"紧耦合"相对应的概念,传统移动支付账户与个人的银行账户紧密关联。数字人民币可以在没有银行账户的情况下使用,也可以与个人的银行账户关联绑定。从这个角度讲,数字人民币横跨了代币和账户的属性,横跨了直接占有物权和银行存款这两方面的属性,这也是数字人民币的一个重要特点。

3.数字人民币聚焦于支付功能

货币有价值尺度、支付手段和贮藏手段等多种职能。在现代商品经济中,

[①] 本代本指的是商业银行本行受理本行卡业务。

货币非常重要的一个职能是支付手段。数字货币，特别是中央银行数字货币，与支付工具的联系是最为紧密的，支付是研究和理解数字货币的一个关键切入点。货币的另外一个功能是价值储藏，这个功能在数字人民币的讨论和研发过程中并不是重点，数字人民币也不宜成为储藏价值的主要渠道。

在数字货币用于支付的讨论中，有一个热点问题，即中央银行数字货币的定位，应该是零售型数字货币，还是批发型数字货币。《中国数字人民币的研发进展白皮书》中明确提出，中国要走零售型数字货币的道路，只有聚焦到零售才能在提高效率、提供支付系统备份和推进普惠金融这三个方面提供最大幅度的改进。目前，欧洲央行等许多其他中央银行正在研究的数字货币，大多是走批发道路。

在支付领域，批发和零售的定义与生活中略有不同，这里的批发是指中央银行和金融机构之间，以及不同金融机构之间的交易，而只要交易中有一方是个人、企业、事业单位或政府部门，那么这一支付交易就属于零售支付。如果要走批发型数字货币的道路，那么数字货币的使用仅限于中央银行和各金融机构之间。这里所谓的各金融机构还是在中央银行开户的金融机构，如商业银行等，如果一些证券公司或其他金融机构没有在中央银行开户，则不能被包括在内。

从定义可以看出，零售实际上包含了批发，走零售数字货币的道路比走批发道路的难度更大，对整个系统和基础设施的覆盖面和深度要求也高得多。只要能做零售，就一定能做批发，因为批发只需要满足央行和金融机构相互之间的交易，是整个金融体系的第一步，这种交易比较简单，额度也较大。而零售需要再延伸一步，把数字货币服务进一步提供给金融机构的客户，即数字货币可以让个人、企业、政府和事业单位持有使用，那么这个数字货币就变成零售的数字货币。零售数字货币的方向要复杂得多。

在零售方向上，我们希望数字人民币能够成为一种通用型支付工具。一个很有代表性的问题就是关于数字人民币与现有的移动支付工具的关系。其实数字人民币与微信、支付宝等现有移动支付工具并不矛盾，也不是替代关系。此前大家的移动支付都是基于银行账户的，上面流转的资金是银行账户中的存款，在研发推广数字人民币以后，移动支付工具中流转的资金也可以是数字人民币，银行账户存款和数字人民币可以有效结合起来用于移动支付。

4. 数字人民币坚持的三个原则

在白皮书中，我们强调了数字人民币的三个原则。一是人民性，为最广大人民群众服务。二是市场化，尽量发挥市场机制的作用，不挤出原来市场的服务。三是法治化，包括个人隐私保护，依法对产权、物权保护等。数字人民币的三原则与国际上讨论的主要原则相一致。在国际讨论中，中央银行群体就数字货币需要坚持的原则达成了一些共识，也形成了三个原则，一是无损原则，或者叫无害原则（Do No Harm），即研发数字货币不应损害当前中央银行的履职或者授权。二是共同存在原则（Coexistence），即数字货币与现金共同存在，与其他的金融服务也共同存在，不会停止现金服务。三是创新和高效原则（Innovation and Efficiency），即运用创新技术提高支付系统的效率和安全性，给居民和企业更多的选择。

在法治化原则下，数字人民币注重把握好隐私保护与合规性之间的平衡。合规性就是要符合法律要求，要符合反洗钱、反恐怖融资的有关规定。同时要保护好个人隐私。实现这一平衡，主要是通过可控匿名的方式。数字人民币钱包分成四类，其中第四类钱包的金额上限比较小，但基本上可以做到完全匿名。而如果要进行大额交易，就要开立更高权限的钱包，接受现金管理的一系列合规要求，比如国际通行的反洗钱要求、反恐怖融资等。通过对金额上限的高低分类，来相应设定开立钱包所需要的信息，即交易金额上限越高，金融机构等服务提供方所要了解的信息就越多，同时金额最小的第四类钱包只需要一个手机号就可以开户，不必提供姓名和身份证号等信息，这样可以做到在依法合规的前提下尽可能地保护隐私。

与此同时，数字人民币的相关工作和信息处理严格遵守个人信息保护法，并在内控上设置防火墙，个人信息要严格保密，避免外泄。而在对数字人民币相关信息进行大数据分析时，一般都会在过滤掉敏感的个人信息，比如姓名和其他信息以后，再进行处理。大数据的分析结果，并不能追溯到原来的个人敏感信息。

5. 双层运营架构与中心化管理模式

运营架构设计是在全球数字货币相关讨论中涉及最多的问题，主要焦点是单层还是双层。在单层运营架构体系中，央行直接向公众发行数字货币，而在双层运营架构体系中，央行不直接面向公众，而是通过运营商向公众提供数字货币。

数字人民币采用双层运营架构，第一层是人民银行向运营机构发行数字人民币，这里的运营机构包括工、农、中、建等国有大型银行，也包括微信、支付宝和三大移动运营商等；第二层是这些运营机构再向居民和企业提供数字人民币服务，其他金融机构可以与运营机构合作向自己的客户提供数字人民币。在这样一个双层体系下，中央银行不直接向公众提供数字货币服务，居民和企业可以继续通过此前开户的银行、使用的移动支付运营商来享受数字人民币服务，从而在不改变原来金融服务模式的情况下，使数字人民币穿透到个人使用和零售环节，同时最大限度调动市场参与机构的积极性。

双层运营架构有利于充分发挥市场的作用。数字人民币坚持市场化方向，对所有可能的技术路线持开放态度。市场机构工作人员的创造性、积极性很高，比如说对钱包的形式，服务的方式，结算、抵押、担保等的安排，都可以提出很好的建议，在业务资源、人力资源和技术资源方面，市场机构也更加丰富，对客户的服务质量比较高。人民银行尊重市场的创造力，主要进行数字人民币的顶层设计，以及制定法律规范和监管标准。顶层架构、法律规范、监管标准都设计好之后，服务仍要交给市场，发挥市场配置资源的决定性作用，从而实现资源的最优配置，实际上也分散了风险。

在双层运营体系下，我们仍坚持中央银行的中心化管理模式，而不是采取区块链或者分布式架构。采取中心化管理，主要有两方面的考虑。一是中心化管理可以大大提高支付效率，而区块链如果应用到高频、大量的交易中，比如一秒处理几万、几十万笔交易，是很困难的。二是数字人民币是央行的负债，央行对自身的负债要严肃对待，严格管理。类似地，现金也是央行的负债，现金管理就是中央银行把现金批发给商业银行，同时每一张现金上都有一个系列号码，人民银行对所有这些现金没有台账管理。现在也有一些中央银行研发的数字货币采用分布式架构。其实，一些央行的数字货币聚焦于批发而不是零售业务，一个重要原因就是受限于区块链的架构。区块链架构有其优点，但难以有效应对零售业务笔数的高量级和业务高峰的冲击。

这里需要指出的是，数字人民币采取央行中心化管理，并不意味着人民银行要掌握所有的交易信息和个人信息。事实上，大多数信息存储在各金融服务提供商那里。人民银行只掌握一些重要的信息，比如一共发出了多少数字货币，类似于人民银行必须知道发出了多少流通现金。再比如大额批发交易的情况等，但对零售交易的具体细节，大量的客户信息存储在第二层即运营服务商的系统中,运营商也有义务落实隐私保护、反洗钱、反恐怖融资等规定,只是把必要的信息提供给人民银行。

6.优化货币政策传导机制

发行数字货币是否会对现有的货币政策传导和金融运行造成巨大冲击,是当前讨论较多的一个问题,其中大家比较关注的是狭义银行问题和金融脱媒问题。

狭义银行(Narrow Bank)是在国际和国内数字货币研究中的一个热门概念,是指实现100%准备金都交给中央银行的银行体系。狭义银行这个概念已经提出了很多年,大家也一直在讨论世界上有没有狭义银行。其实我国的支付机构备付金管理就是狭义银行的一个成功案例。我国现在有一百多家第三方支付机构,这些机构的账户上沉淀了很多资金,是企业和居民客户在其支付钱包中的余额,这些钱是属于客户的,但是存储于客户在支付机构的账户上。人民银行推动支付机构把客户的钱全部转存到中央银行,这就是狭义银行理论的一个成功实践。从2016年开始,人民银行着手规范支付机构的客户备付金,分次提高其集中存管在中央银行的比例,到2019年时已实现100%存在中央银行,目前这些备付金的余额已经超过2万亿元。要求支付机构把客户的钱100%存在中央银行,有利于规范市场竞争,更有利于保证老百姓的资金安全,即使某个第三方支付机构倒闭破产,老百姓钱包里的余额也可以得到保护。

一个常见的担心是,在狭义银行框架下,所有的钱都存到中央银行,商业银行无法进行货币创造,货币乘数也就下降到1。但是在上述案例中,中国的情况不是这样。大家知道货币乘数是货币总量相较于基础货币的倍数,其中基础货币等于流通中的现金加上商业银行在央行的准备金。中国现在的基础货币约为35万亿元,M2约达290万亿元,现在的货币乘数还有8倍左右(见图1),这是因为我们对银行系统的法定存款准备金率要求平均是7%左右,即商业银行存款的7%必须存到中央银行,当然各家商业银行还可以在此基础上根据自身需要多存一些,即超额存款准备金。而集中存管的第三方支付机构备付金,相对于银行系统只是一小部分,对第三方支付机构备付金要求100%的准备金率,并没有对中国的货币乘数和货币供给结构产生明显的影响。事实上,实施备付金集中存管以来,我国的货币乘数不降反升,主要是由于同期逐步降低了法定存款准备金率。

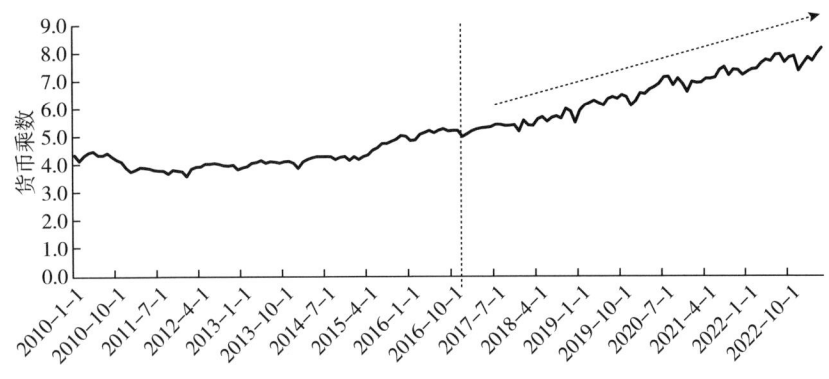

图1　2010年以来我国的货币乘数

另一个担心就是金融脱媒问题。金融脱媒是指老百姓把在商业银行的存款都转换成数字货币，商业银行就无法发挥金融中介职能。既然数字人民币是央行的负债，比商业银行存款更安全一些，那有没有可能在推行数字人民币时，老百姓会把银行存款都换成数字货币，变成对央行的存款？这是多国中央银行都在认真考虑的一个问题。

我们在设计数字人民币的过程中，特别注意防止出现金融脱媒的情况。首先是实行双层运营架构，该架构对货币政策的影响是最小的，因为它基本上不改变现有的金融市场格局。在双层运营架构下，居民享受金融服务的模式不变，各金融机构各显其能，充分竞争为老百姓提供更好的服务。而如果是单层运营架构，央行直接向公众发行数字货币，出现金融脱媒风险的概率可能较大，还可能出现央行包打天下的"大一统"局面，这是我们不愿意看到的。

为了进一步降低金融脱媒的风险，在双层运营架构下，人民银行还实施了一些具体措施。比如对数字人民币钱包的交易额度进行限制，再比如数字人民币可以和银行账户松耦合，和银行账户存款相通，随用随补充，支付时余额不足可自动提取存款，这样就避免了居民一次性兑换太多数字人民币的情况。另一个重要方面是，数字人民币是不支付利息的，与现金一样，即持有数字人民币不能像持有银行存款一样获得利息。这些措施都有助于防范金融脱媒。

此外，讲到防范金融脱媒就不能不提到存款保险。按照《存款保险条例》，如果银行破产，存款人存款的最高赔付限额是50万元人民币，但在实际操作中，对老百姓存款的保护水平往往比这一水平高得多。如果说人民币现钞的安全程度是99.9%（剩下0.1%主要是出于防伪考虑），那么通过存款保险等制度安排，可以使老百姓在商业银行的存款可靠性也达到比较接近现金的水平，也是非常可靠的。这是避免出现金融脱媒的一个重要制度保障。

四、数字人民币的试点和应用

目前，数字人民币已经在国内多地进行了试点，整体过程平稳顺利。与此同时，在跨境合作方面，也取得了不少进展。

1. 试点情况

人民银行从2014年开始研发数字人民币，2019年开始第一批试点，2020年进行第二批试点，2021年发布白皮书，2022年发布数字人民币App（应用程序），亮相北京冬奥会，并安排更多城市加入试点。目前，数字人民币已在全国多地试点，整体试点范围还是比较大的（见图2）。

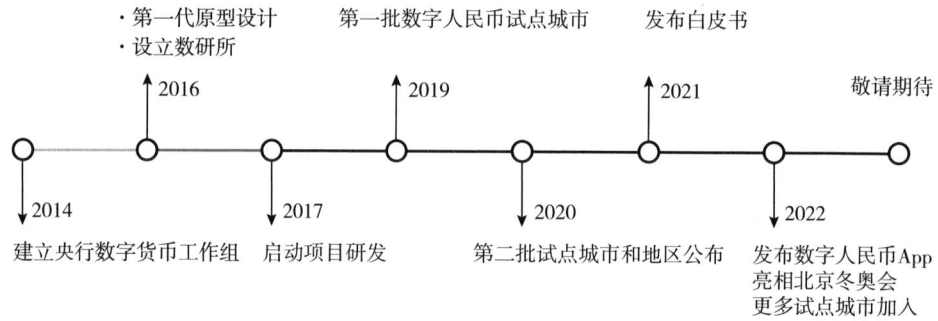

图2 数字人民币研发和试点进展

截至2023年6月末，数字人民币钱包里的余额约有165亿元，累计支持交易额近2万亿元，交易笔数近10亿笔，个人钱包约有1.2亿个。虽然数字人民币的余额与货币总量相比很小，但它支持的交易量比较可观，其流转效率较高。

2. 延伸产品与应用

数字人民币提供多种类型的钱包供大家选择。在产品方面，数字钱包根据客户身份识别的强度进行分层管理，载体分为软钱包和硬钱包。软钱包有手机App和软件开发工具包等，硬钱包有IC（集成电路）卡、可穿戴设备、物联网设备等。钱包权限的归属可以分成母钱包、子钱包，母钱包下可以有若干个子钱包等。

数字人民币还支持无线或者无电支付，并可搭载智能合约，满足多样化的金融服务需求，不管是服务消费者C端，服务企业B端，还是服务政府G端，数字货币在连接上都有很强大的功能，同时这三端之间也是有联系的，比如工资代发既联系C端又联系B端，政府补贴既联系C端又联系G端等。

数字人民币还有力地支持了绿色低碳生活方式。我们有很多激励机制可以用数字人民币支持绿色低碳转型，比如一些试点地区居民骑共享单车低碳出行可兑换数字人民币红包等，还有地区在数字人民币用于低碳计量、绿色企业服务等方面进行了有价值的探索。

3. 跨境使用与合作

跨境使用是数字货币研究和实践的另一个焦点领域。数字人民币在跨境使用方面，也遵循国际上通行的三原则：无损、合规、互通，即尊重其他央行的货币主权与货币政策独立性，遵守相关国家的法律和外汇管理等规定，推动不同法定数字货币系统间及其与传统金融市场基础设施间的互联互通。

在跨境合作领域，一个重要成果是多边央行数字货币桥项目。在国际清算银行的合作框架下，人民银行同香港金融管理局、泰国央行以及阿联酋央行作为创始成员，共同推进多边央行数字货币桥项目，探索建立基于法定数字货币的跨境支付多边合作机制和新型跨境支付基础设施安排，提升跨境支付的便利度、快捷性，并降低成本。

货币桥项目采取了"乐高模块"方式，方案设计遵循"模块化、均衡性、互通性和可扩展"的设计原则。每个参与国家和地区的立法不同、政策规定不同，跨境交易的需求和优先顺序也不同，比如有的偏重于旅游支付，有的偏重于企业贸易，有的偏重于侨汇等。在这种情况下，我们要尊重每个央行的选择，就要实行模块化，对每一种功能设计不同的模块。各参与国家的央行可以根据本国法律法规、实际业务和技术需求，灵活调整参与货币桥项目的范围和形式，进而提升跨境合作方案的适应性与接受度。

货币桥的治理机构是指导委员会，下设若干分委会，人民银行牵头技术分委会，泰国央行牵头政策分委会，香港金融管理局牵头法律分委会，阿联酋央行牵头业务分委会。其他央行也会参加各分委会。

除货币桥项目外，人民银行也在积极推动数字货币的双边合作，比如与香港金融管理局开展合作等。已有的实践表明，数字货币可在提高跨境支付效率、降低跨境支付成本等方面发挥积极作用。

参考文献

穆长春，狄刚，2020.法定数字货币双层运营体系的设计与实现[R].中国人民银行数字货币研究所.

彭信威，1958.中国货币史[M].上海：上海人民出版社.

万明，2012.明代财政体系转型——张居正改革的重新诠释[N].中国社会科学报（325）.

中国人民银行数字人民币研发工作组，2021.中国数字人民币的研发进展白皮书[R].中国人民银行.

周小川，2018.周小川谈数字货币和电子支付[EB/OL].财新网.

周小川，2022.关于数字货币的几点问题及回应[R].清华五道口全球金融论坛.

周小川，2023.支付系统与数字货币[J].中国金融（20）.

Adrian and Griffoli, 2019. The Rise of Digital Money. International Monetary Fund.

Assenmacher, Katrin, Berentsen, Brand and Lamersdorf, 2021. A unified framework for CBDC design: Remuneration, collateral haircuts and quantity constraints. European Central Bank Working Paper.

Auer, Cornelli and Frost, 2020. Rise of the central bank digital currencies: Drivers, approaches and technologies. BIS Working Papers.

Bank of England, 2019. The Macroeconomics of Central-Bank-Issued Digital Currencies. Bank of England.

Bindseil, Ulrich, 2020. Tiered CBDC and the financial system. European Central Bank Working Paper.

BIS, 2020a. Central Bank digital currencies: Foundational principles and core features.

BIS, 2020b. Central banks and payments in the digital era.

Carstens, Agustin, 2018. Money in the digital age: What role for central banks?. BIS.

Carstens, Agustin, 2023. Innovation and the future of the monetary system. BIS.

Federal Reserve Board, 2022. Money and payments: The U.S. dollar in the age of digital transformation. Board of Governors of the Federal Reserve System.

Fernandez-Villaverde, Sanches, Schilling and Uhlig, 2020. Central bank digital currency: Central banking for all?. Working Paper no. 26753. National Bureau of Economic Research.

Shin, Hyun Song, 2021. Central bank digital currencies: An opportunity for the monetary system. BIS.

数字经济基础设施：探索与实践

马郓　张颖　梅宏[*]

一、引言

数字经济是以新一代信息技术和产业为依托，继农业经济、工业经济之后的主要经济形态，是以数据资源为关键生产要素，以现代信息网络为主要载体，以信息技术融合应用、全要素数字化转型为重要推动力，促进公平与效率更加统一的新经济形态。在我国，实施国家大数据战略、建设数字中国、发展数字经济已成为新时代的国家战略，中央和各地方政府均出台了一系列文件和政策，指导和支持数字经济的发展，特别是《"十四五"数字经济发展规划》《关于构建数据基础制度更好发挥数据要素作用的意见》等文件的发布，掀起了发展数字经济的热潮。

就现状而言，发展数字经济仍面临诸如认知和理念、体制和机制、路径和方法、技术和工具等多方面的挑战。为促进数字经济新形态的有序形成和健康发展，必须夯实数字经济发展的基础，基础设施建设无疑是其中的核心关键之一。本文基于对数字经济发展现状的认识，讨论数字经济基础设施建设的重要性与必要性，进而介绍数字经济基础设施建设的主要技术路径，同时结合北京大学团队的具体实践，探讨数字经济基础设施建设中的关键要素，并分享对数字经济基础设施建设的若干思考。

---

[*] 马郓，北京大学研究员，mayun@pku.edu.cn；张颖，北京大学副研究员，zhang.ying@pku.edu.cn；梅宏，中国科学院院士、中国计算机学会理事长、北京大学教授，meih@pku.edu.cn。

二、支撑数字经济发展的基础设施

基础设施是指为国家、城市或地区提供的支持其经济和社会运行的物质工程设施和公共服务，是社会赖以生存发展的一般物质条件。[①] 无论哪一种经济形态要健康有序发展，均需要良好的基础设施作为保障支撑。例如，社会经济发展均依赖交通基础设施运输原材料和产品、依赖通信基础设施传递信息和保持沟通，农业经济依赖水利基础设施提供灌溉农田所需的水资源，工业经济依赖电力基础设施提供生产制造所需的能源动力。

互联网是数字经济时代基础设施的关键核心。实际上，数字经济概念就源自互联网在20世纪90年代中期开始的大规模商用，人们注意到数字技术和互联网支撑下的新型经济模式。1996年，美国学者唐·泰普斯科特（Don Tapscott）在其撰写的《数字经济：网络智能时代的前景与风险》一书中正式提出"数字经济"这一名词，描述和预测了互联网将改变各类事务的运行模式，并引发若干新经济形式和活动的趋势（Tapscott，1996）。由于当时的信息技术对经济的影响尚未具备颠覆性，所以数字经济一词主要用于描述互联网对商业行为造成的影响，特指以电子商务和电子交易为代表的经济活动。

随着互联网从信息空间到人类社会和物理世界的延伸，云计算、大数据、人工智能、移动互联网、物联网等新一代信息技术快速发展，信息技术应用无处不在，社会经济数字化程度不断提升，数字经济一词的内涵也发生了重要变化（梅宏、赵俊峰和王亚沙，2022）。在我国，通俗地把数字经济分为数字产业化和产业数字化两大部分：数字产业化指信息技术产业的发展，包括电子信息制造业、软件和信息服务业、信息通信业等数字相关产业；产业数字化指以新一代信息技术为支撑，传统产业及其产业链上下游全要素的数字化改造，通过与信息技术的深度融合，实现赋值、赋能。随着数字经济内涵的拓展，互联网作为数字经济时代基础设施关键核心的地位日益凸显：一方面，互联网、移动互联网、物联网等网络设施，以及基于网络的WWW（万维网）、数据中心、云计算平台等公共服务，构成了数字经济时代的信息基础设施；另一方面，传统物理基础设施也需要面向互联网进行数字化，形成工业互联网、智慧交通、智能电网等新型基础设施。

当前，人机物（人类社会、信息空间与物理世界）融合泛在计算的新时代

---

① Infrastructure. https://en.wikipedia.org/wiki/Infrastructure.

正在开启（梅宏、曹东刚和谢涛，2022），以"软件定义一切、万物均需互联、一切皆可编程"为目标，产业数字化逐渐成为数字经济发展的主战场。信息化正在经历一场范型变迁（paradigm shift），信息技术不再只是在既有业务流程中提质增效的助手和工具，而是将成为引领产业组织重构、流程再造、升级发展的核心引擎，其根源在于信息技术特别是互联网的快速发展所产生的大数据，为人类提供了认识复杂系统、探知客观规律，进而改造客观世界的新思维和新手段（梅宏，2022）。在数字经济时代，数据已成为基础性、战略性资源，成为关键生产要素，赋能赋值生产、分配、交换和消费的各个环节，引领劳动力、资本、土地、技术、管理等要素网络化共享、集约化整合、协作化开发和高效化利用（国家发展和改革委员会，2022）。数据的高效共享、流通、交易是数字经济的源头活水，培育数据要素市场成为数字经济发展的基本前提；数字治理体系是数据要素市场健康有序及数字经济健康发展的根本保障，以最大限度释放数据价值为目标的数据治理则是数字治理的资源基础。

然而，作为数字经济时代基础设施关键核心的互联网在支撑数据要素市场和数据治理体系建设方面的能力和效率还远远不够，数据共享流通成本高，制约了数据价值的释放和数字经济的发展。产生这一问题的根本原因在于互联网的设计初衷是使能计算机之间协同工作以共同支撑应用的运行，传统的计算机应用都是按业务需求设计信息系统、按系统功能组织数据，数据紧密耦合在应用之中，互联网仅提供了应用内部运行在不同计算机上的计算任务之间的数据传输通道。因此，在现有互联网技术体系下，数据全生命周期均由互联网上的信息应用系统所控制，数据并非互联网上可直接管理的独立资源，基于互联网的数据流通共享需要在应用之间协同，流通共享成本高。为此，需要在互联网之上构建一套"以数据为中心"的新的基础设施层，将数据从应用中解耦出来，作为可独立管理的资源，进而把分散在互联网上的数据资源有效组织起来，使能数据的高效汇聚融合和共享流通，支撑数据价值的充分释放，促进数字经济的高速高质发展。

三、构建数字经济基础设施的技术路径

为了支撑数据的高效共享流通，需要拓展现有的互联网技术体系，将数据与应用解耦，使数据可以作为互联网上可独立管理的资源被标识、定位、发现

和访问，从而在"物理/机器"互联网之上形成一个"虚拟/数据"网络，可称之为"数联网"（黄罡，2021），实现全网一体化的数据互联互通互操作。

在此基础上，为了支撑各类数据应用，需要面向具体的领域和业务场景，按照数据对应的物理实体的结构、关系，对数据进行管理和组织，使数据实体、数据活动（包括数据的传输、存储和处理运算等）及其相互之间的关系构成一个物理世界的数字孪生，可称之为"数据空间"（罗超然等，2023）。数据空间可被视为围绕现实世界的个人或机构所构建的全量数据集，数据应用运行在特定数据空间内，以满足各类场景化需求。

图1展示了支撑数字经济的基础设施技术层。下面分别介绍实现数联网和数据空间的主要技术探索。

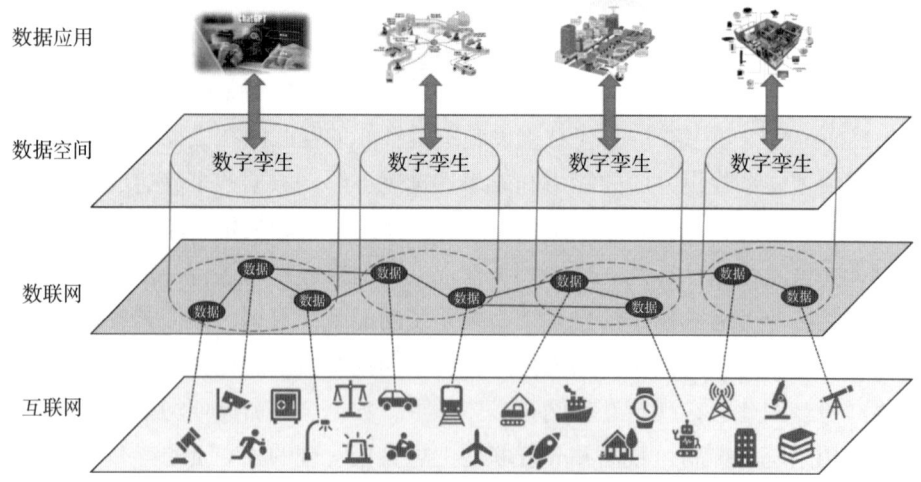

图1 支撑数字经济的基础设施技术层

1. 数联网

目前，在互联网上构造数联网主要有两条技术路线：一条是由图灵奖得主、万维网发明人蒂姆·伯纳斯-李提出的链接数据（Linked Data，LD）（Bizer, Heath and Berners-Lee, 2009），另一条是由图灵奖得主、互联网TCP/IP（传输控制协议/网际协议）发明人之一的罗伯特·卡恩提出的数字对象架构（Digital Object Architecture，DOA）（Kahn and Wilensky, 2006）。

（1）技术路线一：链接数据

伯纳斯-李在20世纪90年代初发明万维网之后，于1999年提出了语义网

(Semantic Web)的概念(Hendler, Lassila and Berners-Lee, 2001),旨在通过给万维网上的文档添加能够被计算机所理解的语义元数据,使整个互联网成为通用的信息交换媒介,从而实现更高级的自动化和知识发现。在此基础上,他于2006年提出了链接数据的架构设计,旨在通过使用统一的标识符、标准格式和协议来连接分散在全球各地的数据资源,从而使数据能够互相关联和交互使用。

如图2所示,链接数据的关键设计包括以下主要内容。

- 使用统一资源标识符(URI):每个数据实体都应该有一个唯一的URI标识符,以便在全球范围内唯一地标识该实体;
- 使用HTTP(超文本传输协议):数据实体的URI应该使用HTTP协议,使其可通过互联网访问;
- 使用标准数据格式:应该使用标准的数据格式(如RDF、JSON-LD等)表示,以便让机器能够解析和理解;
- 使用链接关系:数据之间应该通过链接关系连接,以建立语义关联,使数据更具连贯性和可理解性。

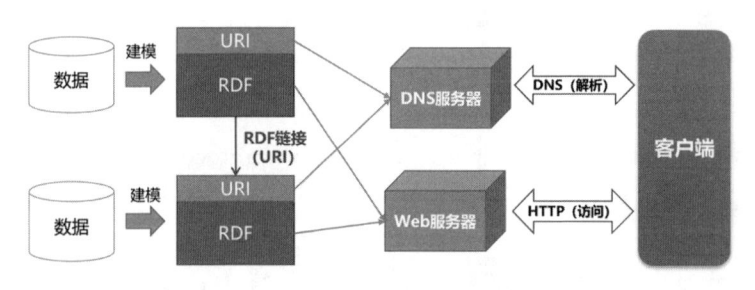

图2 链接数据

链接数据已经在多个领域得到应用,包括政务服务、知识管理、生命科学、智能城市等。例如,英国政府以链接数据的形式发布了人口、地理信息和经济等领域的政府数据,以支持数据驱动的政策制定和公共服务优化[①];DBpedia将维基百科的内容转化为链接数据形式,使用户能够以结构化的方式访问和查询维基百科的信息,为自然语言处理、数据挖掘和知识图谱构建提供了丰富的资源[②];辉瑞公司在实验室信息系统中采用了链接数据技术来支持药物研发和临床试验数据的管理(Kamdar and Musen, 2021)。

---

① GOV.UK. https://www.data.gov.uk/.

② DBpedia. https://www.dbpedia.org/.

（2）技术路线二：数字对象架构

数字对象架构起源于罗伯特·卡恩在1988年主持的由美国国防高级研究计划局（DARPA）资助的数字图书馆项目（Kahn and Cerf，1988），该项目的主要目标是为美国大学的计算机院系搭建数字图书馆系统，以将其现有的图书、文档、技术报告等文献资料电子化、接入互联网，并保证数字图书馆系统之间的互联互通。卡恩提出了一种信息基础设施的开放式架构，基于此架构实现了数字图书馆系统（digital library system，DLS）。后来，卡恩将数字图书馆泛化为信息系统，将文献资料泛化为任意数据资源，在2006年提出了数字对象架构的概念；后续又经过十余年的发展，最终形成了包括一个基本模型、三个核心系统、两个基础协议在内的架构模型，如图3所示。

- DOA以数字对象为其体系结构中的基本元素以抽象数据资源，一个完整的数字对象分为标识、元数据、数据源三个部分；
- 针对数字对象模型的三个组成部分，DOA提出了数字对象标识解析系统、数字对象注册系统和数字对象仓库系统等三个核心系统，分别用于管理数据的标识、元数据及数据源；
- DOA制定了用于数字对象搜索和访问的协议DOIP（digital object interface protocol）以及分配、解析标识的数字对象标识解析协议DO-IRP（digital object identifier and resolution protocol），用于客户端和核心系统之间的交互。

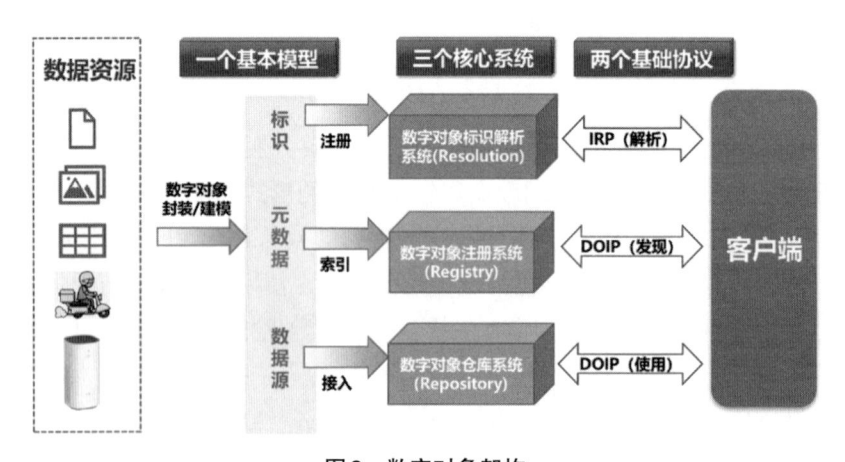

图3　数字对象架构

起源于DLS的DOA，继承了对数据安全和权益相关方面的考虑。首先，数字对象实体存储在由数据供方控制的数字对象仓库中，数字对象实体的访问均发生在数据供方控制的环境下；其次，每一个数字对象都会有独立于机器的唯一标识和地址，可以根据标识唯一地找到它；其三，元数据和实体分离，因而即使在没有权限或无法在线访问数字对象实体的前提下，也可通过公开的元数据查找到该数字对象的所在位置，进而申请权限或采用离线方式访问数字对象实体。

卡恩于2014年在瑞士日内瓦成立了DONA基金会，对DOA进行推广应用。目前，数字对象标识解析系统和DOIRP协议已有较大规模的应用。DONA运营了覆盖全球的Handle系统（Sun, Larry and Brian, 2003），这是在互联网上除DNS外的第二套全球标识解析基础设施，共有13个对等的解析根节点，覆盖了12个国家，催生了如数字出版DOI系统（Paskin, 2009）、中国工业互联网标识解析系统（工业互联网产业联盟, 2021）等多个大规模标识解析应用。

（3）技术路线对比

LD和DOA在概念上都将互联网上的数据作为独立资源，赋予数据唯一标识，支持对元数据进行描述，并且使用特定的交互协议来访问数据资源。二者的主要区别在于：

- LD的资源标识沿用了万维网的URI标准，标识解析依赖于DNS，导致其数据本身需要依赖机器来寻址，即先定位到机器，然后通过机器再进一步定位到数据；而DOA中的标识为数据地址，可通过标识解析系统直接定位到数据，不受机器地址的约束，从而实现了数据地址与机器地址的解耦。
- LD采用RDF等标准格式来规范化地描述数据，而DOA仅规定采用键值描述元数据，没有对键和值的具体格式进行约束。
- LD要求数据之间建立语义链接，从而将数据关系显式化，而DOA没有对数据关系进行明确要求，但可以通过在实体中引用外部数字对象的标识并对其进行描述来构造数据关系。

2. 数据空间

随着数字经济的发展，对数据应用的需求不断增长，全球范围内已经开展了不同场景、不同领域下的数据空间建设。在现有实践中，数据空间的构造主要有两种方式。

一种方式是在现有互联网之上按照一定的规则和机制搭建平台来构建数字孪生，其关注的主要问题是平台如何实现高效率、高一致性和高容错性。典型代表是国际数据空间（IDS）（Otto，Hompel and Wrobel，2019）。IDS面向跨主体数据可信共享的场景，将数据空间共享的参与方分为数据所有者、数据提供者、数据消费者和数据使用者，通过可信中间方提供的平台式服务，基于标准的交互协议，在参与者的身份认证及数据使用策略等约束下，发现、交换、处理数据。目前，IDS协会成员已涵盖全球超过100家企业、高校、组织，形成了多个符合IDS技术标准的数据共享空间。

另一种方式是在数联网之上构建数据空间，典型代表是基于数字对象架构的数字出版物数据空间和基于链接数据的个人数据空间。基于DOA的DOI系统将书籍、论文、报告和视频等数字资源构建为数字对象，支持通过唯一且持久的DOI标识访问资源实体，已形成覆盖全球数十个国家、IEEE（电气与电子工程师协会）、ACM（美国计算机协会）、Springer（世界上最大的科技出版社斯普林格）以及万方、知网等众多国内外学术数据库超过13.2亿数字对象的数字出版物数据空间。伯纳斯-李成立了W3C（万维网联盟）工作组，提出社会化链接数据（Social Linked Data，Solid）①，基于个人在线数据存储（Personal Online Datastore，POD）将个人数据从社交软件、平台中独立出来，通过LD构建数据之间的关系，通过统一的RESTful接口向应用提供数据，形成个人数据空间。图4展示了现有Web应用和Solid应用的架构对比，由于个人数据根据物理实体的关系保存在POD中并提供标准接口，所以用户可随意在不同的应用之间切换。

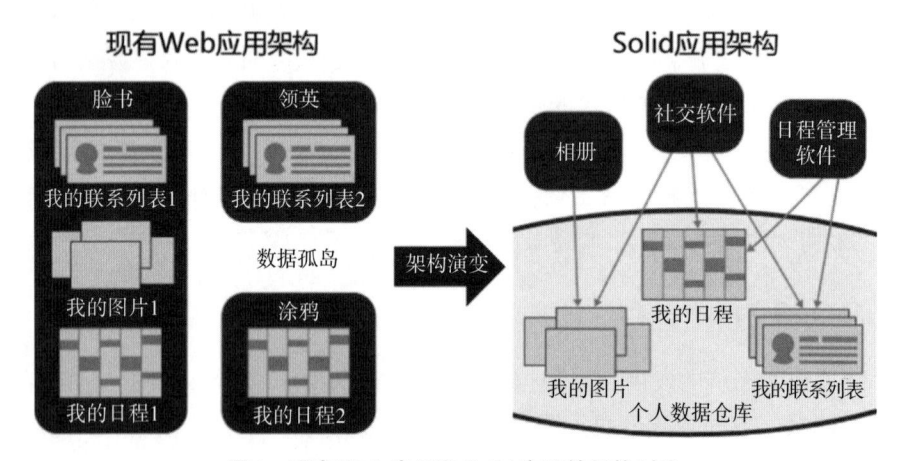

图4　现有Web应用和Solid应用的架构对比

---

① Solid Project. https://solidproject.org/.

四、北京大学的实践

从软件技术的视角看，数据的共享、流通、交易属于数据互操作的技术范畴。互操作是支撑异构系统之间功能和数据的互联互通以实现协同工作的软件技术。作为国内最早从事软件技术研究的团队之一，北京大学软件工程研究所在20世纪70年代专注于主机操作系统，80年代起进入软件工程及软件开发环境领域，90年代后期针对网络应用间的互操作，开展对支撑网络应用的中间件JEE应用服务器的研究与实践，2000年向联合国内同行提出了互联网软件新范型"网构软件"（Internetware）（Mei H，Huang G，Xie T，2012），并得到了软件技术领域首个国家973计划项目的支持。

传统的互操作技术大多是"白盒式"思路，需要全面掌握和分析理解信息系统的各种细节，对原系统进行二次开发或重新开发，难以适应互联网环境下大量新/旧系统之间动态、按需、高效互操作的要求。针对互联网环境下大量存在的云–端融合系统，北京大学团队通过揭示信息系统内部基于云–端融合特性的计算反射机理，发明了通过系统客户端外部监测与控制实现业务数据和功能高效互操作的"黑盒式"技术路线，无须了解和修改原系统，即可直接从客户端自动重建运行时软件体系结构并生成互操作接口，消除了系统源码、数据库表、后台权限、原开发团队等"白盒"依赖。随着大数据热潮的兴起，打破信息孤岛、实现信息系统之间数据"共享"和互操作的需求大量产生，该"黑盒式"互操作技术以其高效性得到了广泛应用，在国家政务信息系统整合共享工程、国家互联网+政务服务试点工程等重大任务中发挥了重要作用，信息系统数据开放效率平均提升了两个数量级。

在此基础上，北京大学团队自2018年起与罗伯特·卡恩合作，进一步面向数字经济基础设施的重大需求，研究基于数字对象架构的数联网和数据空间，并在多个领域开展了探索性应用实践。

1.数联网研发实践

数字对象架构的现有设计和系统实现主要面向传统互联网环境中以电子出版物为代表的文档型数据访问，难以满足人机物融合泛在计算环境下数据交换流通的需求。

针对数据交换流通，扩展数字对象模型，将数据之间的关系作为与标识、元数据同等重要的数字对象第四要素从数据实体中解耦出来，从而在没有全局数据视图的情况下仍然能够较为完整地获取数据使用关系的全局视图，为厘清数据价值、责任、权益提供支撑。设计基于分层共识的关系链系统，将每次对数字对象的创建、访问、删除操作都视为一次数字对象使用关系的创建或强化，并采用区块链数据结构对其进行序列化存储，实现了数据关系的可信、可靠存证，有效支撑了数据资源的可信保障和责权利追溯（罗超然等，2023）。

面向人机物融合泛在计算环境，泛化DOIP协议，解耦数据访问的网络环境。DOA用于数字对象访问的现有DOIP协议采用分隔符的方式传递数字对象访问消息，依赖于传输层安全（transport layer security，TLS）协议提供的通信链路访问目标数字对象，无法适应人机物融合泛在计算环境下的异构通信协议。针对此问题，提出了一种基于包和字节的DOIP消息序列化方式，将可靠和安全保障机制内置于DOIP消息本身，从而实现DOIP与底层通信协议解耦，形成的新版DOIP协议已被数字对象体系架构应用技术与标准促进组织（DOA Application Technology Standardization Development Organization，ATSD）采纳并正式发布（ATSD，2022）。

研制了基于数字对象架构的数联网基础软件BDWare，实现并扩展了数字对象架构的基础协议、核心构件和共性服务，在互联网上提供多个系统或者构件之间的数据接入、标识、发现、交付、使用、管控相关的基本功能，支持各类领域和区域的数联网基础设施建设和规模化应用。BDWare已采用木兰宽松许可证在Gitee平台开源。①

通过和政府、企业合作，在医药、科学、能源等重点领域开展了应用试点工作。例如，针对数据要素面临的"确权难、定价难、流通难、运营难与监管难"等问题，基于数联网技术建设了工业数据确权（登记）平台，将工业数据封装为数字对象，并在企业端离线进行数据资产登记，为数据要素的计量定价、可信流通、联盟运营以及协同监管提供了覆盖全国的国家—城市两级工业数据确权方案。针对某省全域的数百家煤矿、数万个传感器、每天数十亿条煤炭生产数据的安全监管需求，在煤矿、煤炭企业、县市安监局和省安监局之间搭建了数联网，将传感器数据封装为数字对象，通过构造煤炭生产数据的流转路径，实现了对数据点粒度的煤炭生产数据的可信溯源和追踪，保障数据真实

---

① BDWare. https://gitee.com/BDWare/.

性，既满足了省安监局的煤炭生产安全监管需求，还可支持保险公司高效地评估矿山安全生产情况，合理设置保险赔率。

2.数据空间应用实践

在许多大数据应用中，现有业务系统中的数据按照"面向应用、效率优先"的方式进行组织，数据和应用紧耦合在一起，并且在建设过程中没有考虑与其他业务系统数据融合并支撑其他需求的场景。基于黑盒式互操作技术，通过数据的高效接入、智能建模与主动共享，可以实现面向应用场景的数据空间低成本、快速构造，盘活原本分散在不同系统中多源异构的数据资源，从而支持将数据作为要素参与社会生产经营活动，并为使用者或所有者带来经济效益。

这里介绍北京大学团队参与的两个数据空间应用案例。

（1）电子口岸数据空间

进出口企业的经营流程十分复杂，包括报关清关、物流协调、外汇兑付、关税处理、质量检验等多个环节。目前各个环节都已有一些信息系统提供服务，例如海关总署单一窗口系统、国家税务总局电子税务局、中国铁路95306、港口网等。然而，由于企业的数字化能力参差不齐，企业自身的业务数据散落在这些行业头部服务商提供的信息系统中，很多企业面临数据散乱、整合低效、共享困难的问题。

例如，进出口企业在开展业务的过程中需要向当地商务局申请补贴，开展这些业务的数据分布在国家部委垂直管理的系统中。然而跨层级、跨组织、跨地域的业务系统的对接难度大，导致目前只能采用传统方法，即进出口公司将相关数据从部委垂直管理系统中导出，再提交给机构工作人员，进行手动核对和导入。这些操作非常耗时耗力，例如某企业每年有超过1 000万张报关单需要导出操作，行业内经常存在"200斤换200万"的场景，严重影响了企业的业务开展和资金周转。

针对这一现状，南部某沿海城市的电子口岸公司建设了电子口岸数据空间。该数据空间为辖区内的进出口企业开通账号，构建企业自身的数据空间，在企业授权后，即可将该企业各经营环节相关业务系统中的数据资源高效接入并封装为数字对象。通过数据整理归集为企业数据资产，从而可以满足企业自身数据资产管理需求，方便企业盘点原本分散在各个业务系统中的数据。进而，当企业需要申请商务补贴时，支持将数据资产智能建模为商务局系统要求的规范格式，由进出口企业主动授权共享，直接将真实有效的数据通过系统级的对接共享给当地商务局。

目前，该平台每日汇聚、建模、分享报关数据均约25万次，帮助企业实时了解自己分散在其他系统中的数据以及业务开展情况；同时支持商务局完成千亿级商务补贴的快捷审批，极大提升了企业的办事效率和资金周转率。

（2）税票数据空间

某运营商省级分公司每月需要向合作的数千家代理服务商收集税票，分别录入其分销系统与内部财务系统，并根据税票金额向代理商发放合作佣金。数千家代理服务商广泛分布于全省的各个街道和村镇，收集核对税票每次都需要消耗大量的人力物力，大量的人工操作难免产生错漏，而且通常需要超过半个月的时间才能走完全部流程。

为了解决此种业务模式人力开销大、数据不准确、佣金发放周期长等问题，该公司建设了税票数据空间。数据空间在企业的授权下，可以直接将代理服务商的ERP（企业资源计划）系统、电子税务局等系统的数据建模为数字对象，形成代理服务商的企业数据资产，并支持将数据分享至该公司的分销系统与内部财务系统。这不仅省去了大量的人工操作，而且在保障数据准确的前提下，将佣金的发放时间从半个月缩短到1个工作日。

目前，税票数据空间已经覆盖了该省7个地级市的4 000多家代理商，每月支持的佣金报销金额逾1 000万元，极大提升了业务的效率以及行业的资金周转率。

五、结语

数字经济在未来较长一段时间内都将保持快速增长，而其基础设施的发展水平是影响数字经济发展的关键因素。数联网和数据空间是数字经济基础设施的重要发展方向，为此国家还设立了数据空间技术与系统全国重点实验室。北京大学团队在基于DOA的数联网技术路线和数据空间构建应用方面开展了初具成效的探索实践，取得了显著进展，也积累了宝贵经验，更明确了问题挑战。笔者相信，数字经济基础设施的构建是发展数字经济必奠之基，而基于DOA的数联网技术路线是一条可行之路。

参考文献

工业互联网产业联盟，2021.工业互联网标识解析标准化白皮书［R］.

国家发展和改革委员会，2022.大力推动我国数字经济健康发展［J］.求是（2）：15–21.

黄罡，2021.数联网：数字空间基础设施［J］.中国计算机学会通讯，17（12）：60–62.

罗超然，马郓，景翔，黄罡，2023.数据空间基础设施的技术挑战及数联网解决方案［J］.大数据，9（2）：110–121.

梅宏，2022.大数据与数字经济［J］.求是（2）：28–34.

梅宏，曹东刚，谢涛，2022.泛在操作系统：面向人机物融合泛在计算的新蓝海［J］.中国科学院院刊，37（1）：30–37.

梅宏，赵俊峰，王亚沙，2022.认识数字经济［J］.中国计算机学会通讯，18（11）：10–14.

ATSD, 2022. Digital object interface protocol specification version 2.1.

Bizer C, Heath T, and Berners–Lee, 2009. Linked data – The story so far. Int. J. Semantic Web Inf, Syst. 5（3）: 1–22.

Hendler J, Lassila O, and Berners–Lee, 2001. The semantic web. Scientific American, 284（5）: 34–43.

Kahn R E, Wilensky R, 2006. A framework for distributed digital object services. International Journal on Digital Libraries, 6（2）: 115–123.

Kamdar M R, Musen M A, 2021. An empirical meta–analysis of the life sciences linked open data on the web. Scientific Data, 8（1）: 24.

Kahn R E, Cerf V G, 1988. The digital library project volume 1: The world of knowbots (DRAFT). Coperation for National Research Initiatives.

Mei H, Huang G, Xie T, 2012. Internetware: A software paradigm for Internet computing. Computer, 45（6）: 26–31.

Otto B, Hompel M, Wrobel S, 2019. International data spaces: Reference architecture for the digitization of industries. Digital Transformation: 109–128.

Paskin N, 2009. Digital object identifier (DOI) system. Encyclopedia of library and information sciences. 3rd edition. BocaRaton: CRC Press, 1586–1592.

Sun S, Larry L, Brian B, 2003. Handle System Overview.

Tapscott D, 1996. The Digital Economy: Promise and Peril in the Age of Networked Intelligence. New York: McGraw–Hill.

在借贷技术上投资

银行业的信息技术支出

何治国　姜波　徐迅　尹潇[*]

1.引言

长期以来，商业银行一直依靠提供尖端技术，诸如自动取款机（ATM）和网上银行等创新产品，从而简化贷款流程，提高后台效率。根据2012年麦肯锡报告，全球商业银行在信息技术（以下称IT）上的支出约占其营业收入的

---

[*] 何治国，来自斯坦福大学商学研究生院和美国国民经济研究局，hezhg@stanford.edu；姜波，来自佛罗里达大学沃灵顿商学院；徐迅，来自佛罗里达大学沃灵顿商学院；尹潇，来自伦敦大学学院经济系和商学院。本文翻译自何治国、姜波、徐迅和尹潇的英文工作论文"Investing in Lending Technology: IT Spending in Banking"。

感谢Doug Diamond、Francesco D'Acunto（点评人）、Isil Erel（点评人）、Mark Flannery、Yueran Ma、Jun Pan（点评人）、Nitzan Tzur–Ilan（点评人）、João Granja、Nicola Pierri、Manju Puri和Raghu Rajan的有益评论。同时感谢来自里士满联邦储备银行、康涅狄格大学、佛罗里达大学、芝加哥大学、纽约城市大学、第五届国际货币基金组织宏观金融年会、欧洲金融管理学会（EFA）、SFS Calvacade年会、第22届数字经济学年会以及新奥尔良美国金融学会（AFA）2023年研讨会参与者提供的宝贵意见。何治国感谢芝加哥大学布斯商学院约翰·杜克基金会的资助。作者承担文中的所有谬误。本文附录内容请查看"Online Appendix: 'Investing in Lending Technology: IT Spending in Banking'", https://zhiguohe.net/wp-content/uploads/2023/12/faf31-revised_draft_with_authors.pdf。

4.7%~9.4%；相比之下，保险公司和航空公司的IT支出仅占其收入的3.3%和2.6%。近年来，这一趋势以前所未有的速度加快，专业人士甚至常常认为，顶级商业银行拥有庞大的IT预算，所以它们比真正的科技公司更像"科技公司"。① 最近，信息技术对银行业和金融稳定的影响持续成为政策讨论的重要话题（Banna and Alam，2021；Pierri and Timmer，2020）。

尽管金融服务业（尤其是银行业）日益发展成为技术化行业，但学术界在理解银行业IT支出的经济学方面却有所滞后。哪些银行（无论大银行还是小银行）在IT方面的投资更多？银行是否会调整信息技术以应对不同的信贷需求冲击？近年来，传统银行对金融科技的进入有何反应？我们朝着理解这些问题的关键实证模型迈出了第一步，并深入探索这些支出与银行核心功能之间联系的机制。

为了将我们的研究与现有银行业文献进行关联和比较，需要思考信贷员与借款人之间，或银行组织内各层信贷员之间的信息传输。正如斯泰因（Stein，2002）强调的，银行内部较少的层级结构有利于软信息的有效传递，这或能帮助研究人员理解"银行业整合的结果，特别是有记录的合并导致小企业贷款下降的趋势"。然而，近几十年来，快速发展的技术为银行业应对此类问题提供了更多选择。② 那么，信息技术能否减少软信息沟通时的摩擦，进而有望改善银行的信贷审批决策？同样，随着结合了信用评分和其他替代数据等硬信息的大数据分析的爆炸式发展，传统银行是否已经开始采用这些技术？

我们的研究依赖一个全面的数据集，即Harte Hanks市场情报计算机智能技术数据库（Harte Hanks Market Intelligence Computer Intelligence Technology database）；已经有文献用它来探讨技术对非金融部门的经济影响（如Bloom et al.，2014；Forman et al.，2012）。这一数据集提供具体支出类别的详细分支机构信息，而我们的论文则在银行业背景下首次对该数据集进行了全面剖析。

---

① 例如，本文表明，大多数顶级银行（比如摩根大通和高盛）的IT支出超过其总运营成本的17%，而亚马逊和Alphabet用于IT的运营成本分别为12%和20%。本文还提请注意，上述IT支出数字不包括IT人员的薪酬。

② 例如，第一公民国民银行（First Citizens National Bank）于2019年2月实施了员工内部网，以加强内部沟通。

我们关注银行IT支出的四个主要类别中的两个①，第一个是软件。这类IT产品旨在通过自动化、专业编程、人工智能等技术提高信息处理的准确性和速度。第二个是通信，它主要促进银行分支网络内部以及银行与借款客户之间更顺畅的信息交流。②

在第3节中，我们首先叙述过去十年美国银行业IT支出快速增长的情况。IT支出的增长因银行规模而异：大型银行的IT支出稳步增长，而小型银行的IT支出几近停滞。大银行和小银行之间的另一个显著区别是，小银行可能从事更多的小企业贷款，相比大银行，它们在IT预算中分配给通信技术的份额始终更高。正如我们将要阐述的，这种模式揭示了通信IT在小企业贷款中发挥的作用。

然后，我们考察银行IT支出与贷款活动之间的关系。在Call Report（财政报告）上的三种主要贷款类型中，工商业（C&I）贷款和农业贷款的占比与贷款人的通信支出呈正相关关系，但与软件支出无关。相比之下，个人贷款的占比与贷款人的软件支出呈正相关关系，与通信支出无关。再进一步说，在工商业贷款中，我们发现小企业贷款作为一个子类别脱颖而出，推动了与通信IT支出的整体正相关关系；而在个人贷款中，抵押贷款再融资是促成个人贷款与软件支出正相关的主要因素。由于不同类型的贷款通常需要不同的技术来处理相关信息，这些正相关性（或无正相关性）为从贷款技术角度理解银行IT支出概况提供了重要的指导。

除贷款人提供的贷款组合的广泛信贷类别外，我们还探讨影响银行业务运营的其他因素如何影响银行的IT投资。就银行内部层级结构的复杂性而言，拥有更多内部层级的银行，其通信支出强度往往更高。此外，层级复杂性会影响银行IT支出对贷款情况的响应能力：更复杂的层级结构使银行的通信支出更多地响应小企业贷款，但对银行软件支出响应抵押贷款再融资活动的能力没有系统性影响。③ 最后，在银团贷款（syndicated lending）市场背景下，我们表明，频繁担任牵头贷款人的银行在通信上的支出明显高于参与贷款人，因为牵

---

① 第2.2节将详细解释银行业背景下Harte Hanks数据集内的四大IT支出类别：硬件、软件、通信和服务。软件的代表示例包括桌面应用程序（如微软办公软件）、信息管理软件以及风险和支付管理软件。
② 例如无线电和电视发射机、私人分支交换机和视频会议等。
③ 这种不对称模式与Stein（2002）的"层级摩擦"概念契合：层级复杂性较低有利于促进组织内部软信息的传输，与抵押贷款再融资相比，这对小企业贷款更为重要。

头行在与借款人的互动中承担了更直接的责任。

在第4节中,我们深入探索银行IT投资与其贷款活动联系背后的潜在经济学。从概念上讲,我们区分了两种根本不同的贷款技术。第一种技术高度依赖向借款人收集和增加软信息;在伯杰和尤德尔(Berger and Udell, 2002)的研究中,关系借贷是第一种技术的具体例子。第二种贷款技术主要依靠硬信息的处理和量化,重要的例子包括交易贷款,即基于特定信用评分系统和量化财务报表指标的贷款(Berger and Udell, 2006)。

我们的第一个假设主要聚焦于软信息。如果贷款需求增长需要进行密集的软信息生产和传输(譬如小企业贷款),这将促使银行加大通信技术投资。因为通信技术(比如视频会议)不仅能让银行更有效地收集经常处在不透明信息环境下的企业家的软信息,而且允许这类原本难以验证的软信息在银行组织内部更顺畅地传输。利用外生的需求变化因素,我们发现银行的中小企业贷款需求增加(由于当地事前受政策影响的敞口较高),导致银行通信支出呈显著正向增长,对银行软件支出的影响却不大。[①] 对动态处理效果的分析进一步揭示,敞口受冲击程度的跨县异质性,促使政策冲击发生后地方银行的通信支出产生不同的增长路径(对软件支出的影响很小),但对两类IT支出在政策实施前的趋势没有影响。

我们的第二个假设是,严重依赖硬信息处理的贷款(比如住房抵押贷款再融资)的正向需求冲击将推动银行增加软件上的IT投资(软件有助于贷款人处理此类现有数据)。为进行因果推断,我们使用未偿还贷款所能节约的利息的跨县差异,构建了不同地区银行面临的住房抵押贷款再融资需求转移变量。[②] 我们表明,银行发放的住房抵押贷款再融资高出一个标准差,因为它在当地的再融资利息节约敞口很高,所以会导致软件支出高出0.315个标准差,而对当地银行的通信支出没有显著影响。

我们分析的最后一部分重点关注金融科技贷款机构进入地方信贷市场如何影响银行的IT支出及其相关贷款技术。过去十年间,我们目睹了金融科

---

① 基于"小企业医疗保健税收抵免政策",我们构建了小企业信贷需求冲击的工具变量。作为《平价医疗法案》的一部分,该计划于2014—2015年实施,并向美国经济中的小企业专门提供了优惠的税收待遇。

② 我们使用了2011—2015年的低利率时期,其间,美国平均抵押贷款利率从6.5%降至3.5%。当利率下降时,提前偿还抵押贷款的选择变得划算,这意味着当地家庭对抵押贷款再融资的需求增大。

作为技术密集型（潜在）竞争对手的特殊群体，对传统银行业的渗透日益加深。以 Lending Club（借贷俱乐部）在2010年后陆续进入美国7个州为实验背景，我们研究了传统银行业对金融科技渗透的反应。就在某个州的监管部门批准 Lending Club 进入运营之后，在该州经营的银行大幅增加了 IT 投资。重要的是，与通信支出的增长（–0.1%）相比，软件支出的增长（7.6%）在经济上（以及统计上）更为显著。

除了银行对金融科技进入的反应在 IT 类别上出现不对称外，不同规模的银行对技术支出的反应也存在显著的异质性。特别是，IT 投资强度增加主要发生在大银行中，而小银行的 IT 支出对新进入的金融科技公司几乎毫无反应。我们的研究结果表明，传统银行业形成了整体的"竞争反应"，即银行（尤其是大型银行）正在追赶金融科技挑战者。与这种竞争解释契合的是，商业银行的这种"追赶"行为在加大软件支出以提高自动化和信息处理技术方面尤为明显，而这恰恰是金融科技贷款机构具有比较优势的贷款技术领域。

1.1 相关文献

银行贷款技术与信息的本质。伯杰和尤德尔（Berger and Udell，2006）为分析中小企业贷款市场中两类基本的银行贷款技术——关系贷款和交易贷款，提供了一个全面的框架。[1] 正如斯泰因（2002）强调的，这两种贷款之间的根本区别在于信息扮演的角色，他解释了为什么软信息生产有利于层级较少的组织结构。[2]

我们将银行的 IT 支出与其贷款技术联系起来，并特别讨论了软信息生产/传输和硬信息处理之间的区别，从而补充了这类文献。通过银行对 IT 支出的内生决策，我们进一步确立了信贷需求中的信息要素与银行贷款技术之间的因果关系。据我们所知，这是文献中首次尝试阐述信贷需求冲击如何推动银行投

---

[1] 相关的，Bolton et al.（2016）联合检测了关系贷款与交易贷款。他们发现，依赖关系银行业务的公司比依赖交易银行业务的公司更能抵御危机，这表明关系银行的资本要求更高。

[2] 遵循这一思路，Liberti and Mian（2009）通过实证研究发现，层级差别越大，对主观信息的依赖就越少，对客观信息的依赖则越多。Paravisini and Schoar（2016）阐明，信用评分作为硬信息，可以提高信贷委员会的生产率，减少管理层对贷款审批过程的参与，并提高贷款的盈利能力。

资信息驱动的贷款技术。①

银行业的信息技术　本文可被归类为研究信息技术发展与银行业演变相互作用的文献。例如，伯杰（Berger，2003）指出，信息和金融技术的进步显著改善了银行服务；彼得森和拉詹（Petersen and Rajan，2002）阐明，通信技术的发展大大增加了小企业贷款的额度上限。最近还有两篇工作论文使用每名员工的计算机数量作为IT采用的衡量标准，表明IT采用有助于银行度过金融危机（Pierri and Timmer，2022）并刺激创业活动（Ahnert et al.，2021）。我们的论文借助详细的IT支出数据，详尽介绍了将银行的贷款技术与其IT支出关联起来的具体经济机制。②

金融科技进入与银行的IT支出　金融科技的崛起是信息技术近期发展的标志性结果之一。③ 我们的研究与金融科技行业的兴盛如何影响（或已经影响）传统银行业的研究紧密一致。④ 虽然这项研究的共同主题之一集中于银行与金融科技的竞争，其中，传统银行基本被视为被动参与者，但很少有人关注银行如何积极应对这些挑战。我们从后一个角度出发，研究传统银行是否以及如何追赶渗透性极强的金融科技贷款机构。在最近的一项研究中，莫迪等人（Modi et al.，2022）使用Call Report数据证明，金融科技敞口较大的银行往往会增加IT支出，其贷款行为也可能更类似于金融科技公司。

技术采用的微观证据　本文也为使用微观数据研究企业技术采用行为的文献做出广泛贡献。使用与本文相同的IT支出数据，福曼等人（Forman et al.，2012）研究了企业技术采用对地区工资不平等的影响，布卢姆等人（Bloom et al.，2014）探讨了信息技术对企业内部控制的影响，里德尔（Ridder，2019）

---

① 以往的文献表明，信贷供应对非金融企业的技术采用或创新有积极影响（Amore et al.，2013；Chava et al.，2013；Bircan and De Haas，2019）。
② 关于信息技术、银行市场竞争和银行贷款相互作用的理论文献同样非常丰富；参见Freixas and Rochet（2008）的综述。例如，Hauswald and Marquez（2003，2006）分析了信息技术对银行市场竞争的影响；以及近来，Vives and Ye（2021）研究了信息技术的扩散如何冲击银行贷款市场的竞争和银行业的稳定。
③ 相关研究包括但不限于Jagtiani and Lemieux（2017），Buchak et al.（2018），Fuster et al.（2019），Frost et al.（2019），Hughes et al.（2019），Stulz（2019）以及Di Maggio and Yao（2020）。
④ 这些快速增长的文献包括Lorente et al.（2018），Hornuf et al.（2018），Calebe de Roure and Thakor（2019），Tang（2019），Erel and Liebersohn（2020），Aiello et al.（2020），Gopal and Schnabl（2022），He et al.（2023）以及Huang（2022）。

则分析了软件采用如何解释商业活力的下降和市场势力的上升。①

2. 数据与背景

本节解释我们的主要数据来源,并详细描述各类不同的IT支出。

2.1 银行IT支出数据来源及样本构建

银行IT支出的数据来自Harte Hanks市场情报计算机智能技术数据库,该数据库通过为企业提供与IT相关的咨询,覆盖了2010—2019年超过300万个机构层面的观察结果。Harte Hanks收集这些信息并将其出售给科技公司,后者可以将信息用于营销目的或更好地为客户服务。企业有动机向Harte Hanks如实报告IT支出数据,因为它们也希望听取量身定制的建议,以便将来获得更好的IT服务。②

本文以商业银行为研究对象。③ 样本由美国1 450家商业银行组成,按资产规模计算,这些银行覆盖了80%以上的美国银行业(见在线附录的图A1)。样本对于大型银行更具代表性,见表1所示,该表报告了我们按银行资产规模分组的覆盖范围。对于三组规模较大的银行(资产超过10亿美元),频率和资产的覆盖率都在80%以上。然而,对于规模不足1亿美元的小银行,我们的样本仅占美国体系中(该资产规模)商业银行总数的9.47%(资产的11.36%)。

---

① 有几篇论文使用IT安装数据,报告了按类型分类的企业软件安装情况(我们使用的是按类别划分的机构IT预算数据集,两者都由Harte Hanks维护)。譬如,Charoenwong et al.(2022)研究了出于合规目的的技术投资。
② 关于这个数据集,我们进一步提出两点。首先,根据最近对数据供应商的调查,本研究使用的IT预算数据是基于对外调查收集的;而IT安装数据则是通过调查和基于算法的公开信息提取(如公司网站、招聘信息、年度报告等)收集。其次,一个重要的测量问题是将总部层面发生的IT总成本分配给分支机构的方法。按照数据供应商所说,这类支出反映在分支机构的支出而不是总部的支出中。我们的数据确实支持这一说法:对于样本中最大的100家银行,我们发现总部和分行的IT支出(按收入比例计算)之间没有统计上的显著差异。
③ 这类文献使用Harte Hanks数据集,例如,Forman et al.(2012)调查了企业的IT采用和地区工资不平等,Bloom et al.(2014)研究了信息通信技术对企业内部控制的影响。

表1 样本覆盖率

数据覆盖率	样本		Call Report		频率（%）	资产（%）
2010—2019年平均资产（亿美元）	银行数量（家）	平均资产（千万美元）	银行数量（家）	平均资产（千万美元）		
>2 500	6	1196.15	6	1196.15	100	100
100~2 500	98	43.82	106	43.69	92.45	92.72
10~100	418	2.95	590	2.78	70.85	85.62
1~10	734	0.42	4161	0.32	17.64	23.43
<1	194	0.06	2048	0.05	9.47	11.36

注：本表显示五类银行规模组的银行样本覆盖率。根据美国联邦金融机构检查委员会（FFIEC）的定义，我们应用商业银行限制（"特许类型"为200）来构建Call Report银行群体。前两列显示样本中五个规模组的银行数量和银行的平均资产规模。第3列和第4列显示Call Report中所有银行的总数和平均资产规模。第5列呈现与Call Report中的总体相比，样本覆盖率在频率方面的百分比。第6列显示与Call Report中的总体相比，样本覆盖率在总资产规模方面的百分比。

表2显示银行IT支出的汇总统计数据。在我们的样本中，银行的IT总支出占其净收入的比例从1.7%（第25百分位数）到8.4%（第75百分位数）不等，这表明银行之间存在很大的横截面差异。IT支出占净收入的比例中值为7.1%，与2012年麦肯锡的调查（附录图A4）一致，该调查称，银行IT支出占净营业收入的比例为4.7%~9.4%。

表2 IT支出汇总统计

	平均值	标准差	第25百分位数	中位数	第75百分位数
IT总支出（百万美元）	11.125	160.239	0.024	0.159	0.796
IT员工人数	178.756	1828.766	5.000	20.682	56.912
IT支出/收入	0.020	0.039	0.006	0.012	0.021
IT支出/净收入	0.068	0.113	0.017	0.037	0.084
IT支出/费用	0.022	0.027	0.008	0.014	0.026
IT支出/非利息支出	0.051	0.036	0.009	0.018	0.035
通信/总支出	0.089	0.108	0.028	0.051	0.110
软件/总支出	0.334	0.172	0.219	0.315	0.468
硬件/总支出	0.172	0.111	0.066	0.161	0.235
服务/总支出	0.327	0.129	0.243	0.329	0.415
其他/总支出	0.066	0.104	0.009	0.022	0.111

注：本表显示银行IT支出的汇总统计数据。IT总支出是所有类型IT支出的总和，单位为百万美元。IT员工人数是IT相关员工总数。IT支出/收入是IT总支出占银行总收入的比例，IT支出/非利息支出是IT支出占非利息支出的比例，IT支出/净收入是IT总支出占总收入减去总支出的比例。不同类别的IT支出是按照IT总支出的比例计算的四类IT支出。

2.2 IT投资分类

我们的数据集提供了银行IT投资的详细分解，分为Harte Hanks指定的四个主要类别：硬件、软件、通信和服务。现在我们解释这些类别，附录图A5

的6(a)至6(d)给出了正式定义。

软件定义为从第三方购买的软件程序，包括可通过浏览器访问的多租户共享许可服务器在SaaS（软件即服务）上提供的软件程序。更具体地说，软件类别包括桌面应用程序、信息管理软件、处理软件、风险和支付管理软件。对于桌面应用程序，一个代表性的例子即微软办公软件。[①] 处理软件专门通过专业编程和人工智能技术，自动处理贷款申请人纸质文件包中的信息（这些信息的处理原本要由信贷员手动完成），从而提高处理的准确性和速度。[②] 风险管理软件通过补充借款人的还款状况以及实时的行业和经济状况，在贷款发放后提供持续的风险评估。[③]

通信定义为银行为支持其沟通需求而运行的网络设备，包括路由器、交换机、专用分支交换机、无线电和电视发射机、Wi-Fi发射机、台式电话机、广域网和局域网设备、视频会议系统，以及移动电话设备。当需要与借款人直接联系或互动时，这些机器可以让银行家方便地与借款人交谈和会面，有助于银行有效评估借款人寻求信贷的项目。此外，专用分支交换机等通信设备促进了银行分支网络内的信息、意见和决策交换。

硬件作为一种IT投资形式，包括传统的计算机硬件，如个人电脑、显示器、打印机、键盘、USB设备、存储设备、服务器和大型机。就贷款服务而言，硬件投资可以补充和促进借款人信息的收集和处理。这是因为个人电脑和服务器等硬件设备不仅帮助提供数据的存储和传输，同时也是软件和工具箱的载体。

服务定义为基于项目的咨询服务（比如包括IT策略和安全评估等）或供应商向银行提供的系统集成服务，这些服务通常由IT外包公司根据合同提供。与硬件类似，服务作为其他类别信息技术投资的补充，为银行贷款提供便利。例如，总部位于芝加哥的IT服务公司Aquiety，为银行和其他公司提供网络安全服务；而总部设在纽约的服务公司Iconic IT，提供软件和硬件采购以及安装

---

① 银行员工很容易掌握这些软件产品，继而能够对与贷款业务相关的数据进行基本的计算和可视化。譬如在Mendeley.com网站上，许多银行招聘信贷员或项目经理时都要求应聘者熟练使用微软办公软件。
② 处理软件的例子包括Trapeze Mortgage Analytics、Treeno software和Kofax。这些软件产品具有文档汇编增强、数字化和信息分类功能。
③ 这些软件产品，比如Actico、ZenGRC、Equifax、Oracle ERP，使银行能够更好地监控贷款进度。其他软件产品包括证券交易系统和操作系统，通常与特定的软件产品捆绑在一起。

和升级服务。

作为本节的小结，表2报告了银行IT支出概况详细结构的汇总统计数据。按规模划分，软件和服务排在所有IT支出类别中的前两位，各约占IT总预算的33%。硬件约占IT总预算的17%，通信约占9%。在第3节里，我们分析银行–年度的IT支出，而在第4节，我们着重分析银行–县–年度的IT支出，其中汇总了各银行县级分行的支出信息。

2.3 其他数据集

为了补充我们对银行贷款技术及其与IT支出关系的研究，我们结合了多个来源的贷款层面信息。

银行资产负债表 我们从Call Report中获取银行层面的资产负债表信息，详细的匹配步骤参见附录B.2。银行–年度控制变量包括净收入、股本和存款，所有这些都以资产比率表示。对于银行–县或银行–县–年度的分析，我们使用Harte Hanks提供的县级银行收入信息。① 我们的数据清理过程进一步要求，在县–年度层面，银行必须具有未遗漏的总收入和员工总数。为了构建关键的左侧变量"IT支出/收入"，我们汇总了第t年c县某一银行i所有分行的支出，并根据该银行在该县所有分行的收入总和进行比例调整。"员工平均收入"是银行–县–年度层面的控制变量，总收入和员工总数均来自Harte Hanks。当使用这个控制变量进行银行层面的分析时，我们将全美国银行层面的收入和员工人数相加，并计算出这一比率。

贷款与地方特色 我们从LPC Dealscan（贷款定价数据库）取得银团贷款信息，以了解银行在银团贷款包中充当牵头行的频率。小企业贷款发放数据来自《社区再投资法案》（以下称CRA），它覆盖了2010—2019年银行–县–年度的样本期。我们通过《住房抵押贷款披露法案》（HMDA）获得2010—2019年的抵押贷款再融资信息，并使用房地美2010年之前的县级平均抵押贷款利率作为抵押贷款再融资的需求转移因子。

银行层级结构 我们从Mergent Intellect平台获取银行的层级结构信息，该

---

① 由于Call Report没有分行级别的收入信息，我们使用Harte Hanks提供的分行收入信息进行银行–县或银行–县–年度的分析。至于绘制总支出趋势的数据，我们使用银行级别的Call Report信息。

平台涵盖9 700万家公有和私营企业，包括它们的位置和行业分类。① 我们将样本限制于两位数标准行业分类（SIC）代码为"60"的实体，该代码代指"存款机构"。

数据库提供了公司（我们主要研究银行控股公司）的完整家族谱系，及其家族成员的详细信息。重要的是，数据库将公司的各个家庭成员分为三种位置类型之一："总部"、"单一位置"和"分支机构"。如果银行在家族谱系中有三（两）种类型的位置，我们将其标识为具有三（两）层层级结构，如果银行只有一种类型的位置，则称为单层银行。举一些具体例子，富国银行（Wells Fargo Bank）在美国有6 000多个办事处，位置类型包括了所有三类，因此我们将其层级定义为三层；总部位于俄亥俄州康宁市的北谷银行（North Valley Bank）分为两层，有一个总部和七个分行；位于俄亥俄州沃伦市的第一银行（First Place Bank）在我们的样本中只有一层，唯一的办公室就是一个位置。对于每家银行，我们根据银行名称和银行总部所在城市，将Mergent Intellect中的银行与样本中的银行进行匹配（更详细的信息参见在线附录B.2）。

3. 银行IT支出的实证模式

我们首先报告过去十年银行在IT方面的投资，以及银行规模的一些基本统计数据。通过证明IT支出与贷款专业化（例如商业贷款和个人贷款）之间几种稳健的相关模式，我们进一步表明，银行的IT投资主要受其贷款活动影响。最后，我们探讨可以将银行IT支出与其运营关联起来的其他维度，包括银行内部层级结构的复杂性，以及银行在银团贷款中通常扮演的角色。

3.1 银行IT投资的时间趋势

图1面板A显示了2010—2019年平均IT支出占总收入的比例。总体而言，在过去十年间，银行大幅增加了信息技术投资：其IT预算总额占总收入的比例从2010年的1%，攀升至2019年后的6%左右。把这些数字置入背景中，我们样本里所有银行的IT总支出约占其2016年总收入的4%。

---

① Huvaj and Johnson（2019）使用该数据库研究了企业组织结构对其创新活动的影响。

(a)面板A

(b)面板B

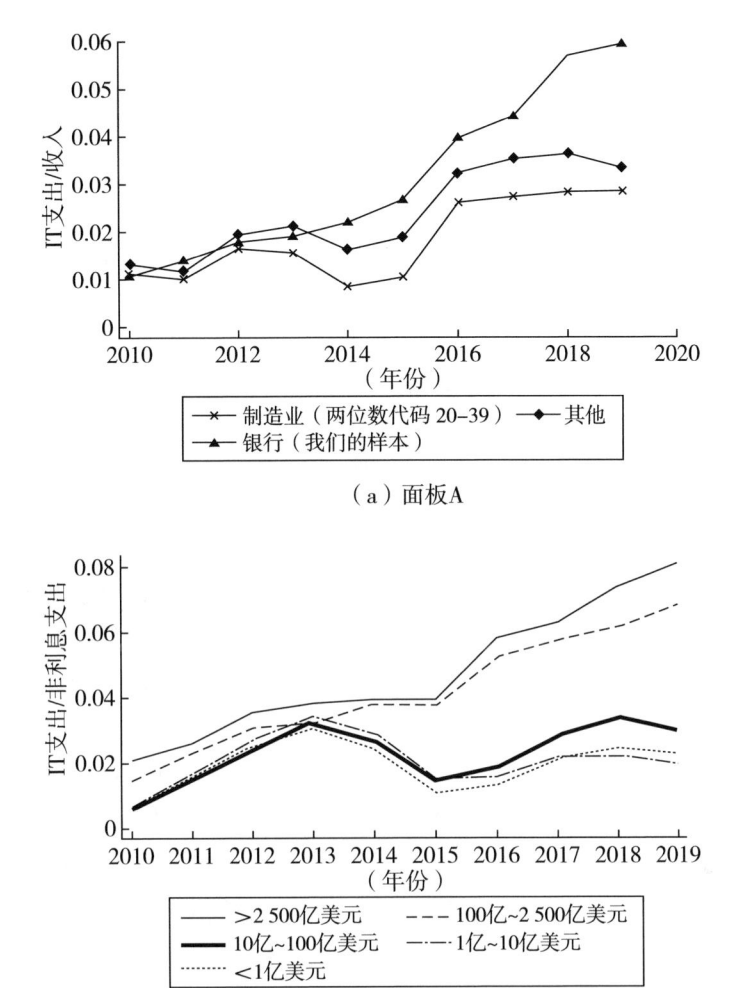

图1　IT支出的时间趋势

注：面板A显示了在我们样本中的银行、制造业以及Harte Hanks中的IT预算收入信息构建的其他所有行业的IT支出在总收入中所占份额的演变。"制造业"是指SIC代码为20—39的两位数企业。同时定义了"其他"部门为除"存款机构"之外的所有行业。"银行（我们的样本）"指样本中的银行。这些比例通过汇总IT支出，以及来自Harte Hanks的总收入计算得出。在面板B中，纵轴是按比例划分的银行IT支出/非利息支出。资产规模组根据银行在2010—2019年的平均资产规模进行分类。非利息支出使用Call Report中的银行资产负债表中的"RIAD4093"项目进行计算。

在2010—2015年的稳定增长之后，2016年IT支出急剧增长，如图1面板A所示。这可能源于2016年3月16日美国货币监理署发布的一份白皮书，该白皮书阐述了监管部门对支持所有规模银行"负责任地创新"的观点。① 正如本文所述，这份白皮书很可能刺激银行更加大胆地将技术投资纳入战略规划。

此外，白皮书还鼓励银行与非银行机构合作，开发符合监管要求的负责任的金融产品。外界普遍认为，银行一直在积极地进行IT投资，以便更好地赶上金融科技同行。②

3.2 不同规模银行的IT支出

不同规模的银行往往在系统化方式上有不同的表现。根据FDIC（美国联邦存款保险公司）的银行规模分类，我们将银行分为五组。总的来说，大银行的IT投资比小银行多。如在线附录表A2所示，总资产小于1亿美元的银行中，其IT支出占营业收入的比重平均为1.5%；而资产规模在100亿~2500亿美元的银行中，这一比重单调递增至4.8%。这种模式可能是IT支出的固定成本性质所致，因为小银行通常无法负担需要大量一次性付款的IT采购。

图1面板B显示了银行IT投资的增长趋势，这是非利息支出的一部分，并按银行规模分组。③ 尽管都有上升趋势，但各银行规模组之间还是存在一些明显的差异。大银行（资产规模在100亿~2500亿美元以及2500亿美元以上的银行）的IT支出一直稳步增长，并且在2015年之后增速提升，而规模较小银行的IT支出没有明显的上升趋势。虽然我们的目标不是为产生这种异质性的原因提供某个结论性的答案，但第5节中对（不同规模）银行如何应对金融科技进入的分析直接触及了这个问题。

另外，与大银行相比，小银行往往将更高比例的IT预算用于通信技术：小银行的平均通信支出占总支出的比例为15.9%，大银行则为5%。对于资产

---

① 在白皮书中，货币监理署将"负责任地创新"定义为"使用新的或改进的金融产品、服务和流程，以符合健全的风险管理并与银行整体业务战略保持一致的方式，满足消费者、企业和社区不断变化的需求"。
② 麦肯锡的这篇文章陈述了自2016年以来金融科技IPO（首次公开募股）热潮以及风险投资家的金融科技投资热潮。
③ 在这张图中，IT预算在非利息支出中所占的比例也符合Hitt et al.（1999）的分析，他们的调查报告称，银行的IT支出可能高达非利息支出的15%。如图A2所示，IT支出占总收入的比例趋势与IT支出占非利息支出的比例模式一致。

少于1亿美元的银行（超小型银行），这一比例随着银行规模的增大而单调递减。但就软件支出而言，不同规模的银行之间没有显著差异。我们将在第4节讨论这一鲜明对比，并把银行的IT支出类别与其涉及不同性质信息处理的贷款活动联系起来。在线附录表A2显示了不同银行规模组在通信支出和软件支出上的全面比较。

3.3 银行IT投资的实证模式

现在我们从三个具体的角度，提出第一组将银行的IT投资与其运营联系起来的实证结果：贷款发放的相对专业化、银行在银团贷款中的作用、银行内部层级结构的复杂性。

3.3.1 贷款专业化

银行提供三种主要类型的贷款：工商业贷款、个人贷款和农业贷款。向不同类型的借款人提供贷款一般涉及对借款人特定信息的不同处理方式。因此，如果银行专门从事不同类型的贷款，人们通常会预期它们在IT投资方面有所不同。

在我们的基准实证规范中，我们运行了以下银行层面的回归（把更精细的银行—县级分析留到后面）：

$$\frac{\text{Type S IT spending}}{\text{Revenue}}_{i,10\text{-}19} = \alpha_i + \beta \frac{\text{Type L loan}}{\text{Total loan}}_{i,10\text{-}19} + \gamma X_i + \varepsilon_i \quad (1)$$

此处，i代表个人银行；$\frac{\text{Type S IT spending}}{\text{Revenue}}_{i,10\text{-}19}$是相关的结果变量，即2010—2019年银行$i$在特定类型IT支出中的平均投资占其收入的比例。主要解释变量$\frac{\text{Type L loan}}{\text{Total loan}}_{i,10\text{-}19}$反映银行$i$的贷款专业化程度，它以特定类型贷款相对于银行$i$总贷款规模的平均比例来衡量。在银行层面测量的2010—2019年控制变量包括净收入、总存款、总股本、总工资（均按总资产比例计算）和员工平均收入。

表3给出了工商业贷款在（1）式中的估计结果，以及控制变量和固定效应的具体回归结果。表4使用相同的方法对工商业贷款、个人贷款和农业贷款进行估算。但为了便于说明，我们只报告关键的回归系数（即特定IT支出份额的回归系数）。

表3 工商业贷款与银行IT支出

	软件/收入 （1）	通信/收入 （2）	硬件/收入 （3）	服务/收入 （4）
工商业贷款/总贷款	0.0380	0.0813***	0.107***	0.0386
	(0.0276)	(0.0270)	(0.0273)	(0.0279)
净收入/总资产	−0.126***	−0.155***	−0.183***	−0.0904***
	(0.0316)	(0.0308)	(0.0312)	(0.0318)
存款/总资产	−0.0928	−0.284*	−0.242	−0.103
	(0.175)	(0.171)	(0.173)	(0.177)
员工平均收入	−0.313***	−0.437***	−0.397***	−0.333***
	(0.0542)	(0.0529)	(0.0536)	(0.0546)
工资/总资产	0.0683	−0.147***	−0.0550	0.0104
	(0.0452)	(0.0441)	(0.0447)	(0.0455)
股权/总资产	0.140***	0.0925*	0.0647	0.124**
	(0.0574)	(0.0560)	(0.0567)	(0.0578)
规模固定效应	Y	Y	Y	Y
州固定效应	Y	Y	Y	Y
R^2值	0.0925	0.127	0.110	0.0649
数量	1 442	1 442	1 442	1 442

注：①括号内为标准误差。
②本表显示银行工商业贷款对四大类银行IT支出的回归结果，以及银行—年度水平的控制变量向量。样本周期为2010—2019年。

$$\frac{S类IT支出}{收入}_{i,10-19} = \alpha + \beta \frac{工商业贷款}{总贷款}_{i,10-19} + \gamma X + \varepsilon_i$$

工商业贷款/总贷款是2010—2019年银行i的工商业贷款与总贷款的比例，软件/收入是软件支出与总收入的比例，通信/收入是通信支出与总收入的比例，硬件/收入是硬件支出与总收入的比例，服务/收入是服务支出与总收入的比例。控制变量包括净收入占总资产的比例、存款占总资产的比例、员工平均收入、工资占总资产的比例和股权占总资产的比例。左侧变量和右侧变量均取2010—2019年银行i的平均值。固定效应包括银行规模和银行总部州的固定效应。***、**和*分别表示1%、5%和10%水平的显著性。

A. 工商业贷款

工商业贷款的专业化与银行在通信技术方面的支出呈最大的正相关关系（见表3）。分配给工商业贷款的贷款组合份额增加一个标准差（13%），预计每年在通信方面的支出将增加24万美元。工商业贷款专业化程度的提高也预示着硬件支出的增加，尽管其幅度略小于对通信支出的影响。然而，软件支出的系数并不显著。

工商业贷款内部情况 表4进一步将工商业贷款分解为"小企业贷款"和"其他工商业贷款"，前者由CRA报告的小企业贷款衡量。虽然小企业贷款在银行投资组合中的份额与通信支出呈正相关关系，但与银行的软件支出呈负相关关系。相比之下，"其他工商业贷款"（例如大企业贷款）与软件支出呈正相关关系，但与通信支出无关。表5显示，这种实证模式适用于不同规模的银行。

表4　银行特征与银行IT支出

	软件/收入 （1）	通信/收入 （2）	硬件/收入 （3）	服务/收入 （4）
面板A：贷款专业化				
工商业贷款/总贷款	0.0380 (0.0276)	0.0813*** (0.0270)	0.107*** (0.0273)	0.0386 (0.0279)
CRA贷款/总贷款	−0.190*** (0.0307)	0.124*** (0.0303)	0.0662** (0.0309)	0.0482 (0.0314)
其他工商业贷款/总贷款	0.0645** (0.0275)	0.0653** (0.0269)	0.0995*** (0.0273)	0.0330 (0.0278)
个人贷款/总贷款	0.0617** (0.0294)	0.0507* (0.0287)	0.0162 (0.0292)	−0.000905 (0.0297)
抵押再融资/总贷款	0.0763*** (0.0311)	0.0369 (0.0305)	0.0466 (0.0309)	−0.000550 (0.0314)
其他个人贷款/总贷款	0.0530* (0.0292)	0.0522* (0.0285)	0.0103 (0.0290)	0.00167 (0.0295)
再融资笔数/抵押贷款总笔数	0.0682** (0.0329)	0.0257 (0.0315)	0.0482 (0.0322)	0.0442 (0.0335)
农业贷款/总贷款	0.0238 (0.0337)	0.0504 (0.0331)	0.00356 (0.0336)	0.0150 (0.0343)
面板B：层级复杂性与IT支出				
层级	0.0244 (0.0354)	0.0721** (0.0342)	0.0331 (0.0351)	0.0371 (0.0354)
ln（办公室数量）	0.0519 (0.0413)	0.0842** (0.0394)	0.0278 (0.0406)	0.0487 (0.0413)
面板C：银行在银团贷款中的角色				
%牵头行/总银团贷款	0.0751 (0.0468)	0.0932** (0.0453)	0.0475 (0.0467)	0.0162 (0.0473)

注：本表显示银行IT支出与银行特征之间的相关性结果。回归模型如下：

$$\frac{S类IT支出}{收入}_{i,10-19} = \alpha + \beta \frac{L类贷款}{总贷款}_{i,10-19} 或（银行特征）+ \gamma X + \varepsilon_i$$

面板A显示银行的贷款专业化与银行IT支出的相关性。L类贷款/总贷款是特定类型贷款占总贷款的平均值。其中，个人贷款/总贷款是1~4个家庭单位的个人贷款和房地产贷款之和占总贷款的比例；农业贷款/总贷款是农业贷款占总贷款的比例；CRA贷款/总贷款是CRA报告的小企业贷款总额占总贷款的比例；"其他工商业贷款/总贷款"是除了CRA报告的小企业贷款之外的所有工商业贷款占总贷款的比例；"抵押再融资/总贷款"是HMDA报告的抵押再融资总额占银行总贷款的比例；"其他个人贷款"是从"个人及抵押贷款"中减去"抵押再融资"的贷款。再融资笔数/抵押贷款总笔数表示再融资的频率，是指再融资占HMDA报告的抵押贷款发放总数的百分比。软件/收入是软件支出占总收入的比例，通信/收入是通信支出占总收入的比例，硬件/收入是硬件支出占总收入的比例，服务/收入是服务支出占总收入的比例。面板B显示银行的层级结构与IT支出的相关性。"层级"是前文中定义的位置类型数量。"ln（办公室数量）"是办公室总数的对数。控制变量包括净收入占总资产的比例、存款占总资产的比例、员工平均收入、工资占总资产的比例，以及股权占总资产的比例。固定效应包括银行规模组和银行总部县的固定效应。面板C显示银行在银团贷款市场中的角色与其IT支出之间的关系。%牵头行是指银行在银团贷款市场担任牵头行的频率，以其占银团贷款总额的比例衡量。所有贷款概况变量都根据2010—2019年银行贷款概况的平均值计算。***、**和*分别表示1%、5%和10%水平的显著性。

B. 个人贷款

我们研究的第二大类贷款是按 Call Report 分类的个人贷款。表4报告了个人贷款份额与银行IT支出之间的关联。与我们在工商业贷款中观察到的模式相反,个人贷款在贷款组合中所占的比例越高,似乎预示着软件支出就越多。从数量上看,个人贷款份额增加一个标准差(约增长7个百分点),预计每年软件支出将增加 61.7 万美元。另一方面,较高的个人贷款和抵押贷款份额对通信、硬件或服务预算没有实质性的预测能力。

个人贷款内部情况　在分析工商业贷款中的 CRA 贷款的同时,我们还将个人贷款分解为两个子类别:住房抵押贷款再融资和其他贷款。我们发现,与银行软件支出呈正相关关系的是抵押贷款再融资,而不是其他贷款。这一发现促使我们在第4节的研究中特别关注住房抵押贷款再融资,这是一种特殊的贷款活动,其中硬信息的处理起着关键作用。

此外,丰富的住房抵押贷款数据允许我们通过区分"现有贷款再融资"和"发起新贷款"来获得进一步的见解。表4报告主要结果,表5报告与银行规模相关的结果,更详细的讨论留待后文。

C. 农业贷款

在最后一种贷款类型中,我们考察农业贷款专业化与银行IT支出概况之间的关系。如表4所示,较高的农业贷款份额与银行的通信支出呈正相关关系。

3.3.2　银行层级结构的复杂性

另一个可能影响银行信息处理效率的重要因素是银行的内部组织结构(Stein, 2002)。在表4面板B中,我们使用前文定义的层级结构作为银行层级复杂性的主要指标。我们发现,当银行的层级数量增加时,银行所有IT类别的支出都会增加,尤其是在通信方面。银行内部层级从一层增加至三层,意味着银行的通信支出将增加31万美元。该结果是在考虑了银行规模组固定效应的规范下得出的,这意味着层级复杂性能够预测银行规模以外的更高的通信支出。[①] 作为稳健性检验,本文使用办公室总数的对数作为银行层级复杂性的指

---

① 回想一下在第3.2节中,我们阐述了小银行倾向于将其大部分IT预算分配给通信支出。因此我们的研究结果表明,尽管银行内部层级结构的复杂性与银行规模高度相关,但除银行规模效应外,它还对银行的IT支出产生了额外的影响。换言之,我们不能简单地用银行规模作为衡量其层级复杂性的实证指标。

标，并在面板B中得到了大致相同的结果。

我们的研究结果表明，当银行组织内部的层级复杂性增加时，银行在通信上的支出就会增加。如第4.2.1节所述，从组织内部传输难以核实和转发的信息的角度，我们可以将这些发现与斯泰因（Stein，2002）的分析结合起来。尽管只是对层级复杂性进行粗略的实证测量，但本文在层级复杂性与银行对信息生产和传输的IT投资之间建立了直接关联。第4.2.1节将探讨这个问题。

3.3.3 银行在银团贷款中的作用

除了不同类型贷款的专业化或不同层级的复杂性，银行贷款时在处理信息上的作用也可能不同。譬如在银团贷款的背景下，主要贷款人和参与贷款人执行的任务截然不同。进而，一个自然的实证检验是，检查主要贷款人和参与贷款人之间的IT投资是否存在系统性差异。

表4面板C呈现与（1）式相同的回归，不同之处在于我们将关键变量换成了"%牵头行/总银团贷款"，将它定义为银行在银团贷款市场中担任牵头行的百分比频率。我们发现，在银团贷款市场中，通信、硬件和服务与牵头行频率的变化呈显著正相关，其中通信支出的幅度最大。牵头行频率每增加一个标准差，银行年度通信预算就会增加27万美元，而软件预算则并没有统计上显著的变化。正如我们将要在第4.2节中详细论述的，这些结果可以归因于牵头行和参与行各自承担的信息处理责任的独特性质。

4. 银行IT投资的经济学含义

在阐明了美国银行业IT投资的基本模式及其与各种银行业务运作的相互作用之后，现在转向我们的核心问题：这些银行IT支出背后的经济学含义是什么？特别是，它们如何与银行贷款技术的发展相互关联并做出贡献？我们首先根据信息处理的性质对贷款技术进行概念性讨论。通过将不同类型的IT投资映射到贷款技术的各个维度，本框架有助于理解第3节中建立的各种实证模型。最后，我们研究两种涉及不同信息性质的信贷需求冲击，并确定它们对银行（内生）贷款技术采用行为的因果影响。

4.1 贷款技术、信息处理与IT支出

我们定义，银行的贷款技术是指银行在整个贷款过程中处理借款人特定

信息的能力。从广义上讲，银行在开展贷款业务时，从事两种类型/阶段的活动：信息生产/传输，以及信息处理。更具体地说，在斯泰因（2002）的研究中，一方面，信息生产/传输与软信息广泛相关，指需要创建或收集借款人的信息，然后传递给之后进行相应决策的人的阶段；另一方面，与硬信息广泛相关的信息处理主要是发生在贷款人收集并检查借款人的现有（或现成）信息以便做出更优决策的阶段。

通信IT与软信息生产/传输 当面对贷款人从未接触过或其信息结构相对不透明的借款人时，为了收集信息，银行家通常需要与借款人沟通：要么面对面会见，要么亲自查看借款人的项目。收集到借款人的第一手信息后，由于这些信息可能是主观的，很难传达给其他人，因此，在组织内有效传递所收集的信息也会对银行的贷款效率产生重要影响。

通信技术如何在上述两个方面提供帮助的一个具体例子是视频会议，在过去十年间，视频会议已经成为信贷员与客户和同事互动的重要手段。从前，银行开立新的支票账户，发放贷款，并通过亲自访问实体分行解决问题；而现在，大家使用视频会议，因为这使信贷员与借款人之间的直接（尽管是虚拟的）接触更加有效。① 此外，金融机构内部的视频会议也颇受银行业欢迎，它在促进员工之间有效的内部沟通与协作方面具有明显优势。②

软件IT与硬信息处理 一旦信息（由贷款人自己）生成或易于获取（通过第三方），贷款人的下一个关注点就是如何使用这些信息。在信贷分配的场景中，银行需要正确评估借款人的信誉，从而确定贷款金额和利率。当银行面对的借款人信息结构相对透明，或者它们已经通过之前的互动对借款人有所了解时，贷款决策就可以简单地归结为有效利用和处理现有的信息。

对借款人的信用风险进行准确评估往往需要复杂的建模和模拟，如果没有复杂软件工具的辅助，这是难以完成的任务。如今，银行积极采用基于软件的新技术，以存储、组织和分析大量贷款申请人的数据或通过其他软件添加的数据。③ 一种流行的软件技术产品是银行进行再融资决策时使用的信用评分软

---

① 有关为银行服务设计的通信工具的真实示例，请参阅"Liveoak"。
② 请参阅Bankingdive上的文章，以详细了解视频会议如何帮助银行进行内部沟通。
③ 例如，"nCino"是一种操作系统软件，允许金融机构用自动化和基于人工智能的解决方案取代手动收集贷款/账户申请。"Finaxtra"和"Turnkey"是综合性的贷款发放系统，为整个贷款过程提供解决方案。

件①，它主要涉及处理和评估贷款人通过先前互动掌握的现有信息。

接下来，我们将沿着这两个维度详细探讨银行部门应用的贷款技术：一些主要针对软信息的生产和传输，一些针对硬信息处理。简而言之，通信设备有助于收集和传输信息，软件则是为了有效利用现成的硬信息。从现在开始，我们在研究银行的IT投资行为时，着重关注通信和软件这两个特定的类别。②

4.2 银行IT支出与软信息

4.2.1 银行贷款中的软信息生产/传输

在本小节里，我们回顾前几节中确立的关于银行IT投资概况的实证结果，进而讨论银行处理软信息的能力对其贷款盈利至关重要的情况。

小企业贷款 向小企业借款人提供贷款是具体实例之一，其中，有效地生产和传输软信息非常关键。萨哈尔和阿尼斯（Sahar and Anis，2016）指出，在向中小企业贷款的背景下，与借款人直接接触以及信贷员频繁访问借款人的工作场所有助于信贷员收集和生产软信息。阿加瓦尔等人（Agarwal et al.，2011）强调，诸如借款人计划如何处理贷款收益等软信息，始终是贷款人与借款人多轮互动的产物。

小企业贷款涉及密集的软信息生产和传输，这与第3.3.1节中描述的实证发现相一致，即专门从事小企业贷款的银行（以小企业贷款占总贷款的比例衡量）在通信IT方面的支出更多。一般来说，小银行向小企业提供更多贷款（Berger and Udell，2006；Chen et al.，2017），这解释了小银行通信IT支出比例较高的观察结果，如表A2所示；但是，对资产临界值高于和低于中位数的银行规模子组而言，小企业贷款和通信支出之间的正相关关系十分显著，如表5面板A所示。③

---

① 信用评分软件的一些具体例子包括SAS Credit Scoring、GinieMachine和RNDPoint。要使用这些软件，银行通常只需输入借款人的人口统计和历史数据，软件就会根据这些数据计算信用评分，并使用人工智能和机器学习方法进行统计测试，从而节省银行烦琐的手动工作并加快处理速度。

② 我们将在第4.2节和第4.3节中简要说明，这两类银行IT支出与银行处理不同类型借款人的特定信息有更直接的联系，第3.3节中记述的银行IT支出实证模式已经暗示了这一事实。

③ 大银行相对较低的通信支出也与最近的实证研究结果一致，即比小银行有钱的大银行总是更频繁地投资或收购金融科技初创企业。金融科技企业专注于（譬如）通过收购金融科技初创企业，将消费者替代数据中内嵌的软信息转化为信用评分（一种硬信息），因此大银行在小企业贷款中对通信技术的依赖程度较低。

层级复杂性 现在重新审视第3.3.2节中讨论的银行层级复杂性。我们发现，层级结构越复杂的银行，其通信IT支出的强度往往越高。这与斯泰因（2002）的观点一致，他认为较低的层级复杂性有利于软信息在组织内部传递，从而鼓励机构更多地参与需要软信息生成的项目（例如小企业贷款）。

我们可以再深入探讨。表5面板B显示，在小企业贷款发放增加相同百分比的情况下，层级结构越复杂（即具有更多层级）的银行的通信支出增加幅

表5 银行特征与银行IT支出：规模依赖与层级依赖

	软件/收入 （1）	通信/收入 （2）
面板A：银行规模与IT支出		
再融资/总贷款	0.0817* (0.0428)	
小规模 × 再融资/总贷款	0.0315 (0.0538)	
CRA贷款/总贷款		0.0282 (0.0413)
小规模 × CRA贷款/总贷款		0.162** (0.0699)
小规模	−0130.0 (0.0824)	−0.286*** (0.0894)
规模组FE	Y	Y
州组FE	Y	Y
R^2值	0.103	0.133
数量	1432	1432
面板B：银行层级结构与IT支出		
再融资/总贷款	0.0409 (0.0361)	
高层级再融资/总贷款	0.0836 (0.0516)	
CRA贷款/总贷款		0.301** (0.121)
高层级 × CRA贷款/总贷款		0.0870* (0.0517)
高层级	0.0532 (0.0521)	0.0242 (0.0506)
规模 × 层级组FE	Y	Y
州 × 层级组FE	Y	Y
R^2值	0.0894	0.127
数量	1426	1426

注：本表显示银行IT支出与贷款活动的相关性对银行规模和层级复杂性的依赖性结果。回归模型如下：

$$\frac{S类IT支出}{收入}_{i,10\text{-}19} = \alpha + \beta \times （银行特征） \times \left(\frac{CRA贷款}{总贷款}_{i,10\text{-}19} 或 \frac{再融资}{总贷款}_{i,10\text{-}19}\right) + \gamma X + \varepsilon_i$$

在面板A中，小（大）银行定义为样本中资产规模低于（高于）资产规模中值的银行。在面板B中，"层级"是前文中定义的位置类型数量。"规模组FE"指表1中定义的五个银行资产组的固定效应。控制变量包括净收入占总资产的比例、存款占总资产的比例、员工平均收入、工资占总资产的比例和股权占总资产的比例。***、**和*分别表示1%、5%和10%水平的显著性。

度越大。这一结果与软信息传输中的"层级摩擦"契合：当银行面临（或选择）增加对小企业贷款市场的参与时，这意味着需要提高其软信息处理能力，那些内部层级结构更复杂的银行往往不得不负担更大的通信IT支出，以克服这种摩擦。①

最后，作为安慰剂检验，银行的层级复杂性不会对其软件支出与抵押贷款再融资活动之间的相关性产生系统性影响，表5面板B的确证实了这一点。总的来说，我们关于银行层级复杂性的实证研究结果支持之前对银行组织结构和信息生产的研究（Degryse et al., 2008; Levine et al., 2020; Skrastins and Vig, 2018）。此外，这个主题仍有待进一步探索。

银团贷款的主要贷款人银团贷款市场也为探索通信技术与软信息生产/传输之间的关系提供了一个特殊环境。在银团贷款中，如果贷款人是牵头行而非参与行，那么贷款人和借款人之间的互动性质就会大相径庭（例如参见Sufi, 2007）。与参与行相比，牵头行在借款人的委托下组织其他贷款参与者，进行合规报告，协商贷款条款。贷款发放后，它还有责任进行监控、分配还款，并向交易中的所有贷款人提供总体报告。② 就此而言，牵头行在信息生成和共享以及协调谈判方面要付出更大的努力，其中有效的沟通发挥着核心作用。牵头行和参与行之间的这些概念差异在第3.3.1节中得到实证验证：银行在银团贷款中担任牵头安排人的频率与该银行的通信IT支出呈强烈的正相关关系（见表4）。

4.2.2 银行IT支出与小企业贷款需求冲击

本小节研究银行在受到正向的小企业贷款需求冲击时对其IT投资的反应，进而提供银行调整贷款技术的第一个因果证据。鉴于小企业贷款与密集的软信息生产/传输有关，我们预测银行将增加对通信技术（软信息）的支出，而不是对软件（硬信息）的支出。

我们的验证策略依赖于影响小企业贷款需求的政策冲击，这对美国不同地区的银行业造成了不同影响。2014—2015年颁布的第二阶段《平价医疗法案》中的"小企业医疗保健税收抵免"旨在通过为员工提供医疗保险来扶持小企业。该计划的第一阶段开始于2010年。从2010—2013年的第一阶段，小企业为员工购买

---

① 我们的发现与之前关于信贷决策的研究相呼应。例如，Paravisini and Schoar（2016）指出，商业贷款决定通常是由贷款委员会做出的；区域经理们说，如果委员会讨论后无法做出决定，它就会把决定权交给上级经理。层级结构越复杂，最终做出贷款决策所需的"交易成本"就越高。

② 由于大量的报告和协调工作，牵头行经常收取高达10%的启动费（Ivashina, 2005）。

的医疗保险最高可获得35%的费用补贴；从2014年开始的第二阶段，补贴力度由35%提高至50%。该计划为帮助员工支付医疗保险费的小企业雇主提供税收抵免。要符合资格，雇主需要（i）拥有25名或更少的员工，（ii）给每名全职员工每年支付的平均工资低于50 000美元，（iii）支付至少50%的全职员工保险费，（iv）为员工提供的健康计划符合小企业健康选择计划（SHOP）的覆盖要求。[①]

除了将员工医疗保险补贴力度由35%调高至50%，在2014年，政府追加推出了"小企业健康选择计划市场"[Small Business Health Options Program（SHOP）Marketplace]。这个市场平台的推出可有效地帮助小企业主获得关于员工医疗保险的更加0透明的选项以及信息交换，并且可以直接通过该平台帮员工购买医疗保险。

我们利用2014年开始的第二阶段，即补贴力度加大阶段作为验证软信息和银行IT支出的实验窗口。这是因为在第一阶段开始实施的2010年，正好也是2008年金融危机之后的《经济复苏法案》实施的第一年。与2008年金融危机时间上的接近使得因果关系验证受到其他因素的影响。此外，有报告指出，未获保险的中小企业员工总数在2014年之后显著下降，这表明第二阶段的政策力度提升是有实质性政策效果的。

综合而言，第二阶段的计划可以通过多种渠道刺激地方小企业的贷款需求。[②] 例如，由于该计划提供的补贴，在此之前无法为员工提供健康保险的小企业主现在可以借款支付健康保险；一旦计划放松了他们的财政限制，他们还有可能启动所需的项目扩展。此外，由于所有企业主都希望通过提前借款和"声称"支付员工的健康保险来获得合格的信用，所以银行要处理额外的软信息，如员工招聘和健康计划等，以筛选真正符合信贷条件的借款人。

我们的证明关键在于，计划启动之前，合格机构的数量或相关合格机构占

[①] 根据美国国税局的规定，小企业雇主应填写8941表格申请税收抵免。税收抵免可以向后或向前结转到其他纳税年度。此外，由于医疗保险费支付的金额超过抵免总额，符合条件的小企业仍然可以申请扣除超过抵免额的保费的业务费用，这意味着可以抵免和扣除员工的保费支付。小企业根据企业规模按比例获得税收抵免：员工少于10人、平均年薪不超过25 000美元的小企业获得的税收抵免最高。

[②] 关于这些小企业在实施企业减税或推出补贴后的经济反应，请参阅Cerqua and Pellegrini（2014）、Rotemberg（2019）和Ivanov et al.（2021）。

总体机构的比例在不同县之间有显著的差异。由于合格的小企业比例是地方小企业贷款需求的关键决定因素，这一差异有助于我们确定小企业贷款需求冲击对当地银行行为的影响。因为该政策只明确针对小企业，其对当地其他类型信贷需求的影响将是间接的或有限的。

实证设计　2SLS回归　我们运行以下2SLS回归：

$$\Delta \ln(\text{CRA})_{i,c,post} = \tilde{\alpha}_i + \mu_1 \left(\frac{\text{\#Qualified small business est}}{\text{Total \# of establishments}} \right)_{c,pre} + \mu_2 \mathbf{X}_{i,c} + \varepsilon_{i,c} \quad (2)$$

$$\Delta \ln \text{IT}_{i,c,post} = \alpha_i + \beta \widehat{\Delta \ln(\text{CRA})}_{i,c,post} + \gamma \mathbf{X}_{i,c} + \varepsilon_{i,c}$$

在第一阶段回归中，结果变量$\Delta \ln(\text{CRA})_{i,c,post}$是在计划实施前后的三年时间窗口内，$c$县银行$i$的小企业贷款的对数变化。工具变量$\left(\frac{\text{\#Qualified small business est}}{\text{Total \# of establishments}} \right)_{c,pre}$是指在政策冲击前的2011—2013年，员工人数少于或等于20人的企业占企业总数的比例。① 其想法是，在冲击前阶段，"合格小企业机构"（以下称"QSB"）占企业机构总数的比例反映了当地县对信贷计划的敞口。在第二阶段，我们根据第一阶段的拟合值回归$\Delta \ln \text{IT}_{i,c,post}$，它是计划实施后$c$县银行$i$特定类型IT支出与计划实施前相比的对数变化。

（2）式中的工具变量，即政策冲击前的合格小企业比例，是一个缓慢移动的对象，反映了地方经济的状况。我们的识别假设是，在控制变量条件下，合格小企业比例仅通过影响当地经济中的小企业贷款数量来影响政策冲击前后银行IT支出的跨县增长率。此外，平行趋势的假设要求，合格小企业比例的异质性可以解释在政策出台后地方银行IT支出产生了不同的路径。稍后我们会对此进行实证检验。

值得注意的是，合格小企业比例和银行IT支出（或地方小企业贷款）的增长率都与规模无关，这有助于缓解一种担忧，即冲击敞口的异质性可能与地方经济规模有关（它可能会影响当地银行在IT投资上的决策）。

为了从其他混杂变量中梳理冲击的影响，我们在回归分析中纳入了一组丰富的冲击前控制变量。首先，我们控制银行-县层面的员工平均收入和存款市

---

① 回想一下，只有员工少于25人的雇主才有资格参加这个计划。然而，"县级商业模式"数据库根据以下临界值对小企业规模（员工人数）进行了分类：≤5、5~9、10~19、20~49、50~99、100~249、250~499、500~1 000和≥1 000。由于数据的限制，我们选择了最接近的临界值，即"小于20"。

场份额，它们分别代表银行在当地经济中的投资机会和市场力量。第二组控制变量由一组县级经济特征组成，包括县级规模（以企业总数的对数和小企业贷款总额的对数表示）和地方经济状况（以人口增长率、失业率变化、实际人均GDP和劳动参与率表示）。最后，我们计入银行固定效应，它吸收未观察到的异质性，这些异质性可能会促使拥有更多合格小企业的地区的银行也走上更高的IT支出增长路径。

表6的前三列报告了（2）式的估算结果。标准误差集中在县层面。列（1）显示第一阶段的回归估值，第一阶段结果很强：13.708的F统计量远高于弱工具变量的常规阈值（Stock and Yogo，2005）。

我们发现，在第二阶段，各县银行的通信投资在统计上显著。特别是，由于合格小企业承受了更高的冲击风险，小企业贷款增长高出1个标准差的银行，其通信支出增长高出0.67个标准差，相当于平均每年增加40 928美元。另外，由于合格小企业的风险敞口增加，小企业贷款增长一个标准差导致软件支出增长放缓0.057个标准差。注意，我们的估算包含银行固定效应，因此上述结果适用

表6 软信息与银行IT支出

	第一阶段 （1）	ln（软件） （2）	ln（通信） （3）	ln（软件）(OLS) （4）	ln（通信）(OLS) （5）
$\overline{\dfrac{\text{合格小企业机构}}{\text{机构总数}}}_{c,pre}$	1.032*** (0.251)				
$\Delta\ln(\text{CRA})$		−0.057 (0.305)	0.670** (0.328)		
$\Delta\ln(\text{CRA})$				0.004 (0.010)	0.019* (0.011)
银行FE	Y	Y	Y	Y	Y
聚类	Y	Y	Y	Y	Y
控制变量	Y	Y	Y	Y	Y
F统计量	13.708				
R^2值	0.427	−0.179	−0.522	0.120	0.102
数量	19 848	19 848	19 848	19 848	19 848

注：本表显示第4.2.2节中讨论的2SLS和OLS回归结果。前三列呈现以下回归模型的结果：

$$\Delta\ln(\text{CRA})_{i,c,post}=\bar{\alpha}_i+\mu_1\times\left(\dfrac{\#\text{合格小企业机构}}{\text{机构总数}}\right)_{c,pre}+\mu_2 X_{i,c}+\varepsilon_{i,c}$$

$$\Delta\ln(\text{IT})_{i,c,post}=\alpha_i+\beta\times\Delta\ln(\text{CRA})_{i,c,post}+\gamma X_{i,c}+\varepsilon_{i,c}$$

最后两列显示下列OLS回归模型：

$$\Delta\ln(\text{IT})_{i,c,post}=\alpha_i+\beta\times\Delta\ln(\text{CRA})_{i,c,post}+\mu_c+\gamma X_{i,c}+\varepsilon_{i,c}$$

$\Delta\ln(\text{CRA})_{i,c,post}$是与2011—2013年相比，2014—2017年c县银行i在CRA报告中的小企业贷款平均自然对数的变化。银行控制变量包括冲击前的员工平均收入和银行在某县的存款市场份额。县级控制变量包括冲击前失业率、劳动参与率、人口增长率、企业总数对数、小企业贷款总额对数和人均GDP。固定效应包括银行固定效应。标准误差集中在县一级。***、**和*分别表示1%、5%和10%水平的显著性。

"银行内部跨县"的变化。总体上，这种对银行IT采用行为的不对称影响契合我们的假设，即小企业贷款更多地依赖软信息处理，而不是硬信息处理。

动态处理效果 为了加强分析，我们研究了不同政策敞口水平的银行的IT支出动态。这也有助于我们通过检查银行IT支出的前期趋势模式来评估工具变量的有效性。我们对 c 县银行 i 在第 t 年的观测值进行如下回归：

$$\ln \text{IT}_{i,c,t} = \alpha_{i,t} + \alpha_{i,c} + \sum_{s \in [-3,3], s \neq -1} \beta_s + \mathbf{1}_{\{t-2014=s\}} \times \text{High QSB exposure}_{pre} + \Pi_t \times X_{i,c,t} + \varepsilon_{i,c,t}$$

其中 $\alpha_{i,t}$ 和 $\alpha_{i,c}$ 是银行–年度和银行–县的固定效应；"High QSB exposure"是指标变量，如果2011—2013年的平均值 $\left(\dfrac{\text{\# Qualified small business est}}{\text{Total \# of establishments}}\right)_{c,pre}$ 位于顶部（底部），则High QSB exposure等于1（0）。

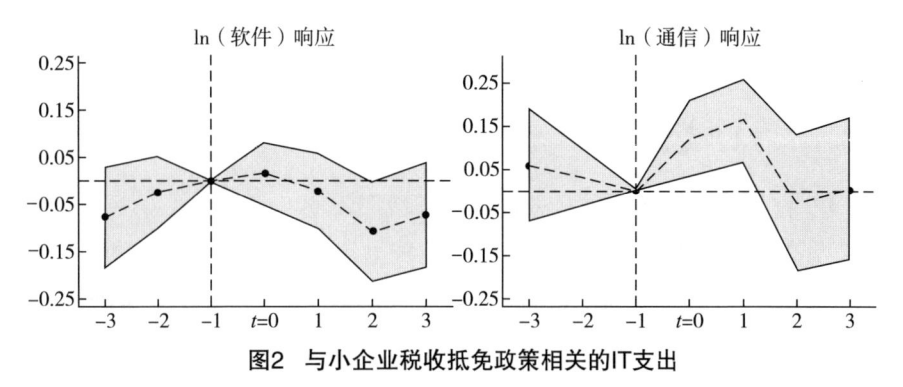

图2绘制了估计系数的集合 $\{\hat{\beta}_s\}$，它以合格小企业份额刻画的异质敞口衡量小企业税收政策变化对 $\ln \text{IT}_{i,c,t}$ 的意向性（ITT）影响。基准年选择为2013年，即政策年度的前一年。政策冲击前，高敞口县的银行和低敞口县的银行在两类IT支出时间趋势上没有显著差异。自2014年政策年度起，高敞口县银行的通信支出连续两年持续增长，高敞口县和低敞口县银行的软件支出在2014年

图2 与小企业税收抵免政策相关的IT支出

注：本图报告与小企业税收抵免事件相关的IT支出事件研究。模型为

$$\ln \text{IT}_{i,c,t} = \alpha_{i,t} + \alpha_{i,c} + \sum_{s \in [-3,3], s \neq -1} \beta_s \times \mathbf{1}_{\{t-2014=s\}} \times \text{High QSB exposure}_{pre} + \Pi_t \times X_{i,c,t} + \varepsilon_{i,c,t}$$

其中对于 t 年 c 县的银行 i，$\alpha_{i,t}$ 是银行–年度固定效应，$\alpha_{i,c}$ 是银行–县固定效应。$\mathbf{1}_{\{t-2014=s\}}$ 为哑变量，当 t 年与事件年（2014）的距离为 s 时，该变量等于1。如果2011—2013年的平均值 $\dfrac{\text{\# Qualified small business est}}{\text{Total \# of establishments}}_{c,pre}$ 处于最高水平，则"High QSB exposure$_{pre}$"等于1；如果2011—2013年的这一平均值位于最低水平，则"High QSB exposure"等于零。银行控制变量包括银行的员工平均收入和银行在某县的存款市场份额。县级控制变量包括失业率、劳动参与率、人口增长率、企业总数对数、小企业贷款总额对数、人均GDP。阴影区域为估计量 β_s 的95%置信区间。标准误差集中在县一级。

之前没有差异，之后基本持平。最后，通信IT支出的$\{\hat{\beta}_s\}$在2016年左右开始减少，这可能是IT投资的"资本"性质所致。也就是说，政策冲击之后，经过两年的高流量支出，积累了自己的"IT资本"存量，在高敞口地区运营的银行分支机构可能会削减支出，即便这些高敞口地区对小企业信贷的需求依然很高。

作为稳健性检验，我们还使用合格小企业员工占该县员工总数的比例构建了工具变量，从合格小企业劳动力的角度捕捉县的政策敞口。附录表A4中的回归结果和图A6中的动态处理效果分析提供了与表6和图2类似的信息。

比较：OLS估计　我们在表6的第（4）（5）列中报告了OLS估计值。从质量上讲，OLS估计与2SLS方法得出的估计相似：在银行内部，其在小企业贷款增长率较高的县的分行对通信的投资比其他分行多，但不包括软件支出投资。

就幅度而言，OLS系数明显小于2SLS估计量的系数。OLS估计量出现向下偏差的一种可能解释是存在潜在的"遗漏变量"问题，即小企业贷款增长较快的县，其实是那些在某些不可观测经济变量（比如抵押贷款再融资需求）上增长更快的县，这些变量导致当地银行减少了通信支出。具体地说，如果抵押贷款再融资需求与小企业贷款需求呈正相关，并且银行每年都有固定的IT预算，那么它们将分配更多的IT支出（如软件支出）来满足抵押贷款再融资需求，我们很快会证明这一点。于是，遗漏变量问题导致了OLS估计向下偏差。

4.3　银行IT支出与硬信息

4.3.1　银行贷款中的硬信息处理：住房抵押贷款再融资

与第4.2节中分析的软信息处理是关键贷款活动不同，在其他情形下，银行提供盈利信贷的能力取决于它们处理硬信息的效率。如前所述，抵押贷款再融资是一种典型的贷款类型，严重依赖对容易获得的硬信息的有效处理。

第4.1节的讨论表明，银行的软件支出应与抵押贷款再融资呈正相关，本文的表4呈现了这一经验事实。我们可以更进一步，对抵押贷款业务进行类似分析，将其分为抵押贷款发起和抵押贷款再融资。如表4所示，再融资贷款份额较大（占HMDA抵押贷款总额的比例）的银行在软件上花费更多。正如预期的那样，在两种实证环境下，通信支出都与抵押贷款再融资活动没有关联。

我们进一步研究了银行规模是否在抵押贷款再融资与软件支出的正相关关系中发挥作用。如表5面板A所示，虽然中等规模以上银行在软件支出方面对住房抵押贷款再融资活动做出了强烈的正反应，但在中等资产规模以下的银行中，这种反应相对弱化（尽管统计上显著）。这可能是银行IT支出的固定成本性质所致；正如第3.2节的论述，小银行并不愿意根据贷款活动的变化调整其IT支出（这通常是不稳定的）。

以上关于商业银行在软件IT上的支出与其参与再融资之间密切关联的研究结果，也十分符合最近研究金融科技贷款机构渗透信贷市场的一系列文献。正如福斯特等人（Fuster et al.，2019）所论，金融科技贷款机构（它们通常是新银行软件产品的供应商，一般依赖于现成硬信息）的扩张在抵押贷款、汽车贷款和学生贷款市场的再融资领域尤为突出。稍后我们将在第5节证实，软件确实是商业银行应对金融科技贷款机构进入的主要IT支出类别。

4.3.2　银行IT支出与住房抵押贷款再融资需求冲击

与第4.2.2节类似，我们询问：当银行面临主要涉及硬信息处理（比如抵押贷款再融资）的信贷需求冲击时，它会如何应对其技术采用行为？我们预测，银行将增加软件（硬信息）支出，但不会增加通信（软信息）支出。

对于不同地区抵押贷款再融资需求变化的外生来源，遵循埃肯鲍姆等人（Eichenbaum et al.，2022）和迪马乔等人（Di Maggio et al.，2017）的研究，我们基于危机后的低利率时期构建了县级抵押贷款再融资倾向的工具变量。全美范围内抵押贷款利率的下降，促使现有房主对其抵押贷款进行再融资，而房主再融资倾向的一个重要决定因素是，在低利率时期开始之前，危机前的抵押贷款特征已经显现。对于2011—2016年，我们构建了以下县级测量指标，以刻画各个县的再融资倾向差异：

$$\Delta Payment_{j,c,t} = (\text{Total Interest Payment}|\text{mortgage rate}_j)$$
$$- (\text{Total Interest Payment}|\text{new mortgage rate}_t^{FICO, maturity, zip})$$

换言之，我们计算县级新旧利率下的平均剩余抵押贷款所能节省的利息总额。构建这一指标时，我们使用了自2000年以来各县所有当地家庭未偿还抵押贷款及其抵押贷款发放利率的信息。我们使用c县新发放抵押贷款的利率，并结合贷款期限和FICO信用评分，构建了假设的新利率。[①]

[①] 我们剔除了拖欠或预付的贷款，以确保该指标只捕捉当地家庭未偿还贷款的再融资倾向。虽然此方法与Eichenbaum et al.（2022）构建的"利率缺口"有许多相似之处，但一个区别是，我们将每种贷款的利率差乘以其贷款余额。这更好地反映了Di Maggio et al.（2017）的"再融资缺口"，因此也能够更好地反映抵押贷款再融资倾向。

尽管以前的文献经常使用$\Delta Payments_c$，但它可能与某个县的贷款余额相关，而贷款余额又与某个县的平均贷款规模或房价水平相关。因此由于抵押贷款再融资需求之外的其他渠道，$\Delta Payments_c$可能与当地银行的IT支出相关。作为替代，我们构建了某个县c中未到期现有抵押贷款的原始利率和当前利率之间的平均抵押贷款利率差：

$$\Delta \text{Mortgage rate}_{c,t} = \sum_j (\text{mortgage rate}_{j,c} - \text{new mortgage rate}_t^{(\text{FICO, maturity, zip})}) \times \frac{\text{Total loan amount}_{j,c}}{\text{Total loan amount during 1999-2010}_c}$$

对于我们的证明目的，重要的是，上文构建的县级支付储蓄指标具有显著的地区差异。地方房主再融资储蓄的这一变化，是当地银行面临的抵押贷款再融资需求的外生转移因子，寻求再融资的房主可以向该地区的多家银行发送申请，进而增加银行需要处理的信息量。

实证设计 2SLS回归 我们的目标是确定与抵押贷款发放相比，在更大的抵押贷款再融资需求下，专门用于处理现有信息的IT投资是否会增加。使用利息支付c作为工具变量的回归模型为：

$$\begin{aligned}\ln(\text{Refinance/Origination})_{i,c} &= \tilde{\alpha}_i + \mu_1 \Delta Payments_c / \Delta \text{Mortgage rate}_c + \mu_2 \mathbf{X}_{i,c} + \tilde{\varepsilon}_{i,c}, \\ \ln(\text{Software})_{i,c} \text{ or } \ln(\text{Communication})_{i,c} &= \alpha_i + \beta \widehat{\ln(\text{Refinance/Origination})}_{i,c} + \gamma \mathbf{X}_{i,c} + \varepsilon_{i,c}\end{aligned} \quad (3)$$

在第一阶段，我们对c县银行i的再融资贷款对数相对于其在2011—2016年的平均抵押贷款发放量进行回归，工具变量为$\Delta Payments_c$；在第二阶段，我们根据拟合值，对c县银行i在2011—2016年的平均IT支出对数进行回归。和前面一样，我们的控制变量包括银行的员工平均收入和银行在某个县的存款市场份额。县级控制变量包括失业率、劳动参与率、人口增长率、企业数量对数、小企业贷款对数和人均GDP。我们考虑了银行固定效应和集中在县级的标准误差。

估算结果 表7报告了我们的估算结果。在第一阶段，工具变量$\Delta Payments_c$有效预测了不同县的抵押贷款再融资活动，具有很高的F统计量（10.81）。在第二阶段，第（2）列和第（3）列显示，抵押贷款再融资相对于抵押贷款发放的一个标准差增长（由其在当地的高再融资储蓄敞口驱动）导致软件支出的0.315个标准差增长，相当于每年软件预算增加13.32万美元。相对于住房贷款再融资增长的45.5万美元，软件预算的增加相当于再融资增长量的30%。

表7 硬信息与银行IT支出

	2SLS			2SLS			OLS	
	第一阶段	ln(软件)	ln(通信)	第一阶段	ln(软件)	ln(通信)	ln(软件)	ln(通信)
	(1)	(2)	(3)	(4)	(5)	(6)	(7)	(8)
Δ抵押贷款利率$_c$	1.824*** (0.622)							
Δ支付$_c$				0.819*** (0.237)				
ln(再融资/发放)		0.315* (0.167)	0.239 (0.150)		0.373* (0.225)	0.296 (0.211)		
ln(再融资/发放)							0.024*** (0.006)	0.025*** (0.006)
银行FE	Y	Y	Y	Y	Y	Y	Y	Y
聚类	Y	Y	Y	Y	Y	Y	Y	Y
F统计量	10.81			13.82				
R²值	0.356	−0.349	0.072	0.423	0.447	0.576	0.449	0.423
数量	14 626	14 626	14 626	14 626	14 626	14 626	14 626	14 626

注：本表给出第4.3.2节中讨论的回归结果。
前三列呈现以下2SLS回归模型的结果：

$$\ln\left(\frac{再融资}{发放}\right)_{i,c} = \tilde{\alpha}_i + \mu_1 \times \Delta 抵押贷款利率_c (或\Delta 支付_c) + \mu_2 X_{i,c} + \varepsilon_{i,c}$$

$$\ln(S类支出)_{i,c} = \alpha_i + \beta \times \ln\left(\frac{再融资}{发放}\right)_{i,c} + \gamma X_{i,c} + \varepsilon_{i,c}$$

第（7）和（8）列呈现以下OLS回归模型的结果：

$$\ln(S类支出)_{i,c} = \alpha_i + \beta \times \ln(再融资)_{i,c} + \gamma X_{i,c} + \varepsilon_{i,c}$$

ln（S类支出）$_{i,c}$是2011—2016年银行IT支出的平均对数。ln（再融资/发放）$_{i,c}$是2011—2016年c县银行i发放的抵押再融资贷款相对于抵押贷款发放的平均对数。如果2011—2016年当地家庭选择抵押贷款再融资，则支付差额是利率下降可以节省的假设利息支付金额。银行控制变量包括银行的员工平均收入和银行在某县的存款市场份额。县级控制变量包括失业率、劳动参与率、人口增长率、企业总数对数、小企业贷款总额对数和人均GDP。固定效应包括银行固定效应。标准误差集中在县一级。
***、**和*分别表示1%、5%和10%水平的显著性。

通过纳入银行固定效应，可以从银行内部的跨县变化中确定我们的结果。值得强调的是，通信支出在响应预定再融资倾向所刻画的再融资需求方面没有显著变化，而且幅度明显小得多。这支持了我们的假设，即抵押贷款再融资是一种典型的贷款活动，它取决于有效处理容易获取的硬信息，而不是产生新信息。

动态处理效果 与第4.2.2节中的分析并行，我们研究了相比于低敞口县的银行，位于抵押贷款再融资倾向高敞口县的银行在软件支出和通信支出上的时间趋势。

$$\ln IT_{i,c,t} = \alpha_{i,t} + \alpha_{i,c} + \sum_{s \in [-3,3], s \neq -1} \beta_s \times \mathbf{1}_{\{t-2014=s\}} \times \text{High QSB exposure}_{pre} + \Pi_t \times \mathbf{X}_{i,c,t} + \varepsilon_{i,c,t}$$

此处，$\alpha_{i,t}$和$\alpha_{i,c}$是银行－年度和银行－县的固定效应。我们将银行界定为在具有高（低）再融资倾向的县运营的银行，如果$\Delta\text{Payments}_c$位于顶部（底部）区域，则"高再融资倾向"等于1（0）。因此，系数$\{\beta_s\}$反映了高再融资倾向环境下的银行和低再融资倾向环境下的银行在IT支出趋势上的长期差异。在进入低利率时期的前两年，高再融资倾向的县的银行大幅增加了软件支出（相对于低倾向基准），这一差异自2013年开始缩小。相反，在整个低利率时期，大家的通信支出没有显著差异。

比较：OLS估计 我们在（3）式中进行了OLS版本的2SLS回归，结果呈现于表8的最后两列中，相关的OLS估计值较小。① 与第4.2.2节中对小企业信

表8 银行对"年轻公司份额"的冲击反应的依赖

	第一阶段 $\Delta\ln(\text{CRA})$ （1）	第一阶段 $\Delta\ln(\text{CRA})$ ×高年轻 （2）	第二阶段 $\ln(\text{软件})$ （3）	第二阶段 $\ln(\text{通信})$ （4）	OLS $\ln(\text{软件})$ （5）	OLS $\ln(\text{通信})$ （6）
%QSB$_{pre}$	0.024* (0.012)	0.028** (0.014)				
%QSB$_{pre}$×高年轻	−0.021** (0.010)	0.025** (0.010)				
$\widehat{\Delta\ln(\text{CRA})}$			−0.429 (0.617)	−0.321 (0.685)		
$\widehat{\Delta\ln(\text{CRA})}$×高年轻			0.687 (0.844)	1.534* (0.928)		
高年轻			0.017 (0.070)	0.025 (0.075)	−0.042* (0.023)	−0.056** (0.022)
$\Delta\ln(\text{CRA})$					0.003 (0.014)	0.017 (0.016)
$\Delta\ln(\text{CRA})$×高年轻					0.004 (0.021)	0.019 (0.021)
控制变量	Y	Y	Y	Y	Y	Y
聚类	Y	Y	Y	Y	Y	Y
F统计量	12.350	12.350				
R²值	0.321	0.291	−0.330	−1.289	−0.179	−0.178
数量	19 234	19 234	19 234	19 233	19 234	19 233

注：本表列出了软信息需求和银行IT支出对年轻小企业比例不同的县的影响。2SLS回归模型如下：

$$\Delta\ln(\text{CRA})_{i,c,post} = \alpha_i + \eta_1 \times \left(\frac{\#\text{合格小企业机构}}{\text{机构总数}}\right)_{c,pre} + \eta_2 X_{i,c} + \varepsilon_{i,c}$$

$$\Delta\ln(\text{CRA})_{i,c,post} \times \text{高年轻} = \alpha_i + \mu_1 \times \left(\frac{\#\text{合格小企业机构}}{\text{机构总数}}\right)_{c,pre} + \mu_2 X_{i,c} + \varepsilon_{i,c}$$

$$\Delta\ln(\text{IT})_{i,c,post} = \alpha_i + \beta \times \widehat{\Delta\ln(\text{CRA})}_{i,c,post} + \beta_1 \times \widehat{\Delta\ln(\text{CRA})}_{i,c,post} \times \text{高年轻} + \beta_2 \text{高年轻} + \gamma X_{i,c} + \varepsilon_{i,c}$$

$\Delta\ln(\text{CRA})_{i,c,post}$是与2011—2013年相比，2014—2017年c县银行i在CRA报告中的小企业贷款平均自然对数的变化。银行控制变量包括冲击前的员工平均收入和银行在某县的存款市场份额。县级控制变量包括冲击前失业率、劳动参与率、人口增长率、企业总数对数、小企业贷款总额对数和人均GDP。固定效应包括银行固定效应。标准误差集中在县一级。***、**和*分别表示1%、5%和10%水平的显著性。

---

① 附录表A3显示了具有银行、年度和县固定效应以及银行×年度和县固定效应的相同OLS模型的结果。

贷需求的分析类似，"遗漏变量"问题可以解释OLS估计值的这种向下偏差。这里，地方银行发放较多抵押贷款再融资的县也可能有其他贷款需求，这些需求在危机后时期恢复得更为显著（例如小企业贷款），因此可能会使地方银行的IT预算向其他IT支出类型倾斜（如第4.2节所示的通信），从而降低它们在软件上的支出。我们在2SLS方法中使用的工具变量解决了这个问题。

5. 银行IT支出与金融科技进入

近年来，金融科技贷款机构的出现和扩张引起了公众对金融科技贷款机构与传统银行竞争的高度关注。通过考察商业银行的IT支出，我们旨在研究一个广受争论的问题：传统银行业是否已经开始对快速增长的金融科技行业做出反应？如果是，具体情况如何？

5.1 银行如何应对金融科技进入？

现有研究表明，金融科技贷款机构的服务涉及更好地利用技术，更少地进行人际互动。这项技术密集型功能改善了客户体验，并可能降低与贷款相关的成本（Buchak et al., 2018; Fuster et al., 2019）。虽然金融科技贷款机构在过去十年中迅速占据了各种市场份额，但目前尚不清楚现有商业银行对金融科技大举进入的具体反应方式。譬如，当银行和非银行贷款机构提供互补服务时，银行有可能策略性地将投资转向金融科技贷款机构活动较少的领域。此外，从信息渠道看，某些市场出现具有信息处理相对优势的金融科技贷款机构，将使传统银行贷款人在这些市场面临更多不利的选择。所以，针对更严重的"赢家诅咒"，银行可能会相应减少参与这些信贷市场。这两者都意味着，传统银行将在金融科技进入市场后"倒退"，并降低对金融科技贷款机构具有比较优势的IT领域的投资。

另一方面，现有银行也可能选择保护自己的市场份额，并与这些新的金融科技进入者竞争，这意味着，鉴于金融科技贷款机构在信息处理能力方面的优势，担心逆向选择的现有银行将增加软件支出。

5.2 Lending Club的进入与地方银行IT投资

为了确定银行IT支出对金融科技贷款机构日益增多的因果反应，我们采用一种"双重差分"策略，此策略依赖 Lending Club 交错进入不同州的情况。

Lending Club 的交错进入 作为金融科技行业的领军企业之一，Lending Club 于 2007 年推出自己的平台。自 2008 年以来，Lending Club 一直在争取监管部门的批准，以便在全美 50 个州开展点对点（P2P）贷款业务。到了 2008 年 10 月，40 个州和哥伦比亚特区（DC）相对迅速地批准了 Lending Club 的进场；2010—2016 年，它又在不同时间获得了其他 9 个州的准入许可。① 表 9 概述了 Lending Club 交错进入不同州的时间。

表9　2010年后 Lending Club 交错进入9个州概况

州	批准年
除下列州外的所有州	2008年
堪萨斯	2010年第四季度
北卡罗来纳	2010年第四季度
印第安纳	2012年第四季度
田纳西	2013年第一季度
密西西比	2014年第二季度
内布拉斯加	2015年第二季度
北达科他	2015年第二季度
缅因州	2015年第三季度
爱达荷	2016年第一季度
艾奥瓦	2022年第一季度尚未批准

基于其他相关研究（Wang and Overby，2017；Kim and Stahler，2020），我们的分析剔除了批准 Lending Club 进入的 40 个州。② 堪萨斯州和北卡罗来纳州的实际批准时间为 2010 年第四季度。因为 2010 年是 Harte Hanks 数据集的起始年份，所以 2010 年作为预处理期对于这两个州变得不可靠。因此，我们也排除了这 2 个州，总共剩下 7 个州用于对交错进入的分析。

就我们的证明而言，重要的是自 2010 年以来，批准时间的变化（可能是

---

① 正如 Wang and Overby（2017）解释的，Lending Club 于 2007 年推出其平台。2008 年 4 月，Lending Club 进入一个"静默"期，暂停了点对点贷款业务，直到它在联邦和州监管机构注册为持牌贷款人（或称贷款经纪人）。在这段静默期，Lending Club 用自己的钱资助了一些贷款，并寻求监管机构的批准，在所有 50 个州重新启动点对点贷款。6 个月后，它获得了 40 个州的批准，并于 2008 年 10 月收到哥伦比亚特区的批准。2010—2016 年，它在不同时间获得了 9 个州的批准。截至 2021 年 2 月，有一个州（艾奥瓦州）尚未批准它进入。

② 鉴于大多数州在同一时期（2008 年第四季度）批准了 Lending Club，所以可能会出现一个内生性问题：由于这些批准发生在 Lending Club（它或许早就看到了越来越多的进入机会）申请后不久，因此这些批准可能与同期发生的一些未观察到的经济环境变化吻合。

由于各州行政效率的变化和潜在的政治问题）使我们能够解决有关Lending Club进入的几个主要的内生性问题。例如，倘若Lending Club选择进入信贷需求上升的地方市场，那么任何观察到的当地商业银行IT投资行为的变化，都不能令人信服地归因于金融科技挑战者的进入。

实证设计与结果 我们的实证方法主要遵循奥弗比等人（Wang and Overby，2017）使用的交错双重差分设计。回归模型为：

$$\ln(\text{ITSpending})_{i,c,t} = \alpha_{i,t} + \alpha_c + \beta \times \text{LC}_{i,c,t} + \mu_t \mathbf{X}_{i,c,t} + \varepsilon_{i,c,t} \quad (4)$$

其中IT支出∈{软件支出，通信支出}。我们纳入银行-年度和县的固定效应，分别用$\alpha_{i,t}$和α_c表示。$\text{LC}_{i,c,t}$是哑变量，对于银行i，如果Lending Club在t年进入c县所在的州，则该变量等于1。X是一组控制变量，标准误差集中在县一级。我们主要关注的参数是β，它衡量Lending Club准入对银行技术支出的平均处理效果。估计值按Lending Club进入后的贷款量加权。

表10面板A中的（1）至（2）列分别报告了软件和通信支出的结果。与"追赶"说法一致，（1）列显示，Lending Club进入c县后，银行在c县的软件IT支出平均增加了7.6%左右，这一估计值在统计上显著。Lending Club进入后，通信IT支出并未显示出明显变化。

图3根据下列估计，以图表形式探讨了金融科技进入前后3年时间窗口内的银行IT支出动态：

$$\ln \text{IT}_{i,c,t} = \alpha_{i,c} + \mu_t + \sum_{s \in [-3,3], s \neq -1} \beta_s \times \mathbb{1}_{s=t-\text{entrance year}} + \Pi_t \mathbf{X}_{i,c,t} + \varepsilon_{i,c,t}$$

其中绘制了估计的$\{\hat{\beta}_s\}$和95%置信区间。关键是，在金融科技进入之前，这两类IT支出都没有统计上的显著趋势。银行IT支出缺乏前期趋势（pre-trend），使我们可以合理地将银行IT支出的变化归因于金融科技对地方经济的渗透。与表10一致，金融科技进入后，银行的软件支出增长明显高于通信IT支出。

最近的文献指出，即使平行趋势的假设成立，交错双向固定效应（TWFE）设置也存在偏差。为保证稳健性，我们使用了卡拉威和圣安娜（Callaway and Sant'Anna，2021）的交互TWFE设计。① 如表10第（3）至（4）列所示，这些

---

① 根据这种方法，我们在（4）式中分别对同一年做出处理的每一组州进行回归，将尚未处理的州作为对照组，然后汇总β值以形成获处理州的综合平均处理效果（ATT）。为了进行汇总，我们根据Lending Club进入后3年内由Lending Club发放的贷款总额衡量各个群组的特定处理效果。标准误差基于50次抽样的Bootstapping（重复抽样）算法。

表10 金融科技风险敞口与银行贷款技术的采用

面板A	基线		卡拉威和圣安娜（2021）	
	ln（软件） （1）	ln（通信） （2）	ln（软件） （3）	ln（通信） （4）
进入后	0.076***	0.001	0.080**	0.007
	(0.023)	(0.018)	(0.042)	(0.040)
固定效应	银行×县，年度，规模组			
R^2值	0.808	0.790		
数量	13406	13406		

面板B	基线		卡拉威和圣安娜（2021）	
	ln（软件） （1）	ln（通信） （2）	ln（软件） （3）	ln（通信） （4）
进入后	0.051	0.037	0.043	090.0
	(0.032)	(0.030)	(0.048)	(0.052)
进入后×大银行	0.062*	−0.058*	0.097***	−0.167***
	(0.032)	(0.035)	(0.040)	(0.061)
固定效应	银行×县，年度，规模组			
聚类	Y	Y		
R^2值	0.777	0.96		
数量	13 406	13 406		

面板C	基线		卡拉威和圣安娜（2021）	
	ln（软件） （1）	ln（通信） （2）	ln（软件） （3）	ln（通信） （4）
进入后	0.054**	0.007	0.058	0.050
	(0.026)	(0.023)	(0.050)	(0.052)
进入后×高个人贷款	0.055**	−0.002	0.078**	−0.041
	(0.025)	(0.026)	(0.043)	(0.054)
固定效应	银行×县，年度，规模组			
聚类	Y	Y		
R^2值	0.837	0.774		
数量	13 406	13 406		

注：下表显示Lending Club的进入对当地银行IT支出的影响。回归模型为

$$\ln(\text{ITSpending})_{i,c,t} = \alpha_{i,c} + \alpha_r + \beta \times LC_{i,c,t} + \gamma_t X_{i,c,t} + \varepsilon_{i,c,t}$$

其中，$\alpha_{i,c}$和α_t分别为银行-县固定效应和年固定效应。面板A的第（1）列和第（2）列显示基线结果。第（3）列和第（4）列使用卡拉威和圣安娜（2021）的交互TWFE方法。标准误差基于50个重复抽样样本。面板B展示不同规模的银行对金融科技进入的不同反应。"大银行"指资产规模高于样本内所有资产规模中值的银行。面板B中的估计量基于卡拉威和圣安娜（2021）的TWFE方法。括号内的标准误差集中在县一级。***、**和*分别表示1%、5%和10%水平的显著性。

估计值与第（1）和（2）列中的估计值近似，但略大于后者。

不同规模银行响应的异质性 在表10面板B中，我们分析不同规模的银行对金融科技进入的反应是否有所不同。与表5的回归模型类似，大

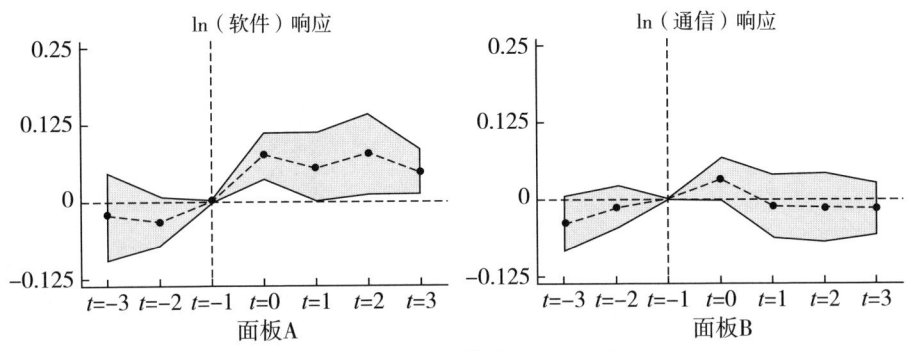

图3 围绕金融科技进入的IT支出

注：本图报告关于小企业税收抵免事件的IT支出事件研究。回归模型为：

$$\ln IT_{i,c,t} = \alpha_{i,c} + \mu_t + \sum_{s \in [-3,3], s \neq -1} \beta_s \times \mathbf{1}_{t-\text{entrance year}=s} + \Pi_t X_{i,c,t} + \varepsilon_{i,c,t}$$

其中，对于t年c县的银行i，$\alpha_{i,c}$为银行－县固定效应，μ_t为年度固定效应。$\mathbf{1}_{t-\text{entrance year}=s}$是一个虚拟变量，如果观察年份$t$与金融科技进入$c$县所在州的年份之间的距离为$s$，则该变量等于1。左图变量为软件IT支出的对数。右图变量是通信IT支出的对数。阴影区域是估计量β_s的95%置信区间。标准误差集中在县一级。

（小）银行定义为资产规模高于（低于）样本中值规模的贷款人。我们发现Lending Club进入后，大银行的软件支出增长了6.2%，这一增长在统计上显著；而小银行的软件支出增长只有大银行的五分之一左右，在统计上不显著。另一方面，尽管小银行在通信支出方面几乎没有反应，可是随着金融科技的进入，大银行实际上将通信IT支出削减了5.8%（这在统计上显著）。

不同规模的银行对IT支出反应的不对称影响颇为有趣，并表明新进入的金融科技在信息处理方面的专长与大银行服务的细分市场更相关。这一结果与巴柳克等人（Balyuk et al.，2020）的研究相符。他们发现，金融科技贷款更多地取代了大银行的贷款，而不是贷款技术更依赖于关系的小银行贷款。鉴于中小银行更经常发放基于关系的小企业贷款，拥有卓越硬信息处理能力的Lending Club的加入不会对这些银行的盈利产生重大影响。

此外，大银行显著减少通信支出也契合最近研究金融科技进入如何影响信贷市场结果的文献。譬如，巴柳克等人（2020）阐明，金融科技进入者提供的信贷往往取代了市场外银行（一般是大型银行）的贷款，而不是小型/市场内银行的贷款。由于大银行退出了通常依靠通信IT支持的场外贷款活动，人们自然会预期它们将减少通信IT支出。

最后，我们的研究结果也符合金融科技贷款机构的进入有助于软信息转化为硬信息的观点。① 将这种"硬化软信息"效应与我们分析的银行贷款人决策联系起来，人们可以预期由于软（硬）信息处理需求的减少（增加），大银行（而不是更专注基于关系的软信息处理的小银行）会把投资从通信转向软件。

小结与讨论 简言之，Lending Club等金融科技贷款机构进入信贷市场，总体上促使银行（尤其是大银行）"追赶"并投资以调整贷款技术。据我们所知，这是第一个直接证据，表明金融科技贷款机构的进入刺激了在相同地区运营的现有银行，推动它们对贷款技术进行更多的投资以便迎头赶上。此外，与现有文献（比如Berg et al., 2021）强调金融科技贷款人在处理硬信息和迅速决策方面的比较优势一致，我们的研究结果表明，大多数传统银行的"追赶"都采取了增加软件IT支出的形式。

本文第5.1节探讨了金融科技贷款机构的进入对地方商业银行IT投资决策产生影响的可能渠道。我们的实证研究结果支持一个与竞争相关的观点：在金融科技贷款机构进入后，大型银行增加了相关类别的IT支出，这可能是出于保护自己的市场份额。在IT投资增加的背后，也许隐藏着"赢家诅咒"这种影响渠道，即银行一旦决定继续在同一细分市场运营，就需要升级贷款技术，以免遭遇新进入金融科技竞争对手的逆向选择。然而，要全面评估这一影响渠道，需要研究金融科技贷款机构进入后导致的银行客户构成变化，以及市场份额构成的动态。我们把这些问题留给未来的研究。

6. 结论

过去数十年来，信息技术的发展大大改变了银行业的贷款方式。本文首次对银行的IT支出进行了全面研究。我们认为，银行的IT支出就是它们为改善贷款技术，特别是处理软信息和硬信息的能力而进行的投资。

我们独特的数据集提供了详细的IT支出概况，使我们能够发现一些新的东西。首先，在总体层面，我们记述了过去十年银行IT支出的整体快速增长

---

① 例如，Beaumont et al.（2019）表明，拥有更佳金融科技渠道的借款人更有能力购买和质押硬信息密集型资产，以获得新的银行信贷。

趋势。其次，作为将银行IT支出与贷款技术发展联系起来的关键一步，我们阐明，不同类型的信息技术与不同类型贷款活动中内嵌的信息性质息息相关。更具体地说，软信息的生产和传输与银行的通信支出紧密关联；在开展小企业贷款或在银团贷款中扮演牵头银行角色方面，软信息起着至关重要的作用。相比之下，与进行抵押贷款再融资最相关的硬信息处理则与银行的软件支出密切相关。

我们进行了一系列基于事件的分析，分析结果主要阐释银行如何调整贷款技术，以应对其经营环境下的经济冲击，包括信贷需求冲击和金融科技进入。据我们了解，这些因果分析提供了银行业文献中关于内生贷款技术采用的第一手证据。

我们的研究结果还揭示了若干重要的后续问题。银行业的内生技术采用如何改变银行/信贷市场结构？银行业的技术升级如何影响银行的存款活动、贷款结果、信贷周期性质和货币政策传导？这些都是未来研究的方向。

（颜超凡　译）

参考文献

Agarwal, S., Ambrose, B., Chomsisengphet, S., and Liu, C., 2011. The role of soft information in a dynamic contract setting: Evidence from the home equity credit market. Journal of Money, Credit and Banking, 43:633–655.

Agrawal, A., Rosell, C., and Simcoe, T, 2020. Tax credits and small firm r&d spending. American Economic Journal: Economic Policy, 12(2):1–21.

Ahnert, T., Doerr, S., Pierri, N., and Timmer, Y, 2021. Does IT help? Information technology in banking and entrepreneurship. IMF Working Paper, 21/214.

Aiello, D., Garmaise, M. J., and Natividad, G, 2020. Competing for deal flow in local mortgage markets. Working Paper.

Amore, M. D., Schneider, C., and Žaldokas, A, 2013. Credit supply and corporate innovation. Journal of Financial Economics, 109(3):835–855.

Avraham, D., Selvaggi, P., and Vickery, J, 2012. A structural view of U.S. bank holding companies. Economic Policy Review, (07):65–81.

Balyuk, T., Berger, A., and Hackney, J, 2020. What is fueling fintech lending? The role of banking market structure. Working Paper.

Banna, H. and Alam, M. R , 2021. Is digital financial inclusion good for bank stability and sustainable economic development? Evidence from emerging asia. Working Paper.

Barkai, S , 2020. Declining labor and capital shares. The Journal of Finance, 75(5):2421–2463.

Beaumont, P , Tang, H , and Vansteenberghe, E , 2019. The role of fintech in small business lending. Working Paper.

Berg, T , Fuster, A , and Puri, M , 2021. FinTech lending, Working Paper 29421. National Bureau of Economic Research.

Berger, A N , 2003. The economic effects of technological progress: Evidence from the banking industry. Journal of Money, Credit and Banking, 35(2):141–176.

Berger, A N and Udell, G. F , 2002. Small business credit availability and relationship lending: The importance of bank organisational structure. The Economic Journal, 112(477):F32–F53.

Berger, A N and Udell, G. F , 2006. A more complete conceptual framework for SME finance. Journal of Banking and Finance, 30(11):2945 – 2966.

Berger, D , Milbradt, K , Tourre, F , and Vavra, J , 2021. Mortgage prepayment and pathdependent effects of monetary policy. American Economic Review, 111(9): 2829–78.

Bircan, C. and De Haas, R , 2019. The limits of lending? Banks and technology adoption across Russia. The Review of Financial Studies, 33(2):536–609.

Bloom, N , Garicano, L , Sadun, R , and Reenen, J. V , 2014. The distinct effects of information technology and communication technology on firm organization. Management Science, 60(12).

Bolton, P , Freixas, X , Gambacorta, L , and Mistrulli, P E , 2016. Relationship and transaction lending in a crisis. The Review of Financial Studies, 29(10):2643–2676.

Buchak, G , Matvos, G , Piskorski, T , and Seru, A , 2018a. FinTech, regulatory arbitrage, and the rise of shadow banks. Journal of Financial Economics, 130(3): 453–483.

Calebe de Roure, L P. and Thakor, A V , 2019. P2P Lenders versus banks: Cream skimming or bottom fishing?. SAFE Working Paper No. 206.

Callaway, B. and Sant' Anna, P H , 2021. Difference-in-differences with multiple time periods. Journal of Econometrics, 225(2):200–230.

Cerqua, A and Pellegrini, G , 2014. Do subsidies to private capital boost firms' growth? A multiple regression discontinuity design approach. Journal of Public Economics, 109:114–126.

Charoenwong, B , Kowaleski, Z T , Kwan, A , and Sutherland, A , 2022. RegTech. Working Paper.

Chava, S , Oettl, A , Subramanian, A , and Subramanian, K. V , 2013. Banking deregulation and innovation. Journal of Financial Economics, 109(3):759–774.

Chen, B S , Hanson, S G , and Stein , J C , 2017. The decline of big-bank lending to small business: Dynamic impacts on local credit and labor markets. NBER Working Paper Series, No. 23843.

Cornelli, G , Doerr, S , Franco, L , and Frost, J , 2022. Funding for fintechs: Patterns and drivers. Working Paper.

Degryse, H., Laeven, L., and Ongena, S., 2008. The impact of organizational structure and lending technology on banking competition. Review of Finance, 13(2):225–259.

Di Maggio, M., Kermani, A., Keys, B. J., Piskorski, T., Ramcharan, R., Seru, A., and Yao, V., 2017. Interest rate pass–through: Mortgage rates, household consumption, and voluntary deleveraging. American Economic Review, 107(11):3550–88.

Di Maggio, M and Yao, V., 2020. Fintech borrowers: Lax screening or cream–skimming?. The Review of Financial Studies.

Eichenbaum, M., Rebelo, S., and Wong, A., 2022. State–dependent effects of monetary policy: The refinancing channel. American Economic Review, 112(3):721–61.

Erel, I and Liebersohn, J., 2020. Does FinTech substitute for banks? Evidence from the paycheck protection program. Working Paper.

Feyen, E., Frost, J., Gambacorta, L., Natarajan, H., and Saal, M., 2021. FinTech and the digital transformation of financial services: Implications for market structure and public policy. BIS Working Paper 117.

Forman, C., Goldfarb, A., and Greenstein, S., 2012. The internet and local wages: A puzzle. American Economic Review, 102(1):556–75.

Freixas, X and Rochet, J.–C., 2008. Microeconomics of Banking, 2nd Edition. Cambridge, MA: The MIT Press.

Frost, J., Gambacorta, L., Huang, Y., Shin, H. S., and Zbinden, P., 2019. Investment in ICT, productivity, and labor demand : The case of argentina. BIS Working Papers.

Fuster, A., Plosser, M., Schnabl, P., and Vickery, J., 2019. The role of technology in mortgage lending. The Review of Financial Studies, 32(5).

Gao, J., Ge, S., Schmidt, L., and Tello–Trillo, C., 2023. How do health insurance costs affect firm labor composition and technology investment?. Working Paper.

Gopal, M and Schnabl, P., 2022. The rise of finance companies and FinTech lenders in small business lending. The Review of Financial Studies, 35(11):4859–4901.

Hauswald, R and Marquez, R., 2003. Information technology and financial services competition. The Review of Financial Studies, 16(3):921–948.

Hauswald, R and Marquez, R., 2006. Competition and strategic information acquisition in credit markets. The Review of Financial Studies, 19(3):967–1000.

He, Z., Huang, J., and Parlatore, C., 2023a. Multi–dimensional information with specialized lenders. Available at SSRN 4557168.

He, Z., Huang, J., and Zhou, J., 2023b. Open banking: Credit market competition when borrowers own the data. Journal of Financial Economics, 147(2): 449–74.

He, Z and Song, Z., 2022. Agency MBS as safe assets. Technical report. National Bureau of Economic Research.

Hitt, L , Frei, F , and Harker, P , 1999. How financial firms decide on technology. Brookings Wharton Papers on Financial Services.

Hornuf, L , Klus, M F , Lohwasser, T S , and Schwienbacher, A , 2018. How do banks interact with FinTechs? Forms of alliances and their impact on bank value. CESifo Working Paper.

Hornuf, L , Klus, M. F , Lohwasser, T S , and Schwienbacher, A , 2021. How do banks interact with FinTech startups?. Small Business Economics, 57(3):1505–1526.

Huang, J , 2022. FinTech expansion. Available at SSRN 3957688.

Hughes, J , Jagtiani, J , and Moon, C –G , 2019. Consumer lending efficiency: Commercial banks versus a fintech lender. FRB of Philadelphia Working Paper No. 19–22.

Huvaj, M N. and Johnson, W C , 2019. Organizational complexity and innovation portfolio decisions: Evidence from a quasi–natural experiment. Journal of Business Research, 98:153–165.

Ivanov, I , Pettit, M. L , and Whited, T , 2021. Taxes depress corporate borrowing: Evidence from private firms. Working Paper.

Ivashina, V , 2005. Structure and pricing of syndicated loans. Working Paper.

Jagtiani, J and Lemieux, C , 2017. FinTech lending: Financial inclusion, risk pricing, and alternative information, FRB of Philadelphia Working Paper No. 17–17.

Kim, J –H and Stähler, F , 2020. The impact of peer–to–peer lending on small business loans. Working Paper.

Kovner, A , Vickery, J , and Zhou, L , 2014. Do big banks have lower operating costs?. Economic Policy Review, 20(2).

Kwon, S , Ma, Y , and Zimmermann, K , 2022. 100 years of rising corporate concentration. Working Paper.

Lerner, J , Seru, A , Short, N , and Sun, Y , 2021. Financial innovation in the 21st century: Evidence from U.S. patents. Working Paper 28980. National Bureau of Economic Research.

Levine, R , Lin, C , Peng, Q , and Xie, W , 2020. Communication within banking organizations and small business lending. The Review of Financial Studies, 33(12):5750–5783.

Liberti, J M. and Mian, A R , 2009. Estimating the effect of hierarchies on information use. The Review of Financial Studies, 22(10):4057–4090.

Lorente, C , Jose, J , and Schmukler, S L , 2018. The FinTech revolution: A threat to global banking?. Research and Policy Briefs 125038. The World Bank.

McGrattan, E R , 2017. Intangible capital and measured productivity. Working Paper 23233. National Bureau of Economic Research.

Mian, A and Sufi, A , 2014. What explains the 2007–2009 drop in employment?. Econometrica, 82(6):2197–2223.

Modi, K , Pierri, N , Timmer, Y , and Pería, M S M , 2022. The anatomy of banks' IT investments: Drivers and implications. IMF Working Paper.

Paravisini, D and Schoar, A , 2016. The incentive effect of scores: Randomized evidence from credit committees. NBER Working Paper, 19303.

Petersen, M A and Rajan, R G , 2002. Does distance still matter? The information revolution in small business lending. The Journal of Finance, 57(6):2533–2570.

Pierri, N and Timmer, Y , 2020. Tech in fin before fintech: Blessing or curse for financial stability?. IMF Working Paper, No. 20/14.

Pierri, N and Timmer, Y , 2022. The importance of technology in banking during a crisis. Journal of Monetary Economics.

Ridder, M D , 2019. Market power and innovation in the intangible economy. American Economic Review.

Rotemberg, M , 2019. Equilibrium effects of firm subsidies. American Economic Review, 109(10):3475–3513.

Sahar, L and Anis, J , 2016. Loan officers and soft information production. Cogent Business & Management, 3(1):1199521.

Skrastins, J and Vig, V , 2018. How organizational hierarchy affects information production. The Review of Financial Studies, 32(2):564–604.

Stein, J C , 2002. Information production and capital allocation: Decentralized versus hierarchical firms. The Journal of Finance, 57(5): 1891–1921.

Stock, J and Yogo, M , 2005. Testing for Weak Instruments in Linear IV Regression. New York: Cambridge University Press: 80–108.

Stulz, R M , 2019. FinTech, BigTech, and the future of banks. Journal of Applied Corporate Finance, 31(4):86–97.

Sufi, A , 2007. Information asymmetry and financing arrangements: Evidence from syndicated loans. The Journal of Finance, 62(2):629–668.

Tang, H , 2019. Peer-to-Peer lenders versus banks: Substitutes or complements?. The Review of Financial Studies, 32(5):1900–1938.

Tuzel, S and Zhang, M B , 2021. Economic stimulus at the expense of routine-task jobs. The Journal of Finance, 76(6):3347–3399.

Vives, X and Ye, Z , 2021. Information technology and bank competition. Working Paper.

Wang, H and Overby, E , 2017. How does online lending influence bankruptcy filings? Evidence from a natural experiment. Management Science, 2022:15937.

数据资产化路径的思考与探索

陆志鹏[*]

最近三年中国电子和清华大学的同仁共同开展关于数据安全与数据要素化工程的研究，我们在市场推广过程中发现社会和市场对数据资产非常关注，国家财政部门对数据资产化也高度重视，本文就数据要素化治理过程中对数据资产化路径的思考和探索做简单讨论。

先来看数据资产化的价值和意义。从资产化的现状看，各级政府、产业界和学术界对数据资产化进行了大量的探索和实践，但我们在研究过程中发现各方的理解还存在一些误区，现阶段的数据资源评估甚至入表还存在诸多难题。因此我们对数据资产化的实现路径和形成机制做了一些研究。首先是数据资产的相关概念。资产是政府会计主体由过去的经济业务或者事项形成的，由政府会计主体控制的，预期能够产生服务潜力或者带来经济利益流入的经济资源。数据资产是由特定主体合法拥有或控制，能持续发挥作用并且能带来直接或间接经济利益的数据资源。我们认为，数据资产化是数据通过流通交易给持有者或经营者带来经济利益的过程，即将数据变为可以交易的资产。

如果简单把资源进行评估定价，其价值非常有限，只有将资源加工为要素，要素进入市场流通，要素资产的价值才能充分体现。从土地要素看，土地要素的市场化配置始于20世纪90年代，探索推进土地的批复、租赁，在21世

---

[*] 陆志鹏，中国电子信息产业集团有限公司党组成员、副总经理。

纪初真正形成土地的市场化配置。2022年全国住房的市值，即住房的全社会资产已经达到476万亿元。从资本要素看，资本要素市场化配置也大概始于20世纪90年代后期，一直到20世纪末，我们建立起了商业信用体系和风险管控体系，才把资金的杠杆放大出来，形成社会的金融资产。2022年全国人民币存款是26万亿元，相当于资源，而金融机构的总资产是419万亿元，也就是说通过要素化形成的总资产放大的倍数是非常大的，资产化的价值能够给社会带来巨大的财富。

数据资产化意义重大。研究发现，如果对数据通过要素化实现资产化，能够增加数据资源持有者和经营者的收益，同时能增加企事业单位包括政府的资产总量，也能够激发经济社会的活力，提高就业率和收入水平，同时能够提高市场主体投资的积极性，带动产业溢出，创造社会财富。

其次是传统生产要素资产化形成的过程和一般规律。土地要素通过把所有权、经营权分离进行权属界定。我国从1999年开始推动毛地挂牌，过程中涌现出一系列问题，所以从2003年开始国务院明令禁止毛地挂牌，推动净地挂牌，由政府成立土地储备中心执行相关政策，下设拆迁公司进行整体拆迁，然后推动净地走向市场。从资本要素看，资源阶段就是存款，存款是不能直接到企业去的，一定要通过银行把资源加工成金融产品，然后经过信用评估、风险评估，再把资金放给企业，企业能够安全放心地拿到这批贷款，购买生产资料用于扩大生产。对这两个过程进行总结可得，要素资产形成要具备四个要件，即主体、客体、权属、收益。主体要清晰、客体形态要稳定、权属要清楚、收益要可预期。要素化的过程就是把资源变成生产要素，把要素变成产品。

从一般规律看，数据要素化是资产化的重要前提。要素的本质要求是能够进行确权、计量、定价，从而实现规模化流通。由于资源不具备要素的本质特征，往往需要将资源加工成为初级产品，使其具有稳定的形态，清晰的产权，可计量、可定价，从而作为生产要素进行市场化配置，参与经济循环。真正能够进行市场化和规模化流通的是基于资源的初级产品，而不是资源。同时，资产化是市场化配置的"牛鼻子"，资产化的过程就是要把资源类的供方和需方进一步对接，再把要素类的供方与需方对接，然后是产品到市场的对接。这个过程就能释放要素的价值，能够使供需得到合理的分配。

可能有人会说数据和传统生产要素不一样，但数据是对客观世界的反映和描述，是对信息的记载，我们认为它既然记载了客观世界，反映了客观世界，客观世界的有些规律还是可以借鉴的。我们也对数据要素和传统生产要素的特点做了对比，数据资产化的过程可以借鉴传统的一般规律，但是需要构筑一条适合数据个性化特征的资产化路径。

最后是对数据资产化的一些思考和探索。数据资产化过程中必须定义一个初级产品，就像在土地资产化过程中一定要定义一个净地。数据的初级产品就是数据元件。把元件作为一个数据对象，把数据组织加工以后形成一个初级产品，有特定的含义、特定的信息、特定的价值、特定的权属、特定的形态，能进行市场化流通、规模化应用，参与经济循环，实现价值提升。

我们对数据资产化进行了模型设计。遵循《中共中央 国务院关于构建数据基础制度更好发挥数据要素作用的意见》(以下简称"数据二十条")，设置数据资源持有权、数据加工使用权、数据产品经营权分置的产权运行机制，探索数据资源、数据元件、数据产品三类数据资产的演进关系，降低确权授权复杂度。"数据二十条"回避了所有权的问题，我们研究认为，数据主体权的定义在实践中可以探索，法律界可以定义。在确权的基础上进行数据脱敏、封装、计量。

根据模型我们进行了工程设计，把现有的数据归集加工成数据元件进行交易，这套系统目前在四川德阳已经试点成功，2023年上半年数据元件开发量超过了1 000个，交易额已经达到2 500万元。目前我们正在云南大理、河南郑州、江苏徐州和浙江温州推进样板工程，预计年内完成系统部署。

数据资产化过程也应先将数据资源归集、治理、加工，否则很难进行跨系统、跨区域、跨利益主体的交流和共享。下一步再将数据资源加工成数据元件，通过数据空间和数据要素互联网进行大规模流通和应用。如果数据元件可以支撑大模型，将会发挥更大的经济社会效益。

最后是展望和畅想。经过研究，并且与其他研究机构交流发现，目前我们拥有的数据资源的价值大概在10万亿元，但这些数据资源没有被评估，也没有入表。如果经过数据资产化，这些数据资源实现的资产将会超过100万亿元。我们的团队愿意和国内的同仁共同努力，把数据资产放大到100万亿元，为经济社会发展做出贡献。

通过代币化实现去中心化

迈克尔·索金　熊伟[*]

数字经济的蓬勃发展和最近金融科技行业的兴起带来了两个重要趋势。首先，相当数量的数字平台通过发行加密货币或代币为其开发和运营提供资金。例如，根据相关研究（Allen, Gu and Jagtiani, 2020），截至2020年5月，全球已有4 136种加密货币。这个数字不包括许多失败的加密货币。尽管在这类资产中经常观察到猖獗的投机和巨幅波动，但它们的日益流行提出了关于代币化过程收益和成本的重要问题。其次，随着亚马逊、谷歌和脸书（现改名为Meta）等线上平台在日常生活中越来越普遍，数字平台与用户之间的紧张关系持续加剧。平台庞大的用户网络不仅使它们拥有垄断定价权，而且能够广泛获取用户的私人数据。[①] 这些特权容易被滥用，欧盟、美国和日本当前针对大型科技公司展开的反垄断调查以及数据隐私法规的颁布都反映了这一点。线上平台与用户之间的这种冲突对平台设计构成了独特的挑战，同时提出了是否可以通过去中心化保护消费者的问题。

---

[*] Michael Sockin，得克萨斯大学奥斯汀分校助理教授。熊伟，普林斯顿大学金融学教授、香港中文大学（深圳）、美国国民经济研究局研究员。我们感谢 Franklin Allen、Will Cong、Cam Harvey、Emiliano Pagnotta、Aleh Tsyvinski、Haoxiang Zhu，以及各种研讨会和会议参与者提供的有益意见。特别感谢 Bruno Biais 副主编和三位审稿人，他们的启发性建议对撰写本论文大有裨益。我们阅读了《金融学杂志》（*Journal of Finace*）的披露政策，在此声明，并不存在任何影响研究结果的利益冲突。原文"Decentralization through Tokenization"发表于 *Journal of Finace*, Vol. LXXVIII（2023年2月），第247—299页。

[①] 越来越多的文献探讨了线上平台广泛获取用户数据可能允许它们对用户进行价格歧视（例如Taylor, 2004），以及利用用户的个人弱点，比如自制力薄弱（例如，Liu, Sockin and Xiong, 2020）。

比特币是第一种在全球范围被广泛采用的加密货币，其成功原因主要在于，将加密货币的发行委托给预先编码的计算机算法，可使用户免受中央银行家可能滥发货币的影响。后者控制着传统法定货币的供应，并可能以牺牲现有持有人的利益为代价增加法定货币的供应。代币化通常被称为去中心化自治组织（DAOs），它进一步促进了数字平台的去中心化。[1] 譬如，Filecoin是允许用户交换安全数据存储服务的平台，由Filecoin社区管理，它们提出、讨论并达成关于Filecoin改进协议（FIPs）的共识。促进点对点交易和智能合约的Tezos平台由用户分两阶段对开发者提出的更新进行投票，从而实现治理。开发者则获得新铸的Tezos币作为补偿，以奖励其创新被采纳。去中心化金融（DeFi）平台MakerDAO和去中心化组织的管理人员平台Aragon等多用途平台发行治理代币，这些代币被赋予了对平台变化及其开发的更新进行投票的控制权（但不授予现金流权利）。[2] DeFi平台Kyber则用原生代币KNC，向通过持股参与治理的用户支付奖励。另外，哈维、拉马钱德兰和桑托罗（Harvey, Ramachandran and Santoro, 2021）总结了加密货币技术如何能使金融业各个方面都实现去中心化。

在本文中，我们开发了一个模型，以研究代币化如何作为一种机制，缓解平台与用户之间的紧张关系。这类似于公司金融学如何开发治理工具，来缓解控制公司运营的经理与拥有公司资产的所有者之间的紧张关系。行业评论人士还强调，DAOs的一个关键动机就是解决平台利益相关者之间的委托代理问题。[3]

我们将数字平台发行的规范代币视为一种资产，它传递了获得平台服务以

---

[1] 自我主权（self-sovereignty）的承诺和DAOs之间有着内在联系。例如，关于ShapeShift交易平台即将进行的去中心化，ShapeShift首席执行官Eric Voorhees在推特上写道："这并非传统方式，但它是保持忠于加密货币最重要原则的唯一途径；特别是对金钱的自我主权……你也许能理解，在工业化时代取得成功的组织形式可能不是数字时代的最佳组织形式，而是一种新型'公司'：去中心化自治组织。"（https://twitter.com/ErikVoorhees/status/1415339998740508674?ref_src=twsrc%5Etfw）

[2] MakerDAO准备在2021年底成为完全去中心化的平台。Maker基金会首席执行官Rune Christensen在博客中写道，"Maker完全去中心化意味着，协议和DAO的未来发展与运营将取决于成千上万甚至数百万积极参与的社区成员，大家立志要将数字货币的好处传播到世界各地"。参见https://blog.makerdao.com/makerdao-has-come-full-circle/。

[3] 例如，请参阅cointelegraph.com最近的评论：https://cointelegraph.com/ethereum-for-beginners/what-is-a-decentralized-autonomous-organization-and-how-does-a-dao-work，以及JP Buntinx的讨论：https://vaultoro.com/what-is-a-decentralized-autonomous-organization-dao-and-why-does-it-matter/#h-exploring-the-principal-agent-problem。

及可能参与治理的权利,但未必包含现金流权利。这些代币通常由通过参与平台获得便利收益的用户持有,并将"支付"和"消费者"("效用")代币纳入全球数字金融(GDF)的分类法中。① 相比之下,证券提供现金流和潜在的所有权,比如债务和股权,但不赋予获得平台服务的权利。这类证券通常由外部利益相关者持有,类似于亚马逊或苹果股票的持有者无须从亚马逊或苹果公司购买产品。因此,代币和证券之间的关键区别在于,代币是对平台服务的索取权,证券是对其收入的索取权。②

我们的主要观点是,尽管代币化可以将平台的所有权和控制权从初始权益持有人转移给用户进而保护用户,但这一好处的代价是,不会再有所有者愿意通过补贴用户参与以最大化平台的网络效应。鉴于网络效应对线上平台的成功至关重要,传统平台通常会投入大量资源补贴用户参与,从而积累庞大的用户基础。③ 这些平台的权益持有人承担补贴用户参与的成本,以便最大限度地提高未来的广告收入,而后者会随着用户规模的增长而增加。我们的模型强调,当存在网络效应时,去中心化引发了保护用户与补贴用户参与之间的权衡。

我们的模型主要研究一个便于用户进行双边交易的线上平台。有三个时间点。在时间0,平台开发者选择通过发行传统股权或代币来为平台提供资金。融资方案的选择也决定了平台在后续时期的控制权和所有权。在时间1,潜在用户选择是否加入平台,但需要支付下载必要软件并熟悉平台规则和用户界面的个人费用。加入平台后,用户可以在时间1和时间2与其他用户进行双边交易。我们根据用户的消费品禀赋,以及用户对消费自己的商品和其他用户的商品所具有的偏好,建立用户交易需求模型。由于这种偏好,用户需要相互交易商品,而这种交易只能在平台上进行。于是,一个关键的网络效应由此形成:每个用户加入平台的愿望随着平台上其他用户数量的增加及其商品禀赋规模的扩大而增强。

---

① 参见Code of Conduct: Taxonomy for Cryptographic Assets,https://www.gdf.io/wp-content/uploads/2019/08/0010_GDF_Taxonomy-for-Cryptographic-Assets_Proof-V2-260719.pdf。
② 还要注意的是,一些加密资产,如GDF分类中的证券代币和"金融资产"代币,是对现金流而不是平台服务的索取权。因此,根据豪威测试(Howey test),2017年美国证券交易委员会裁定,这类加密资产属于证券,因为它们赋予人们通过努力获得投资回报的预期。(参见Blockchain and Cryptocurrency Regulation,https://www.lw.com/thoughtLeadership/yellow-brick-road-for-consumer-tokens-path-to-sec-cftc-compliance。)
③ 例如,谷歌和脸书提供免费搜索和社交网络服务以吸引用户。

我们比较了传统的股权融资方案与几种代币方案，在前者中，股权同时代表控制权和（剩余）现金流权。如果开发者发行股权，就会产生一群股东，他们就是获得平台所有权和控制权的所有者。所有者选择在时间1提供补贴以吸引边际用户，边际用户自身的交易需求相对较低，因此没有动力参与平台。边际用户的参与使其他用户更容易找到交易伙伴，从而最大化网络效应。因为所有者可以从收取交易费中获利，而交易费随着平台交易盈余的增加而增加，所以他通过向所有用户提供补贴将边际用户的参与成本内化。然而，平台在时间1收集了大量关于用户的数据之后，控制着平台的所有者能够在时间2剥削用户。

我们考虑一种特定形式的用户剥削：所有者可能会选择一种破坏性的行动（譬如奉行激进的广告策略或将用户数据出售给第三方，这在实际中偶有发生），以牺牲用户利益为代价为所有者谋利。直观地说，只有当平台的交易费低于剥削用户获得的收益时，所有者才会选择这种行为。有趣的是，虽然选择这种破坏行为可能会在时间2对所有者有利，但如果所有者能够预先承诺不采取这类行为，那么在时间1，他就可以事先严格地改善自己的境况，因为对所有者采取破坏行为的预期会阻止潜在用户加入平台，而这种放弃会被网络效应放大。在股权方案下做出承诺是不可能的，因为所有者总是可以在时间2选择收回之前的任何承诺。这种对承诺的需求正是代币化的动机。

或者，开发者可以采用代币方案。我们重点关注实用型代币，因为它们代表了代币的规范形式，使持有人有权获得服务，而不是平台的现金流。为了阐述关键的概念问题，我们假设平台采用一种无摩擦的共识协议，赋予代币持有人投票权。稍后在本文中，我们将研究需要外部验证者的协议引发的其他问题。在这种情况下，所有者向参与平台的用户出售代币，而不是收取费用。通过将代币发行给在时间1加入平台的用户，开发者使用预编码算法在时间1和时间2将平台的控制权转移给用户，这样可以通过征求用户的同意，承诺不剥削他们。作为代币的持有人，用户可以对这些算法的修改进行投票，但他们绝不会同意采取伤害自己的行动。缺乏现金流权利也会阻碍非用户获得代币以夺取平台的控制权。因此，这个框架说明了代币化的关键吸引力：通过去中心化将平台的最终控制权交给用户。然而，这种好处的代价是，任何拥有股权的所有者都不会选择以补贴用户参与的方式来最大化平台的网络效应。

将实用代币与股权进行比较，可以得到一个鲜明的结论：对于需求基本面（即用户的总交易需求）相对疲软的数字平台，实用代币更具吸引力。在股权方案下，当所有者的交易费较低时，用户对所有者破坏平台的担忧会特别高，这导致代币化创造的承诺机制变得尤其重要。与这一观察结果相一致的是，我们表明，对于给定程度的用户虐待（user abuse）问题，当平台的需求基本面足够高时，在股权方案下，用户参与、开发者利润和社会盈余都更高；而对于给定水平的平台需求基本面，当对用户剥削的担忧足够高时，在实用代币方案下，用户参与、开发者利润和社会盈余都更高。

接下来我们考虑模型的两个扩展，以说明当非用户也参与平台时，将很难解决去中心化背后的权衡问题。首先，我们研究一种混合方案，它允许平台向用户收取交易费，并将费用作为股息支付给代币持有人。这个方案超越了传统的代币设计，不仅赋予代币持有人进行交易的权利，还赋予他们从平台获得现金流的权利。尽管有滥用术语的嫌疑，但我们还是把这种混合加密货币称为"股权代币"。有趣的是，我们发现，通过扩展契约空间，如果平台仅向用户发行代币，基于股权代币的方案就能实现最优结果。随着平台向重度用户（heavy user）收取更多的交易费，股权代币的现金流成为重度用户对轻度用户（light user）的补贴，从而提高用户参与度。不过，这种现金流也将刺激缺乏交易需求的投资者购买代币作为投资；这是实用代币没有的现象，因为它们只向持有人提供交易收益。投资者的存在转移了对用户的补贴，进而减少了他们的参与。更重要的是，投资者甚至可能收购多数股权以夺取平台的控制权，正如我们所示，当平台的需求基本面足够薄弱时，这种情况就会发生。投资者对平台的集中控制再次引发了最初借助代币的去中心化旨在克服的承诺问题，因为当交易费低于出售用户数据的收益时，投资者将选择破坏行为。于是，允许代币支付现金流将导致与我们强调的关键权衡相反的结果：它有助于交叉补贴用户参与，但代价是重新带来承诺问题。

其次，我们在平台上引入摩擦共识协议，假设一组分散的验证者竞争在区块链上记录交易的权利，以换取交易费。例如，工作量证明（Proof of Work）协议要求矿工解决复杂的计算难题，才能向区块链添加区块；而权益证明（Proof of Stake）协议则根据股权持有人的持有量随机分配添加区块的权利。我们提出了一个一般性问题，其中交易费被用作激励措施，以驱动验证者努力维护区块链的安全。当平台的需求基本面十分强大，验证者的交易费足够有利可图时，验证者将有强烈的激励竞争交易费，使区块链足以抵御任何外部攻击。相反，当需求基本面薄弱且交易费低于临界值时，验证者的竞争激励降低，导致区块链容易受到恶意验证者的"51%攻击",最终将会产生类似于前面探讨的破坏行为。这一结果表明,在代币化中,依赖验证者维护区块链安全可能会重新引入承诺问题,因为验证者的利益与用户的利益并不一致。

本文的其余部分安排如下。第一节回顾相关文献,第二节介绍模型背景,第三节描述作为基准的股权融资方案。第四节和第五节分别研究实用代币方案和另一种股权代币方案。第六节讨论与实施共识协议有关的问题。第七节为总结。在附录A中,我们为用户之间的交易协议提供了一个微观基础,附录B呈现关键命题的证明。其他命题的证明请参阅网络版附录。①

一、相关文献

我们的论文涉及不断增多的关于首次代币发行(ICOs)的文献及其与传统融资方案的比较。不同于我们关注平台与用户之间的冲突,这些研究大多聚焦于企业家和外部投资者之间由道德风险引发的经典冲突。例如,有学者表明(Chod and Lyandres, 2021;Chod, Trichakis and Yang, 2019),在缓解企业家努力不足方面,实用代币融资优于股权融资,但会导致投资不足和提前销售商品的生产不足的问题。卡塔利尼和甘斯(Catalini and Gans, 2019)以及楚卡拉斯等人(Gan, Tsoukalas and Netessine, 2020)分别将实用代币比作收入分享,将股权比作利润分享;前者表明代币促进了买家之间的竞争与协调,而后者揭示股权更好地调整了企业家和投机者的动机。马林诺娃和帕克(Malinova and Park, 2018)发现,在有创业道德风险的情况下,代币可以为更大的企业提供资金,但除非它们被最优地设计以纳入分享收入的功能,否则它们将逊色于股权。格雷格莱维奇、迈耶和莫雷莱克(Gryglewicz, Mayer and Morellec, 2020)阐明,当企业家与局外人之间的融资需求和代理冲突并不严重时,代币优于股权。其他研究(譬如Li and Mann, 2017;Bakos and Halaburda, 2018)则重点关注代币在克服用户之间潜在的协调失灵方面的作用。

我们的分析也涉及平台所有者与用户冲突的文献。有学者(Cong, Li and Wang, 2022)研究了向用户发行代币的企业为创新提供的最优平台融资方式,进而阐明区块链技术可以强化不利用过度铸币税侵吞价值的承诺。与我们的分

---

① 网络版附录可以在 *Journal of Finance* 的网络版中找到。

析类似，戈德斯坦、古普塔和斯维尔奇科夫（Goldstein, Gupta and Sverchkov, 2019）也强调代币可以缓和线上平台与客户之间的紧张关系，尽管他们关注的是垄断性价格歧视，在这种歧视下，代币作为耐用品削弱了垄断力量。另外迈耶（Mayer, 2019）表明，平台开发者、用户和投机者之间的利益冲突通过实用代币平台上的代币流通相互影响，其中开发者面临道德风险，而且可以出售其保留的股权。

本文还对剖析去中心化数字平台利弊的文献有所贡献。有学者（Arruñada and Garicano, 2018）探索在去中心化平台上，关系资本和硬分叉威胁如何帮助解决补偿内容开发者方面存在的"要挟"问题，但与集中式平台相比，其代价是削弱了采用新创新的协调能力。丛林和何治国（Cong and He, 2019）研究了去中心化平台上智能合约在克服逆向选择的同时也促进寡头垄断合谋的利弊。一些学者（Huberman, Leshno and Moallemi, 2021）应用拥堵定价寻找工作量证明共识协议下的最优等待费结构，而且与本文的分析一样，他们强调去中心化可以防止垄断者的价格歧视，但可能会导致清算延迟。一些学者（Tsoukalas and Falk, 2020）则认为，相比集中式平台，区块链平台上用户之间的代币加权投票在聚集信息方面效率低下。还有学者（Choi and Park, 2020）发现，信息生产的去中心化将带来社会成本，因为个体检查员不会像学术期刊中描述的垄断者那样，将其筛选行为带来的社会收益内部化。与这些论文相反，我们研究了去中心化如何与数字平台的融资相互作用，以及侵占用户利益和补贴用户参与之间的权衡。

二、模型的设定

在本节中，我们介绍模型设定。有三个时间点 $t \in 0,1,2$。为简单起见，我们考虑一个通用平台，它促进一组用户之间的双边交易。在 $t=0$ 时，平台的开发者根据对平台基本面的先验信念选择一个为平台融资的方案，稍后我们会详加描述。在 $t=1$ 时，每个潜在用户选择是否加入平台。加入平台后，用户有机会在 $t=1$ 和 $t=2$ 时随机匹配其他用户进行互惠交易，这可以分别被视为短期和长期行为。

平台的开发者需要为平台选择一个融资方案，我们研究了若干备选方案。我们的分析有一个关键特征，即平台所有者在这两个时间之间缺乏承诺，并且

当用户在 $t=1$ 时加入平台后，平台所有者不会克制在 $t=2$ 时剥削用户。这种缺乏承诺是一个合理的前提，其中有若干原因。首先，这些数字平台通常会更新服务条款，所以它们能够灵活地采取牺牲用户利益的策略。其次，数字平台收集大量的用户数据，这使平台可以通过向第三方出售数据或采取激进的广告策略侵占用户利益。具体而言，我们假设平台所有者（仅存在于股权方案下）可以在 $t=2$ 时诉诸破坏行动，将用户的私人数据货币化。因而，对所有者缺乏承诺的预期反过来可能会影响潜在用户加入平台的决定。

在 $t=1$ 时，存在度量单位为1的连续潜在用户，标记为 $i \in [0,1]$。这些潜在用户需要在平台上相互交易商品，并且可以参与 $t=1,2$ 的两轮交易。为了加入平台，每个用户将产生 $\kappa > 0$ 的个人成本，这包括设置必要的软件和熟悉平台的制度安排，可能还需要向平台支付入场费（entry fee）c。根据平台的融资方案，这笔入场费可以采取不同的形式，可能是正的，也可能是负的。正如我们下文讨论的，如果平台由代币方案融资，那么用户需要支付获取代币的成本方能加入平台，因此要支付正的入场费。相反，如果平台由股权方案融资，则所有者（即平台的股东）可以选择提供补贴来资助每位用户的初始参与，比如提供免费数字服务。在这种情况下，用户支付的入场费为负。最初没有加入的人不能参与平台上的任何一轮交易。如果用户 i 加入平台，则 $X_i=1$，否则 $X_i=0$。

用户 i 拥有某种商品，该种商品与其他用户的商品不同，并在总用户池中有一个随机匹配的交易伙伴用户 j。只有当 i 和 j 都在平台上时，他们才能在 $t=1$ 和 $t=2$ 时进行交易。每轮交易结束后，用户 i 对自己的商品和用户 j 的商品的消费符合柯布-道格拉斯效用函数，如下式所示：

$$U_i(C_i, C_j) = \left(\frac{C_i}{1-\eta_c}\right)^{1-\eta_c} \left(\frac{C_j}{\eta_c}\right)^{\eta_c} \quad (1)$$

其中 $\eta_c \in (0,1)$ 表示在柯布-道格拉斯效用函数中用户 i 对交易伙伴的商品 C_j 的消费权重，$1-\eta_c$ 是他对自己商品 C_i 的消费权重。η_c 越高，两种商品的消费互补性就越强。这两种商品都是用户从消费中获得效用所必需的。如果其中一人不在平台上，那么交易就不会发生，他们的效用都为零。这个设定意味着每个用户都关心平台的用户池，因为这决定了他与交易伙伴匹配的概率。

用户 i 的商品禀赋为 e^{A_i}，平均分配于 $t=1$ 和 $t=2$。用户 i 的需求基本面 A_i 包括所有用户都面临的共同元素 A 和一个特殊元素，

$$A_i = A + \tau_\epsilon^{-1/2}\epsilon_i$$

其中 $\epsilon_i \sim N(0,1)$ 呈正态分布，且独立于其他用户和 A。共同元素 A 代表平台的需求基本面，所有用户和开发者只能在 $t=1$ 时公开观察到它。在 $t=0$ 时，开发者对 A 有一个先验假设：即 $A \sim G(\bar{A}, \tau_A^{-1})$，并根据这一先验信念选择平台的融资方案。根据强大数定律，我们假设 $\int \epsilon_i d\Phi(\epsilon_i) = 0$。

总禀赋 A 是平台的一个关键特征。一个构思巧妙的平台能够聚集有强烈交易需求的用户。正如下文所示，A 越高，平台上的用户就越多，进而意味着每个用户与其他用户完成交易的概率更高。此外，每笔交易都会给双方带来更大的盈余。因此，可以将 A 视为平台的需求基本面。

当平台上的用户 i 与另一个用户 j 配对时，我们假设他们只是交换各自的商品，用户 i 使用 $\eta_c e^{A_i}$ 单位的商品 i 交换 $\eta_c e^{A_j}$ 单位的商品 j。因此，两个用户都可以消费这两种商品，用户 i 的消费是

$$C_i(i) = (1-\eta_c)e^{A_i}, \quad C_j(i) = \eta_c e^{A_j} \tag{2}$$

用户 j 的消费是

$$C_i(j) = \eta_c e^{A_i}, \quad C_j(j) = (1-\eta_c)e^{A_j} \tag{3}$$

在附录 A 中，我们通过一个有微观基础的两个配对用户之间的交易机制，正式推导出他们的消费配置。由于每个用户在每个时间都会获得其商品总禀赋的一半，所以这两个时间的消费也是平均配置的。我们可以使用（1）式来计算每个用户在交易发生的两个时间的效用盈余 $U_{i,1}$ 和 $U_{i,2}$。

作为分析的基准，我们首先描述使平台上所有用户效用福利最大化的最优均衡，以及在以下命题中实现均衡的收入中性方案。

命题 1 在最优均衡中，如果 $A \geqslant A_*^{FB} \equiv \log\kappa - \frac{1}{2}\left((1-\eta_c)^2 + \eta_c^2\right)\tau_\varepsilon^{-1}$，则所有用户都参与平台，社会规划者可以通过以足够高的比率征收与用户的交易收益成正比的交易费，并将交易费重新平均分配给所有用户，从而实现这一结果。如果 $A < A_*^{FB}$，则平台关闭，因为社会盈余为负。

命题 1 阐释了一个关键的网络效应。在最优均衡中，当社会盈余为正时，所有用户都会加入平台，即便低禀赋用户的交易收益无法弥补其参与成本，因为

他们的参与增加了其他用户的交易收益。于是为达成这个结果，社会规划者需要交叉补贴低禀赋用户的参与。实现这一点的一个收入中性方案是，根据每个用户的交易收益按比例征收交易费，然后将取得的交易费重新平均分配给用户。鉴于高禀赋用户从交易中获得的收益更大，因此支付的费用更高，费用的再分配提供了从高禀赋用户到低禀赋用户的交叉补贴。继而，足够高的交易费可以确保用户的充分参与。遵循这个基准，我们将在以下几节中研究若干实用的方案。

三、股权方案

我们首先研究传统的股权方案，它可以作为其他方案的基准。在 $t=0$ 时，开发者可以选择制定一个传统的股权方案为平台提供资金。根据这一方案，开发者发行股权，将股权全部或部分出售给外部投资者。开发者也可以保留部分股权。因为区分股东之间的异质性并不重要，所以我们只简单地把他们称为平台的所有者。

1. 所有者的抉择

所有者不仅保留利润，还保留平台的控制权。利润激励所有者全力打造平台的用户群，以便最大化其网络效应。具体地说，我们允许所有者在 $t=1$ 时提供入场补贴 c（即负的入场费），然后在每个时间，即 $t=1,2$ 时向每位用户收取其交易效用盈余 $U_{i,t}$ 的一部分 δ。我们对入场补贴设置了上限：

$$c \geqslant -\alpha\kappa$$

这一上限表示补贴不能超过用户的参与成本的一部分 $\alpha \in (0,1)$。在用户刚加入时，平台获得的潜在用户信息有限，所以它无法区分相关用户池中的合法用户和池外的投机者，即无意参与平台、只是为了利用平台补贴而加入的个人。为了说明这一点，假设这些投机者产生较低的参与成本 $\alpha\kappa$。于是，任何高于 $\alpha\kappa$ 的补贴都会吸引任意多的投机者。

所有者对平台的控制也允许他在 $t=2$ 时可以采取破坏行为 $s \in (0,1)$。如果所有者选择 $s=1$，那么该行为使所有者以牺牲用户利益为代价，获得与平台的用户数量成正比的收益，$\gamma\int_0^1 X_i di$。这一行为不仅阻止了平台上的任何交易,而且给每个用户带来了 $\gamma > \alpha\kappa$ 的效用成本。① 这可以被视为所有者与用户之间的财富转移。人们可以将这种行为解释为所有者的掠夺行为,例如向第三方出售用户数据,后者得以盘剥易受诱惑的弱势消费者(Liu, Sockin and Xiong, 2020)。为了突出数字平台面临的广泛治理问题,我们假设所有者可以承诺在 $t=2$ 时的交易费。②

因此,所有者在 $t=1$ 时设定交易费,以最大化其总期望利润:

$$\Pi^E = \sup_{\{c,\delta,s\}} E\left[\int_0^1 (c+\delta U_{i,1})X_i di + \int_0^1 ((1-s)\delta U_{i,2} + s\gamma)X_i di \mid \mathcal{I}_1\right] \quad (4)$$

其中 $\mathcal{I}_1 = \{A\}$ 是 $t=1$ 时所有者的信息集。为简单起见,我们设置的约束条件为所有者仅根据平台的需求基本面 A(在 $t=1$ 时观察到),为所有用户设定相同的入场费 c 和交易费 δ。③ 在 $t=2$ 时,所有者选择破坏行为 $s \in \{0,1\}$,以实现利润最大化:

$$s = \arg\max \int_0^1 (\delta U_{i,1}(1-s) + \gamma s)X_i di \quad (5)$$

由于所有者的利润纯粹由平台的需求基本面 A 驱动,因此所有者的破坏行为也将由 A 决定。

在这种情况下,由于预期所有者会针对 A 的某些价值采取破坏行为,潜在用户更不愿意加入平台。因此,所有者可能倾向于在 $t=1$ 时承诺不采取破坏行为,以便最大化用户群。然而,在股权方案下,这种承诺并不可信。即使所有者最初在 $t=1$ 时宣布其平台章程中的承诺,也无法阻止他在 $t=2$ 时更改章程,就像平台定期更新与用户的服务协议一样。正如我们下面讨论的,如果将平台的控制权分配给用户自己,那么代币方案或可允许平台承诺不采取破坏行为。

---

① 一个方便的假设是平台对用户而言在 $t=2$ 时崩溃,尽管这一假设并非必要。只需要用户的成本 γ 足够高即可。
② 在我们的分析中,所有者可以承诺在 $t=2$ 时的交易费 δ 并不重要。如果所有者在 $t=2$ 时将交易费提高到 100%(即 $\delta=1$)以实现收益最大化,我们的关键论点仍然成立。这是因为破坏行为带来的伤害(γ)不仅是损失全部的交易盈余。
③ 平台可能会根据每个用户的交易需求征收交易费。这种灵活性允许所有者向用户收取更多费用,这反过来又使所有者产生更大的激励补贴用户参与。不过,在我们当前的设定中,由于所有者已经选择了最高补贴,这种灵活性并不影响我们对代币方案和股权方案的定性比较。我们偏好我们的保守设定是因为它简单。

2.用户参与

在 $t=1$ 时，每个用户决定是否加入平台。我们假设用户具有准线性预期效用，并且如果他们选择在 $t=1$ 时加入平台，将获得线性效用增益，等于参与的总固定成本 $c+\kappa$。此外，每个用户需要从每个时间的任何交易中支付其效用盈余 $U_{i,t}$ 的一部分 δ，作为平台的可变费用；而倘若所有者在 $t=2$ 时选择破坏行为，则用户可能遭受 γ 的损失。总之，用户 i 根据下列式子做出参与决策：

$$\max_{X_i \in \{0,1\}} E\big[(1-\delta)(U_{i,1}+(1-s)U_{i,2})-\kappa-c-\gamma s \mid \mathcal{I}_i\big] X_i \quad (6)$$

其中 $\mathcal{I}_i=\{A,A_i\}$ 是用户 i 在 $t=1$ 时的信息集。注意，用户的效用流预期与匹配交易伙伴的不确定性相关。通过采用具有准线性财富的柯布 – 道格拉斯效用函数，用户对于这种不确定性是风险中性的。

因此，用户 i 的参与决策由下式给出：

$$X_i = \begin{cases} 1 & \text{如果 } E\big[(1-\delta)(U_{i,1}+(1-s)U_{i,2})-\kappa-c-\gamma s \mid \mathcal{I}_i\big] \geq 0 \\ 0 & \text{如果 } E\big[(1-\delta)(U_{i,1}+(1-s)U_{i,2})-\kappa-c-\gamma s \mid \mathcal{I}_i\big] < 0 \end{cases} \quad (7)$$

因为用户的预期效用是自身禀赋的单调递增函数，所以无论其他用户的策略如何，对每个用户来说，使用临界值策略（cutoff strategy）都是最优的。这反过来又导致了一种临界值均衡，在这个均衡中，只有禀赋高于临界水平 $\hat{A}^E$ 的用户才会参与平台。这个临界值最终可以作为均衡中的一个不动点解，它使固定参与成本等于边际用户加入平台的预期交易效用。假设所有满足 $A_i \geq \hat{A}^E$ 的用户都加入平台，那么将有 $\Phi(\sqrt{\tau_\epsilon}(A-\hat{A}^E))$ 的潜在用户可能加入平台。

3.均衡分析

我们的模型具有一个理性预期临界值均衡，它要求每个用户和所有者表现出以下理性行为：

• 所有者最优化　所有者在 $t=1$ 时选择两部分收费结构 (c,δ) 以最大化（4）式，在 $t=2$ 时选择破坏行为以最大化（5）式。

• 用户最优化　每个用户在 $t=1$ 时选择 X_i 来求解（6）式中关于是否加入

平台的最大化问题。

命题2总结了股权方案下的均衡状态。

命题2 在股权融资方案下，存在一个具有以下性质的独特临界值均衡。

（a）如果$A > A_*^E$，其中临界值A_*^E由（B.15）式给出，则所有者在$t=2$时不会破坏平台，导致$t=1$时出现如下结果：

- 所有者提供最高的入场补贴，$c = -\alpha\kappa$。
- 所有者将交易费δ设定为（B.12）式给出的值。
- 当A_i大于$\hat{A}_{NS}^E$时，每个用户i采用临界值策略加入平台，其中$\hat{A}_{NS}^E$关于A递减，且是（B.14）式的较小根。

（b）如果$A \in [A_{**}^E, A_*^E]$，其中A_{**}^E由（B.17）式给出，则所有者在$t=2$时破坏平台，导致$t=1$时出现以下结果：

- 所有者提供最高的入场补贴，$c = -\alpha\kappa$。
- 所有者将交易费δ设定为（B.13）式给出的值。
- 每个用户i都遵循临界值策略加入平台，其临界值$\hat{A}_{SV}^E$关于A递减，是（B.16）式的较小根。

（c）如果$A < A_{**}^E$，则在$t=1$时，由于没有用户参与，平台崩溃。

基于需求基本面A的实现，结果存在三个区域：（1）当A高于A_*^E时，出现没有破坏行为的均衡；（2）当A处于中间范围$[A_{**}^E, A_*^E]$时，出现有破坏行为的均衡；（3）当A低于A_{**}^E时，出现平台因为没有用户参与而崩溃的均衡。

随着越来越多的用户加入平台，更大的用户群为每个用户创造了更多与其他用户匹配的机会，这反过来又使所有者获得更多的交易费。股权现金流激励所有者将网络效应内部化并补贴入场费，以最大限度地提高用户参与度。因此，所有者总是选择最高的入场补贴$c = -\alpha\kappa$来吸引边际用户。这是传统股权方案的一个关键优势。然而，入场补贴上限限制了用户参与度，使之无法达到命题1所示的最优水平。

平台股权还带来了另一个问题：如果交易费足够低，所有者可以选择利用其控制权来操控平台。更具体地说，如果平台的需求基本面A低于临界值A_*^E，则所有者在$t=2$时选择破坏行为，如命题2中的（b）所述。由于预期到破坏行为和由此对用户造成的损害，潜在用户不愿意在$t=1$时加入平台。他们的抗拒迫使所有者降低交易费，但尽管费用降低了，用户的平台参与度仍然低于没有破坏行为时的水平。以下命题证明了这种由所有者缺乏承诺引起的后果。

命题3 在股权方案下，当发生破坏均衡时，即当 $A \in [A_{**}^E, A_*^E]$ 时，用户参与、所有者利润和社会盈余全都随着用户虐待程度 γ 的增加而降低，而平台崩溃的临界值 A_{**}^E 则随着 γ 的增加而提高。

命题3表明，在没有承诺的情况下，随着 γ 的增加，用户参与、所有者利润和社会盈余都较低，并且更容易发生崩溃。因此，破坏行为会对股权方案的性能（performance）产生负面影响。本质上讲，破坏行为给用户施加了额外的参与成本，这种成本随着 γ 的增加而加大。直觉上看补贴入场是最优的选择，它同时也解释了为什么所有者利润会随着 γ 的增加而减少。由于网络效应，总交易盈余大于边际盈余与用户规模的乘积，因此提供入场补贴会产生递增的回报，也就是说，增加参与成本会带来递减的回报。这一命题进而阐明，在网络效应存在的情况下，缺乏承诺对需求基本面相对较弱的平台尤其有害。

四、实用代币

平台所有者在传统的股权方案下缺乏承诺，这推动了人们通过代币化将平台作为一个DAO来实现去中心化。通过赋予用户控制权，代币化使用户能够保护自己免受非用户破坏行为的侵害。我们首先考虑一个基准的代币方案，该方案来源于在实践中很流行的实用代币。具体而言，这种代币方案允许开发者在 $t=1$ 时向用户出售代币来套现，并将平台的操作委托给预编码算法，该算法只有经过代币持有人的批准方可更改。在这一方案下，用户需要购买代币才能加入平台。① 通过在 $t=1$ 时获得代币，用户不仅取得与平台其他用户进行商品

---

① 这一假设与许多实用代币平台上的常见做法一致，即用户需要在钱包中持有代币来完成双边交易。但是，这里存在几个微妙的问题。首先，假设市场流动性允许用户及时购买代币，用户可以等到即将完成交易时才购买。由于所有匹配的用户需要同时交易，所以每个用户在交易时都必须持有一个代币。那么，所有用户必须在交易时而不是在加入平台时持有一个代币，会导致代币的总需求量下降，但不会从实质上改变我们模型的关键见解。其次，因为在我们的模型中，每个用户都需要在每个时间进行一次交易，所以没有人会选择购买多个代币。于是，加入平台的用户将每人购买一个代币。最后，在实践中，用户可能需要在一段时间内进行多笔交易，因此必须持有多个代币。允许用户拥有不同数量的交易需求仍然有可能改变用户对代币的总需求量，但不会从实质上改变我们在分析中得出的推论。

交易的特权，还获得在 $t=\{1, 2\}$ 时对平台相关问题投票的权利。这样，实用代币将控制权赋予持币人。然而，与股权不同的是，实用代币并不将平台利润的现金流权利赋予持币人。我们假设，代币持有人之间需要获得多数票才能通过决定，并且这可以在用户之间没有冲突的情况下完成。由于代币持有人永远不会同意采取破坏行为来伤害自己，所以这一代币方案使平台能够承诺不诉诸破坏行为。

实用代币方案体现了去中心化的理念，这是诸如Filecoin、Tezos和Decred等众多去中心化加密平台的基础。[1] 去中心化不仅带来不剥削用户的承诺，而且使所有者与平台利润没有利害关系，因而也没有激励补贴用户参与。相反，代币方案下的边际用户除了需要支付私人参与成本外，还要在进入时购买代币。缺乏入场补贴意味着代币方案无法实现最优均衡要求的用户充分参与。不过，代币方案可以作为平台预先承诺不剥削用户的折中办法。

需要注意的是，如果没有现金流权利，在我们的设定中，非用户就没有激励购买实用代币。在动态环境下，投机动机（即对未来价格升值的预期）也可能会吸引一些非用户持有实用代币。不过，使用平台服务的便利性是持有实用代币的主要动机。[2] 而实用代币方案的简洁性使之特别适用于凸显去中心化带来的上述权衡。在第五节里，我们将研究一种混合方案，该方案允许平台向代币持有人收取费用和支付股息，第六节分析实施共识协议引发的问题。在这些另类设定中，现金流权利可能导致代币投资者和验证者等非用户人群控制平台，继而重新引入承诺问题。

---

[1] 虽然我们着重关注原型实用代币方案，但实践中其实存在不同程度的去中心化和代币化。例如，CoinCheckup.com从社区与赞助组织或关键个人管理平台的角度，将区块链平台的治理结构分为四类：集中式分层、集中扁平化、半集中化和去中心化。这些治理结构的差异对平台的性能有重大影响。不过，使用这个分类系统，Chen, Pereira and Patel（2020）发现平台的去中心化程度与其市值之间存在U形关系。

[2] 在早期版本中，我们研究了允许代币重新交易的动态设定，另参见Cong, Li and Wang（2021）。在理性预期下，尽管代币价格升值为持有代币提供了额外的回报来源，但它只支付了加入平台的部分有效成本。因此，即使有再交易价值，买家仍然必须支付代币价格，并且只能通过预期的代币价格升值来回收部分投资。所以我们的关键见解是，即便代币具有再交易价值，代币化也会导致平台补贴不足。当买家对未来代币价格升值有不同看法时，这个问题变得更加微妙。现实的卖空限制使代币买家更加乐观，这可能会导致不乐观的用户退出平台。除阻碍用户的充分参与（即最优结果）外，乐观的代币买家可能还是将代币视为投资的非用户。正如我们在第四节中讨论的，当向代币持有人支付现金流时，现金流诱导的非用户购买代币可能会重新引发承诺问题，因为他们的利益与用户不同。当乐观信念而不是现金流回报诱使非用户投资代币时，这一观点同样适用。

开发者选择 在代币方案下，开发者在 $t=1$ 时可以简单地选择设置代币价格 P，以最大限度地获得代币发行的收益：

$$\Pi^T = \max_P \int_0^1 P X_i(\mathcal{I}_i) di$$

其中代币价格 P 对每个用户加入平台的决定产生不利影响。因此，开发者面临较高的代币价格和较小用户群之间的权衡。

用户参与 与股权方案类似，在 $t=1$ 时，每个用户评估他与平台另一匹配用户的预期交易盈余是否足以支付参与成本，从而选择是否加入平台，参与成本现在是固定成本和购买代币的费用：

$$\max_{X_i \in \{0,1\}} E\left[U_{i,1} + U_{i,2} - \kappa - P \mid \mathcal{I}_i\right] X_i$$

根据基于实用代币的方案，用户不会面临任何破坏风险或交易费，但需要在入场时支付代币成本。

均衡 实用代币方案下的均衡与前面定义的类似，开发者最大化自己的收益，各个用户做出最优参与决策。我们用下面的命题概括这一均衡。

命题4 根据实用代币融资方案，如果 $A < A_{**}^T$，其中 A_{**}^T 由（B.20）式给出，则由于没有用户参与，平台崩溃；而如果 $A \geq A_{**}^T$，则存在具有以下性质的临界值均衡：

（a）每个用户 i 在购买代币加入平台时都采用临界值策略

$$X_i = \begin{cases} 1 & \text{如果 } A_i \geq \hat{A}^T \\ 0 & \text{如果 } A_i < \hat{A}^T \end{cases}$$

其中 $\hat{A}^T$ 由（B.19）式的较小根给出。

（b）代币价格 P 为

$$P = e^{(1-\eta_c)\tau_\varepsilon^{-1/2} z^T + A + \frac{1}{2}\eta_c^2 \tau_\varepsilon^{-1}} \Phi\left(\eta_c \tau_\varepsilon^{-1/2} - z^T\right) - \kappa \tag{8}$$

其中 $z^T = \sqrt{\tau_\varepsilon}\left(\hat{A}^T - A\right)$。

由于实用代币方案建立的去中心化防止了平台在 $t=2$ 时采取破坏行为，因此命题4证实不存在破坏均衡。相反，如果平台的需求基本面 A 高于均衡临界值 A_{**}^T，则存在无破坏均衡，低于临界值，则平台崩溃。

（8）式中的代币价格 P 由边际用户参与平台的意愿决定。相比之下，股权方案下的股权价格由向普通用户收取的交易费决定，根据网络效应的性质，普通用户从参与平台中获得的收益大于边际用户。这一对比有几个重要的含义。首先，较之股票发行，代币发行作为融资渠道效率较低。其次，代币价格的决定因素与股权价格不同，而且由于平台的网络效应，代币价格的波动性特别大。[①]

以下命题从若干维度比较了代币方案的性能与股权方案的性能。

命题5 与股权方案相比，

（a）对于给定水平的 γ，如果平台需求基本面 A 足够高，则实用代币方案会导致用户参与度、开发者利润和社会盈余降低。

（b）对于给定水平的 A，如果用户虐待程度 γ 足够高，则实用代币方案会导致用户参与度、开发者利润和社会盈余提升。

命题5反映了实用代币方案去中心化引发的权衡。一方面，去中心化允许平台承诺不剥削用户；另一方面，去中心化导致所有者完全没有激励去补贴用户参与以最大化网络效应。如果以模型参数 γ 衡量的对平台剥削用户的担忧足够高，去中心化的好处就会更大。相反，如果平台的需求基本面足够强，对平台承诺问题的担忧并不严重，则所有者补贴用户参与并最大化网络效应的好处更大。

将我们的模型与DAOs关联起来，去中心化对DAO参与者的重要性可以从其广告素材和网站上对其治理结构的明确讨论中得到证明。例如，Decred和MakerDAO详细描述了代币持有人如何参与平台社区新近提案的讨论并对提案的实际实施进行投票。然而，补贴用户参与以最大化平台网络效应的重要性（例如参见Rochet and Tirole，2006）使代币化的成本对于DAOs尤其高昂。因为没有所有者，这类平台往往诉诸铸币税来提供补贴。铸币税的作用是通过代币通胀从现有代币持有人手中获取转移支付。例如，比特币提供了可观的区块奖励，并按照预定的时间表随时间推移而减少，以促进工作量证明验证者对比特币的早期使用。ShapeShift则致力于随机空投FOX代币，奖励持有代币的用户并提供交易回扣。与亚马逊和谷歌等集中式平台提供的免费或折扣服务相比，这种补贴方案并不完美。下一节将研究通过现金流补贴代币持有人的更直接的方案。

[①] 我们研究了代币价格的动态特性，这是由边际用户的支付意愿决定的，参见Sockin and Xiong（2020）。这些属性有助于解释研究人员广泛记录的代币回报可预测性模型，参见Liu and Tsyvinski（2021），Liu, Tsyvinski and Wu（2022），Hu, Parlour and Rajan（2019），Li and Yi（2018），以及Shams（2019）。

股权代币和实用代币之间的选择 在 $t=0$ 时，开发者选择股权代币或实用代币方案为平台融资，继而在 $t=1$ 时，平台的需求基本面 A 变得公开可见。开发者一般根据他对 A 的先验信念分布做出这个选择，该分布由累积分布函数（CDF）$G(A)$ 参数化。考虑到实用代币方案相对于股权方案引发的权衡，直观上看，当开发者的先验信念认为 A 较弱时，他会选择前者，下述命题形式化地证明了这一点。

命题6 考虑关于平台的需求基本面的两个先验分布，G 和 $\hat{G}$，满足 $G > \hat{G}$（在一阶随机占优的意义上）。如果开发者在 G 下采用实用代币方案，那么在 $\hat{G}$ 下也会采用该方案，并且开发者选择实用代币方案的先验分布集以 γ（弱）递增。在先验分布 $G(A) \sim N(\bar{A}_G, \tau_A)$ 为正态分布的特殊情况下，如果 $\bar{A}_G \geqslant \bar{A}^c(\gamma)$，开发者选择股权方案，否则选择实用代币方案。

命题6揭示了一个明确的推论：实用代币方案更可能被需求基本面相对疲软的平台采用。开发者对能够实现平台的需求基本面所赋予的先验概率越低，就越有可能采纳实用代币方案。这一观点符合一个初步的观察结果，即近年来，许多较早期开发阶段的平台往往采用代币方案而非传统的股权方案。

命题6主要基于股权价格和代币价格之间存在的显著差异。在平台所有者没有破坏行为的情况下（譬如当 A 足够强时），股权方案下的股权价格取决于向平台所有用户收取的总交易费。虽然交易盈余在不同用户池中并不相同，但总交易费由用户池的规模乘以按比例向平均用户收取的费用确定。换言之，股权价格最终由平台平均用户的交易盈余决定。相比之下，实用代币方案中的代币价格取决于平台边际用户的无差异条件，因此，代币价格等于边际用户的交易盈余。在网络效应存在的情况下，边际用户的交易盈余低于平均用户的交易盈余。实用代币方案中的这种代币价格特性导致开发者为平台融资的兴趣降低，除非对破坏行为的担忧足够强烈，此时平台的利润更高，并且在实用代币方案下，基本面的临界水平较低时平台会发生崩溃。

命题6的关键预测是，代币化对需求基本面相对疲软的平台颇具吸引力。与这一观察结果相契合，若干学者（Howell, Niessner and Yermack, 2020; Benedetti and Kostovetsky, 2018; Fisch, 2019）论证了ICO收益的偏斜分布，其中，相对较少的ICO取得了巨大成功，而很多ICO不是失败就是只筹集了少量资金。本尼迪特和科斯托韦茨基（Benedetti and Kostovetsky, 2018）在研究交易所二级市场交易前的代币回报时,发现了偏斜分布的证据。① 如果可以衡量代币化平台的需求基本面A,也可以更直接地检验我们的预测。我们的理论表明,基于用户平均便利收益(convenience yield)的总交易费是一个可靠指标。鉴于许多加密代币持有人拥有代币的目的是投机而非使用,通过用户数量或独特钱包衡量平台性能也许是错误的。

我们注意到,本文的分析存在两个微妙的问题。首先,在分析中,承诺问题导致开发者在ICO后保留零股权。然而,逆向选择之类的考虑因素或可产生其他机制,促使开发者保留一些代币以显示平台的质量。因此,开发者在实践中保留代币的事实,不会削弱承诺问题在平台治理中的重要性。

第二个更微妙的问题涉及使用分阶段或分级代币销售来补贴用户参与。具体地说,开发者可能会使用分级定价表,首先吸引重度用户并向他们收取较高的代币价格,然后通过收取较低的价格吸引轻度用户。这种规划有效地为轻度用户提供了补贴。然而,出于若干原因,这项补贴计划并不可行。首先,开发者很难区分重度用户和轻度用户(以及投资者),因为货币激励容易诱使用户操控自己的交易活动。其次,根据科斯的理论,代币是耐久品,如果平台不能将价格较低的代币限制在轻度用户手中,将会失去向重度用户收取高价的能力。最后,即使开发者设计出高效的菜单和分期付款时间表来充分补贴轻度用户,这一方案也仅适用于平台开发的初期阶段,因为去中心化代币平台推出后,开发者将无法继续使用该方案吸引新用户以最大化网络效应。

五、股权代币

尽管实用代币方案将平台的控制权交给用户,但它不收取任何交易费,它本可以借此向重度用户收取交易费,交叉补贴边际用户的参与。这种额外的去中心化成本激发了结合股权和实用代币特征的混合方案。在本节中,我们考虑一种混合方案:它允许平台向用户收取交易费,并将它作为股息支付给代币持有人。因此,持币人不仅有权获得平台上的交易服务,还可以从平台获得现金

---

① 诚然,在此期间,担心美国证券交易委员会的监管和可能的监督也许影响了企业家在股权和代币融资之间的融资决策。尽管这可能阻止了一些企业家发行代币,但目前尚不清楚这是否会对较强或较弱的项目产生不同影响。此外,随着加密货币社区不断制定关于ICO透明度的最佳实践,这类担忧将逐渐变得无足轻重。

流,而后者通常与股权相关。虽然这种混合方案不属于我们对代币的规范定义,但为了便于阐释,我们将其称为股权代币方案。应该清楚的是,这种股权代币方案需要比上一节分析的实用代币方案有更广泛的契约空间。

股权代币的现金流为补贴边际用户提供了渠道。然而,这种现金流也可能激励非用户购买股权代币作为金融投资。鉴于这两个潜在影响,我们将分两个步骤探讨股权代币方案如何影响平台。我们首先分析当没有投资者时,所有者向用户发行股权代币的情况,投资者可能会出于投资动机购买代币。有趣的是,通过交叉补贴边际用户,股权代币方案能够实现最优结果,并允许所有者通过代币销售提取全部交易盈余。接着,我们分析股权代币的现金流吸引没有交易需求的投资者也获得代币的情况。令人关注的是,投资者的存在重新引发了承诺问题,因为投资者可能会选择采取以牺牲用户利益为代价的破坏行为。

1. 没有投资者的情形

具体来说,在 $t=1$ 时,平台开发者以价格 P 向用户发行股权代币,并可能按比例支付 χN 的成本以保留 N 代币的股权,可以将它视为 $\chi > 0$ 的机会成本。开发者在 $t=0$ 时把交易费设定为 $\delta_T \geq 0$,以实现利润最大化。也就是说,开发者通过设置交易费 δ_T、代币价格 P 和 N 代币的保留策略从而最大化其利润:

$$\Pi^{ET} = \max_{\delta_T, P, N} \int_0^1 P X_i(\mathcal{I}_i) di + \frac{N}{N + \int_0^1 X_i(\mathcal{I}_i) di} \int_0^1 (\delta_T U_{i,1} + (1-s)\delta_T U_{i,2} + s\gamma) X_i(\mathcal{I}_i) di - \chi N$$

(9)

在 $t=2$ 时,代币持有人可以通过多数投票决定是否修改交易费,以及是否采取破坏行为将用户数据出售给第三方。

有趣的是,这种股权代币方案能够实现最优结果。其关键机制是,股权代币的支付可以作为从高禀赋用户向低禀赋用户的转移支付,从而补贴低禀赋用户的参与,它类似于命题1概述的收入中性方案。具体地说,在 $t=1$ 时,开发者选择在平台上设置100%的交易费,那么在 $t=2$ 时,继续支付这笔费用同样符合大多数用户的利益。我们的一个明确假设是,平台在为用户提供匹配服务方面是独一无二的。因此,即便是高禀赋用户也愿意接受高昂的交易费以参与平台。①

---

① 应该明确的是,放宽这一假设将导致交易费降低,从而减少从高禀赋用户向低禀赋用户的转移支付。尽管如此,这一转移支付也有助于补贴低禀赋用户的平台参与。

通过这笔交易费，平台收集所有交易盈余，并将盈余重新分配给所有用户。由于低禀赋用户获得的代币偿付高于他们支付的交易费，这项转移支付有助于克服股权方案下入场补贴上限带来的限制。

上述股权代币方案能够实现命题1概述的最优均衡。如果平台的需求基本面高于A_*^{FB}，则平台有充分的用户参与，开发者可以通过代币销售提取全部交易盈余。如果平台的需求基本面低于临界值，则平台崩溃，因为它没有产生任何社会盈余。命题7详细总结了这种均衡。

命题7 在基于股权代币的融资方案下，存在具有以下性质的独特均衡：

（a）如果$A \geq A_*^{FB}$，其中临界值A_*^{FB}在命题1中给出，则平台实现最优结果，开发者获得最优社会盈余作为其收入。

• 在$t=1$时，开发者将代币价格设置为：

$$P = e^{A+\frac{1}{2}\left((1-\eta_c)^2+\eta_c^2\right)\tau_\epsilon^{-1}} - \kappa$$

即等于最优社会盈余，在平台上持有零股权，$N=0$，并设置交易费$\delta_T = 100\%$。

• 所有用户在$t=1$时加入平台。

• 在$t=2$时，用户通过多数投票维持交易费$\delta_T = 100\%$，而且绝不选择破坏行为。

（b）如果$A < A_*^{FB}$，则在$t=1$时平台因没有用户参与而崩溃。

在命题7描述的均衡中，开发者通过不保留任何代币来预先承诺不破坏平台，因此，他没有能力在$t=2$时破坏平台。在这种情况下，开发者不保留代币是一种承诺手段，而不是道德风险或项目质量的信号。因此我们的分析表明，在没有投资者的情况下，股权代币不仅改善了传统的股权，而且可以在平台上实现最优结果。

2.有投资者的情形

到目前为止，我们忽略了一个事实，即与股权类似，出售支付现金流的股权代币会刺激非用户购买股权代币作为投资。相比之下，囤积实用代币的动机并不存在，因为它们只提供交易收益，只需要一个代币即可参与平台。如果出现能够获得足够数量股权代币的非用户，可能会再次引发承诺问题，尽管形式上可能有所改变。

为了说明这一点，假设有一个风险中性的大型外部投资者，他没有从平台中获得交易收益，而是可以通过购买股权代币来收取股息。由于投资者不使用平台，不会产生参与成本 κ [①]，所以在 $t=1$ 时，投资者购买 n 代币以最大化其利润：

$$\Pi^I = \max_{n \geq 0} \frac{n}{n+N+\int_0^1 X_i(\mathcal{I}_i)di} \int_0^1 \left(\delta_T U_{i,1}+(1-s_I)\delta_T U_{i,2}+s_I\gamma\right)X_i(\mathcal{I}_i)di - nP \quad (10)$$

假设给定代币价格 P、交易费 δ_T 和开发者股权 N，这些都由开发者选择。请注意，$\int_0^1 X_i(\mathcal{I}_i)di = \Phi(-z_I^{ET})$ 是用户群的规模。为了补贴边际用户的参与成本，代币价格 P 必须低于代币的现金流。因此，投资者购买代币会带来正的收益。此外，当 $n/\left(n+N+\Phi(-z_I^{ET})\right)$ 是 n 的递增凹函数时，（10）式中的投资者最优方案也是 n 的凹函数。

在 $t=2$ 时，如果份额足够大，投资者可以投票采取破坏行为 $s_I \in \{0,1\}$ 以修改平台，并将用户数据出售给第三方。例如，投资者可以更改平台的服务条款，并利用关于用户的特权信息获取区块链交易，以进行广告定位。[②] 这种基于（股权）代币持有的去中心化投票治理机制，与当前实践中执行的方案一致，包括 MakerDAO 和 Kyber 上的方案。如果投资者投票出售用户数据，$s_I=1$，则破坏行为从每个用户那里剥夺 γ 的价值，代价是在 $t=2$ 时阻止平台上的所有交易；由于投资者不使用平台做交易，所以该行为不会损害投资者。收益 γ 将作为股息支付给所有代币持有人，以代替 $t=2$ 时的交易费。由于用户失去了交易收益，只能以股息形式获得一小部分收入，他们在出售数据的情况下损失惨重，所以总是会投票反对破坏行为。

具体而言，在 $t=2$ 时，投资者获得平台股息的比例为 $n/\left(n+N+\Phi(-z_I^{ET})\right)$，而股息为 $\frac{1}{2}\delta_T U$，其中 U 是总交易盈余，这是无破坏行为的情形；如果有破坏行为，则是 $\gamma\Phi(-z_I^{ET})$。因此很明显，如果满足以下条件，则投资者将会破坏平台：

[①] 尽管假设投资者规模很大便于我们的分析，但这样的假设并不必要。我们的关键见解是，投资者的存在重新引发了实用代币帮助缓解的承诺问题，即使有连续的竞争投资者，这一观点仍然有效。

[②] 基于加密货币的平台除了记录链上交易的信息外，还经常收集用户信息。例如，Aragon 需要一个电话号码或电子邮件来注册和登录，而 ShapeShift 则记录交易历史。

$$\gamma\Phi\left(-z_I^{ET}\right) > \frac{1}{2}\delta_T U \tag{11}$$

因此，投资者的存在可能会重新引发承诺问题。

开发者再次最大化其利润

$$\Pi_I^{ET} = \max_{P,\delta_T,N} P\left(n + \Phi\left(-z_I^{ET}\right)\right) + N\frac{\int_0^1 \left(\delta_T U_{i,1} + (1-s_I)\delta_T U_{i,2} + s_I\gamma\right)X_i(\mathcal{I}_i)di}{N + n + \int_0^1 X_i(\mathcal{I}_i)di} - \chi N \tag{12}$$

给定投资者的股权 n 和破坏策略 s_I。与命题7中描述的均衡一样，我们可以证明开发者不会保留任何代币，即 $N=0$。因此，投资者将需要持有大部分代币，以投票反对用户从而破坏平台。

为方便起见，我们将代币价格表示为

$$P \equiv \frac{\frac{1}{2}\delta_T U + (1-s_I)\frac{1}{2}\delta_T U + s_I\gamma\Phi\left(-z_I^{ET}\right)}{n + N + \Phi\left(-z_I^{ET}\right)} - s_I\gamma + p_I^{ET}$$

它是代币支付的股息、用户为破坏行为承担的成本和 p_I^{ET} 的总和，p_I^{ET} 代表边际用户的价格折扣或溢价。由于边际用户对是否获取代币保持中性，p_I^{ET} 等于他的预期交易收益和参与成本的净额。当选择代币价格 P 以最大化（12）式中的利润时，开发者需要设置价格折扣 $p_I^{ET} < 0$ 以最大化用户参与。

然而，平台开发者在 $t=1$ 时出售代币，此时无法区分投资者和用户。因此，投资者可能会持有股权，这反过来转移了对平台用户的补贴，从而损害用户参与。此外，投资者也许会受激励购买多数股权，从而获得平台的控制权。如果出现这种情况，投资者在 $t=2$ 时成为平台的实际所有者，倘若满足（11）式中的条件，投资者将选择采取破坏行为。命题8表明，如果平台的需求基本面 A 足够弱，这种情况就会发生。

命题8 在拥有大型投资者的股权代币融资方案下，存在以下性质的均衡：

（a）在 $t=1$ 时，开发者保留0代币，$N=0$，并设置最优交易费 δ_T 和代币补贴 p_I^{ET}，分别满足（B.33）式和（B.32）式。

（b）投资者的最优股权 n 为

$$\frac{n}{\Phi\left(-z_I^{ET}\right)} = \sqrt{\frac{\frac{1}{2}\delta_T U + (1-s_I)\frac{1}{2}\delta_T U + s_I\gamma\Phi\left(-z_I^{ET}\right)}{P\Phi\left(-z_I^{ET}\right)}} - 1 \tag{13}$$

（c）当平台的需求基本面 A 足够弱时，投资者获取大部分代币并破坏平台。

（d）开发者的利润、代币价格和用户参与度均低于没有投资者的情形。

命题8表明，虽然允许股权代币支付股息可以在仅包含开发者和平台用户的情况下实现最优结果，但股权代币的现金流为外部投资者购买代币作为投资提供了激励。因此，承诺问题再次出现。具体来说，当平台的需求基本面足够弱时，投资者将持有多数股权，并选择破坏平台。

有趣的是，由于破坏行为会降低代币价格和交易费继而减少利润，所以开发者有激励预先承诺不保留代币。然而，对破坏行为的预期也会导致代币价格下滑，进而加剧投资者的承诺问题，因为破坏行为会降低用户的参与度，使投资者能以更低的成本获得大部分代币股权。

综上所述，尽管允许股权代币收取交易费有助于解决用户参与补贴不足的问题，但由于在一部分情况下会吸引代币投资者控制平台，它重新引发了承诺问题。这一结果强调，从实用代币中移除现金流权利是一个重要手段，这样可以确保控制平台的是用户，而不是外部利益相关者，比如股权持有人和股权代币投资者，后者的存在终将带来承诺问题。在实践中，对于（比特币以外的其他）加密货币和实用代币，代币在二级交易所的可再交易产生了一个重要的投机激励。马卡洛夫和肖尔（Makarov and Schoar，2021）的研究提供了与比特币平台货币所有权高度集中相关的交易证据。

股权代币的主要缺点是，平台的开发者和预编码治理算法无法区分哪些代币持有人是用户，哪些是投资者。根据用户所持股权对用户偏好赋以权重的治理协议可能无法解决这一问题，因为代币也是一种投机性投资，因此，代币持有人的股权不必与他对平台的使用关联。然而，以利益相关者的平台参与度（即使用证明）来衡量利益相关者的治理（以及潜在的共识验证）机制，或许能够通过股权代币实现对用户参与的补贴，同时通过去中心化保护用户。由于用户是分散的，可以拥有多个账户或钱包，而投资者可以伪造平台活动，所以要克服这种严重的信息不对称问题，可能需要收集大量代币持有人数据，或者需要在测算参与度方面进行复杂的激励兼容设计。我们的分析表明，用户为使用平台服务而支付的费用（对于非用户，伪造的成本相对更高）可能是这类方案的组成要素之一，并警示不应该采用 MakerDAO 和 Kyber 的做法，按照利益相关者持有的股权来赋予利益相关者权重。

六、共识记录保持

到目前为止,我们一直假设去中心化代币平台上保持的是无摩擦记录,但在实践中,代币化需要一个共识协议来维持平台的区块链。实施这种共识协议需要向一群非用户提供现金流权利,以激励他们验证交易并维护平台的安全。这种协议的突出例子包括:在工作量证明协议中,矿工解决复杂的计算难题,向区块链添加区块,以换取交易费和铸币税;在(委托)权益证明协议中,算法随机选择权益持有者,并根据其持有的权益添加区块,以换取交易费。虽然这些协议在实践中成功实施,但它们也制造了传统平台所没有的新摩擦。[①] 在本节中,我们将展示这类共识协议如何通过向外部验证者分配现金流权利和控制权,从而重新引发承诺问题。

我们假设平台在第四节所述的基准实用代币设定下运行,用户在两个时间内完成交易,开发者在 $t=1$ 时出售代币。用户依然根据临界值规则自行做出选择,如果 $A_i \geq \hat{A}_{TC}$,则有 $\Phi\left(\sqrt{\tau_\epsilon}\left(A-\hat{A}_{TC}\right)\right)$ 的用户在 $t=1$ 时加入平台。然而,现在每个时间的交易都必须由收取交易费以最大化其收入的验证者完成。

有一群潜在的验证者,他们每人都有成为验证者的固定成本,即 $\eta \geq 0$。验证者 j 记录平台区块链上的交易,以换取时间 t 的交易费 $\delta_{T,j}\frac{1}{2}U\left(\hat{A}_{TC}\right)$,其中 $\delta_{T,j}$ 由每个验证者设置,$\frac{1}{2}U\left(\hat{A}_{TC}\right)$ 是用户遵循具有临界值禀赋 $\hat{A}_{TC}$ 的临界值策略时,在给定期间的总交易盈余。[②] 除了设置交易费,验证者还通过按照线

[①] 譬如,有了工作量证明,矿工可能有激励策略性地攻击区块链(例如Chiu and Koeppl, 2017; Budish, 2018; Pagnotta, 2022)或岔开区块链(例如Biais et al., 2019; Saleh, 2021),而且由于拥堵,其采用范围存在潜在的经济限制(例如Easley, O'Hara and Basu, 2019; Hinzen, Kose and Saleh, 2020; Huberman, Leshno and Moallemi, 2021),这进而导致使用链下交易方案(例如, Bertucci, 2020)。此外,向矿工支付铸币税相当于由用户和其他矿工承担通货膨胀税。作为一种有权限的区块链,权益证明遇到的安全问题较少(例如Fanti, Kogan and Viswanath, 2019; Kose, Rivera and Saleh, 2020),但由于"富者更富"的动态发展(例如Fanti et al., 2019; Rosu and Saleh, 2021)和授权问题(例如Catalini, Jagadeesan and Kominers, 2020),权益持有的集中会带来可扩展性问题。Biais et al.(2021)开发了一个加密货币定价的结构模型,其中包含黑客攻击带来的交易收益和成本,并用比特币数据对收益和成本进行了估算。

[②] 实践中,记录管理员根据用户提交交易时提议的费用,选择将哪些潜在交易添加到下一区块中。我们对这个复杂的拍卖过程采取简化方法,假设验证者设置费用。我们还从静态设置中抽掉铸币块奖励,因为代币没有再交易,因此也没有再交易价值。

性比例成本 ξ 付出工作量 e_j 来竞争交易。他们完成交易的可能性由他们的相对工作量 $e_j / \left(e_j + \sum_{j \neq j} e_j \right)$ 决定。加入平台的验证者在 $t=1$ 时决定其收取的交易费和付出的努力水平。在实践中，验证者是分散且匿名的，因而他们无法合谋。如果没有验证者参与，平台就会失败。

支付了加入平台的固定费用后，在概率 $\lambda \in (0,1)$ 下，其中一个验证者被随机选中（概率相等）作为恶意验证者。① 这个恶意验证者并不验证交易，而是可以在 $t=1$ 时攻击平台的区块链，以侵占每个用户的价值 γ，从而在 $t=2$ 时剥夺所有用户的总价值 $\gamma \Phi \left(\sqrt{\tau_\epsilon} \left(A - \hat{A}_{TC} \right) \right)$；如果不攻击，则他将在这两个时期和其他验证者一起参与验证交易。如果恶意验证者付出超过其他验证者的努力（即至少为 $\sum_{j \neq j} e_j$），并且（为简便起见）摧毁了平台上的所有交易，那么攻击在 $t=2$ 时成功。例如，一种通常所说的"51%攻击"可能是一种"双重支出"攻击，其中验证者创建虚假交易并撤销合法交易，以从欺诈行为中获利。如果攻击的净收入大于交易的诚实验证，则验证者进行攻击是有利可图的。用户在加入平台时就知道是否存在策略性攻击的风险。

设 M 为均衡状态下加入平台的验证者数量，使得用户面临预期的交易费

$$\delta_T = \sum_{j=1}^{M} \delta_{T,j} e_j / \sum_{j=1}^{M} e_j \tag{14}$$

验证者 j 求解最优方案

$$\max \left\{ \left(1 - \lambda \frac{1}{M}\right) V_h + \lambda \frac{1}{M} V_a - \eta, 0 \right\} \tag{15}$$

其中 V_h 和 V_a 分别是诚实验证者和恶意验证者的预期延续价值（continuation value）。接下来，我们构建一个古诺-纳什序贯均衡，它在诚实验证者之间是对称的。

这一验证者框架具有一般性，足可以刻画两种流行共识协议（工作量证明和权益证明）的诸多权衡。在工作量证明中，矿工购买专门的采矿硬件和软件

---

① 我们假设其他验证者无法攻击区块链，因为在我们的静态框架中，成为恶意验证者和诚实验证者的回报通常并不相同。然而在我们的动态模型中，验证者的延续价值将确保在任何时间点上，所有验证者对成为恶意验证者或诚实验证者持中性态度。为简单起见，一如丛林、何治国和李家苏（Cong, He and Li, 2021）以及 Lehar and Parlour（2020）的讨论，我们也忽略了若干验证者将形成一个小群体来争夺交易费甚至攻击区块链的可能性。

来开采加密货币。他们为赢得区块奖励和完成内存池中的交易而提供的计算能力,取决于他们分配给处理器的电力。在我们的模型中,设置一台用于挖矿的计算机代表固定成本,计算能力和电力成本代表工作量。在权益证明协议的情形中,持币人的持币量取决于他在一段时间内未活跃的托管账户中锁定了多少加密货币。持币人被指派根据他们的相对持币量来完成交易以收取费用,交易越多,获得的代币就越多。在我们的模型中,固定成本代表安装必要软件和开设托管账户的成本,而工作量代表验证者持币量的大小。

因为我们的设定主要包含 M 个大型验证者之间的策略互动,所以这种保存记录的博弈可能存在许多均衡。鉴于全面阐释所有可能的均衡过于困难,也并非本文的重点,因此我们只描述两种均衡,以说明关键的概念性见解:一种是"无攻击"均衡,其中不存在策略攻击的风险;另一种是"混合策略攻击"均衡,恶意验证者和诚实验证者在攻击和保护平台区块链时,会混合使用各种水平的工作量策略。以下命题描述了这两种均衡的特征。

命题 9 如果平台的需求基本面 A 足够强,即 $A \geq A_{TC}^*$,则存在无攻击的均衡,并具有以下性质:(i)每个验证者选择相同的最优交易费和工作量

$$\delta_T = -\frac{M}{\frac{\partial}{\partial \delta_T} \log U\left(\hat{A}_{TC}(\delta_T)\right)}$$

$$e = \frac{1}{\xi} \frac{M-1}{M^2} \delta_T U\left(\hat{A}_{TC}(\delta_T)\right)$$

以及(ii)验证者加入平台,直到 $M = \max\{m : v_j(m) \geq \eta\}$,其中 $v_j(m)$ 由网络版附录中的(IA4)式给出。当 $A \leq A_{TCS}^*$ 时,存在一个混合策略攻击均衡,其中:(1)交易费为

$$\delta_{TS} = -\frac{M-1}{\frac{\partial}{\partial \delta_{TS}} \log U\left(\hat{A}_{TCS}(\delta_{TS})\right)}$$

以及(2)根据 CDFs 的 $1 - \pi_a(e_a)$ 和 $1 - \pi_h(e)$,恶意验证者混合使用连续水平的工作量 $e_a \in [\underline{e}_a, \overline{e}_a]$,诚实验证者混合使用工作量水平 $e \in [0, \overline{e}_h]$,如网络版附录中的(IA15)式和(IA18)式所示,策略攻击成功的概率为

$$p_S = \frac{3}{4} \frac{\delta_{TS} U\left(\hat{A}_{TCS}(\delta_{TS})\right)}{\gamma \Phi\left(\sqrt{\tau_\epsilon}\left(A - \hat{A}_{TCS}(\delta_{TS})\right)\right)}$$

命题9表明，在这两个推导出的均衡中，当平台的需求基本面 A 相对较弱时，恶意验证者有激励攻击区块链。A 较弱时，验证者获得的交易费很少，因此不太愿意投入大量努力保护区块链。如果交易费足够低，他们情愿使策略攻击以某种概率取得成功（这一概率会随着他们的集体努力而下降），因此平台容易受到攻击。迄今为止，相对于比特币、以太坊或莱特币，遭受此类攻击的加密货币，包括Feathercoin、Bitcoin Gold、ZenCash、Monacoin 和 Verge（被三次攻击）的市值往往较小。我们的分析表明，作为去中心化平台代币化方案的一部分，赋予验证者控制权和现金流权利，可能会重新引发承诺问题，因为验证者（比如矿工和投机者）的利益与用户的利益并不一致。①

在实践中，人们已经认识到共识协议导致治理不善对平台运行状况的影响。例如，在其最近的业务简报中，支付平台Decred引述了硬分叉造成用户流失对平台网络效应的负面影响，以作为建立强大去中心化治理系统的理由。② 在简报中，Decred团队指出，比特币是这样一个平台范例：其中，工作量证明矿工及其核心开发者集中了重要的控制权，导致其他利益相关者被边缘化、持续引发纠纷，并促使社区因为硬分叉而分裂。马卡洛夫和肖尔（2021）提供了比特币矿工所有权集中度的证据，这一结果并不符合中本聪（Satoshi，比特币的开发者兼创始人）关于竞争性匿名挖矿的构想。Decred实现了工作量证明和权益证明的混合共识协议，专门用于避免平台治理在验证者之间的集中化。③

七、结论

本文构建了一个模型，以探究通过代币化实现线上平台的去中心化问题，这是解决平台与用户之间利益冲突的创新方法。通过一组预编程的智能合约将控制权委托给用户，代币化充当了一种承诺工具，以防止平台剥削其用户。我们的分析表明，这种承诺的代价是，拥有股权的所有者没有激励补贴用户参与

---

① 一个相关的概念是Abadi and Brunnermeier（2018）论述的区块链三难困境，这个概念指出，数字记录保存系统不可能同时实现资源高效、自给自足和免租金。
② 参见Decred的商业简报：https://decred.org/brief/。
③ 在Decred上，拥有足够大份额的DCR代币持有人暂时将其代币锁定在彩票系统中，从而对平台的变更进行链上和链下投票。

从而最大化平台的网络效应。即使实施共识协议以实现去中心化并不会重新使用户和验证者发生冲突摩擦，这种成本也是存在的。因此，通过代币化实现去中心化导致了坚守承诺和补贴用户参与之间的根本权衡。这种权衡意味着，就所有平台的融资而言，实用代币可能并不总是优于股权。具体来说，实用代币对需求基本面弱的平台更具吸引力，因为这类平台往往存在更严重的剥削用户问题。

除了典型的实用代币方案外，我们还分析了一种混合股权代币方案，该方案允许平台向用户收取交易费，并将它作为股息支付给代币持有人。有趣的是，如果不存在把获得的代币仅仅作为投资的投资者，股权代币方案可实现最优均衡，因为股权代币的现金流充当了重度用户对轻度用户的补贴，提高了用户参与度。不过，这种现金流也激励没有交易需求的投资者购买代币作为投资。投资者的存在转移了对用户的补贴，从而减少了用户的参与。更重要的是，当平台的需求基本面足够弱时，投资者甚至可能持有多数股权以夺取平台的控制权。结果，投资者对平台的控制重新引发了以代币化方式去中心化旨在克服的承诺问题。

我们的分析比较了具体的融资方案，进而提炼出解决平台与用户冲突的最优融资机制设计。这一机制设计必须基于为达成区块链共识而形成的最优实施协议的背景，但正如本文的分析所示，这个问题在文献中仍未得到解决，并可能重新引发承诺问题。[①] 不过，我们的研究强调了一种高层次的权衡，可以为相关的最优设计提供启发，而传统的控制权和现金流权利安排无法轻易解决这一权衡。首先，代币从平台中攫取价值的效率低于股权，因为代币价格基于边际用户的便利收益，股权则基于普通用户通过平台获得的交易费收入。其次，尽管用户永远不会采取破坏平台的行为来损害自身利益，但就个人而言，他们没有激励去补贴其他人参与平台，尽管这是社会最优状态。最后，如果代币除了控制权之外还携带现金流权利，用户或外部人士可能有激励去积累代币从而集中控制平台，这将重新引发承诺问题，尤其是在代币价格很低且平台容易被破坏的情况下。

---

① 例如，最优设计可能涉及去中心化的混合模型，比如参见丛林、李晔和王能（Cong, Li and Wang, 2022），其中平台所有者通过积极的代币货币政策管理平台的运营和发展。

附录A　商品交易的微观基础

在本附录中，当两个用户于时间t在平台上匹配时，我们对他们之间的商品交易进行了微观分析。鉴于所有对象都在时间t，我们省略时间下标以缩减符号。假设用户i在预算约束下，通过与其交易伙伴即用户j进行交易来决定其消费需求$\{C_i, C_j\}$，从而实现效用最大化，

$$U_i = \max_{\{C_i, C_j\}} U(C_i, C_j; \mathcal{N}) \quad (\text{A.1})$$

$$\text{使得 } p_i C_i + p_j C_j = p_i e^{A_i}$$

其中p_i是商品的价格。类似地，用户j针对其交易策略来求解对称的效用最大化问题。我们为两个交易伙伴所交易的每种商品进行市场清算：

$$C_i(i) + C_i(j) = e^{A_i} \text{ 和 } C_j(i) + C_j(j) = e^{A_j}$$

最后，我们假设用户之间存在竞争，并按照给定的价格购买商品。

命题A1　用户i的最优商品消费为

$$C_i(i) = (1-\eta_c)e^{A_i}, \quad C_j(i) = \eta_c e^{A_j}$$

其商品的价格是：

$$p_i = e^{\eta_c(A_j - A_i)}$$

用户i在$t=1$时的预期效用收益由下式给出

$$E\left[U(C_i, C_j)\big|\mathcal{I}_i\right] = e^{(1-\eta_c)A_i + \eta_c A + \frac{1}{2}\eta_c^2 \tau_\varepsilon^{-1}} \Phi\left(\eta_c \tau_\varepsilon^{-1/2} + \frac{A - \hat{A}}{\tau_\varepsilon^{-1/2}}\right)$$

所有用户在观察到其商品禀赋之前的事前效用收益为

$$U = e^{A + \frac{1}{2}\left((1-\eta_c)^2 + \eta_c^2\right)\tau_\varepsilon^{-1}} \Phi\left((1-\eta_c)\tau_\varepsilon^{-1/2} + \frac{A - \hat{A}}{\tau_\varepsilon^{-1/2}}\right) \Phi\left(\eta_c \tau_\varepsilon^{-1/2} + \frac{A - \hat{A}}{\tau_\varepsilon^{-1/2}}\right)$$

命题A1表明，每个用户将其禀赋的一部分$1-\eta_c$用于消费自己的商品$C_i(i)$，一部分η_c用于消费交易伙伴的商品$C_j(i)$。每种商品的价格由它相对于另一种商品的禀赋决定。当一个用户拥有较大的禀赋时，另一个用户的商品就更有价值，因此，每个用户在做出决定时都需要考虑其交易伙伴的禀赋。该命题表明，用户在平台上的预期效用不仅取决于自己的禀赋e^{A_i}，还取决于其他用户的禀赋，后者来自用户效用函数的互补性。

附录B　证明

命题1的证明　我们考虑一个社会规划者，他在平台上最大化功利主义的社会盈余，即时间1和时间2的总交易收益，减去用户加入平台而支付的固定成本：

$$\begin{aligned}W &= \sup_{X_i\in\{0,1\}} E\left[\int_0^1 (U_{i,1}+U_{i,1}-\kappa)X_i di \mid \mathcal{I}_1\right] \\ &= \sup_{X_i\in\{0,1\}} E\left[\int_0^1 \left(e^{(1-\eta_c)A_i} E\left[e^{\eta_c A_j}\mid \mathcal{I}_i\right]-\kappa\right)X_i di \mid \mathcal{I}_1\right]\end{aligned} \quad (B.1)$$

请注意，在没有破坏行为的情况下，时间2的交易盈余和时间1相同。很明显，由于用户之间的唯一不同在于其禀赋A_i，规划者将遵循最优的临界值策略，使$A_i \geq A_W^*$的用户加入平台。认识到这一点，（B.1）式可简化为

$$W = \sup_{A_W^*} e^{A+\frac{1}{2}\left((1-\eta_c)^2+\eta_c^2\right)\tau_\varepsilon^{-1}}\Phi\left((1-\eta_c)\tau_\varepsilon^{-1/2}+\frac{A-A_W^*}{\tau_\varepsilon^{-1/2}}\right)\Phi\left(\eta_c\tau_\varepsilon^{-1/2}+\frac{A-A_W^*}{\tau_\varepsilon^{-1/2}}\right)$$
$$-\kappa\Phi\left(\frac{A-A_W^*}{\tau_\varepsilon^{-1/2}}\right)$$

其中第一项是命题A1中得出的总盈余U。

请注意，W相对于A_W^*的导数为

$$\tau_\varepsilon^{-1/2}\frac{dW}{dA_W^*} = \kappa\phi\left(\frac{-A_W^*}{\tau_\varepsilon^{-1/2}}\right)-U\left(\frac{\phi\left((1-\eta_c)\tau_\varepsilon^{-1/2}+\frac{A-A_W^*}{\tau_\varepsilon^{-1/2}}\right)}{\Phi\left((1-\eta_c)\tau_\varepsilon^{-1/2}+\frac{A-A_W^*}{\tau_\varepsilon^{-1/2}}\right)}+\frac{\phi\left(\eta_c\tau_\varepsilon^{-1/2}+\frac{A-A_W^*}{\tau_\varepsilon^{-1/2}}\right)}{\Phi\left(\eta_c\tau_\varepsilon^{-1/2}+\frac{A-A_W^*}{\tau_\varepsilon^{-1/2}}\right)}\right)$$

还要注意$U\geq\kappa\Phi\left(\frac{A-A_W^*}{\tau_\varepsilon^{-1/2}}\right)$，否则社会总盈余为负。因此，

$$\frac{\tau_\varepsilon^{-1/2}}{U}\frac{dW}{dA_W^*} < \frac{\phi\left(\frac{-A_W^*}{\tau_\varepsilon^{-1/2}}\right)}{\Phi\left(\frac{A-A_W^*}{\tau_\varepsilon^{-1/2}}\right)}-\frac{\phi\left((1-\eta_c)\tau_\varepsilon^{-1/2}+\frac{A-A_W^*}{\tau_\varepsilon^{-1/2}}\right)}{\Phi\left((1-\eta_c)\tau_\varepsilon^{-1/2}+\frac{A-A_W^*}{\tau_\varepsilon^{-1/2}}\right)}-\frac{\phi\left(\eta_c\tau_\varepsilon^{-1/2}+\frac{A-A_W^*}{\tau_\varepsilon^{-1/2}}\right)}{\Phi\left(\eta_c\tau_\varepsilon^{-1/2}+\frac{A-A_W^*}{\tau_\varepsilon^{-1/2}}\right)} < 0$$

因为正态分布的风险函数$\frac{\phi(-z)}{\Phi(-z)}$是$z$的递增函数，这意味着$\frac{\phi\left(\eta_c\tau_\varepsilon^{-1/2}-z_{NS}^E\right)}{\Phi\left(\eta_c\tau_\varepsilon^{-1/2}-z_{NS}^E\right)}$和

$$\frac{\phi\left((1-\eta_c)\tau_\varepsilon^{-1/2} - z_{NS}^E\right)}{\Phi\left((1-\eta_c)\tau_\varepsilon^{-1/2} - z_{NS}^E\right)}$$ 都（弱）大于 $\dfrac{\phi\left(-z_{NS}^E\right)}{\Phi\left(-z_{NS}^E\right)}$。再由于 $\dfrac{\tau_\varepsilon^{-1/2}}{U}\dfrac{dW}{dA_W^*} < 0$，因此最优 A_W^* 是角点解 $A_W^* = -\infty$，这意味着用户充分参与平台。

假定 A 满足 $e^{A+\frac{1}{2}\left((1-\eta_c)^2+\eta_c^2\right)\tau_\varepsilon^{-1}} \geq \kappa$，那么我们假设的 $U \geq \kappa\Phi\left(\dfrac{A-A_W^*}{\tau_\varepsilon^{-1/2}}\right)$ 成立，进而证明用户充分参与平台是合理的。因此，规划者可以采取一种收入中性方案来实现最优均衡，即使用向重度用户收取的交易费来补贴边际用户。也就是说，向所有用户收取 δU_i 的费用，并以 $\delta U / \Phi\left(\dfrac{A-A_W^*}{\tau_\varepsilon^{-1/2}}\right)$ 的等额转移支付将费用返还给所有用户。只要费用 δ 足够高，确保 $\delta U / \Phi\left(\dfrac{A-A_W^*}{\tau_\varepsilon^{-1/2}}\right) > \kappa$，则所有用户都将参与平台。

当 $e^{A+\frac{1}{2}\left((1-\eta_c)^2+\eta_c^2\right)\tau_\varepsilon^{-1}} < \kappa$ 时，$U < \kappa$，平台崩溃，社会盈余为负。

命题 2 的证明 选择加入平台的用户 i，在每轮交易中与其他用户进行交易的预期效用为一半的

$$E[U_i \mid \mathcal{I}_i, A_i, \text{与用户} j \text{匹配}] = e^{(1-\eta_c)A_i} E\left[e^{\eta_c A_j} \mid \mathcal{I}_i\right]$$

它是用户自身的禀赋 A_i 的单调递增函数。请注意，$E\left[e^{\eta_c A_j} \mid \mathcal{I}_i\right]$ 与 A_i 无关，但依赖于其他用户的策略。由此，用户 i 将采用其自身类型 A_i 的单调临界值策略。

假设每个用户都采用临界值为 $\hat{A}^E$ 的临界值策略。那么，在每一轮交易中，用户 i 与平台上另一用户交易的预期效用为一半的

$$E[U_i \mid \mathcal{I}_i] = e^{(1-\eta_c)A_i + \eta_c A + \frac{1}{2}\eta_c^2\tau_\varepsilon^{-1}} \Phi\left(\eta_c\tau_\varepsilon^{-1/2} + \frac{A-\hat{A}^E}{\tau_\varepsilon^{-1/2}}\right) \quad \text{（B.2）}$$

$t=2$ 时的均衡

我们首先考察 $t=2$ 时的均衡。在没有破坏行为的情况下，所有者收取交易费 δ 以完成用户的交易。令

$$z^E = \sqrt{\tau_\varepsilon}\left(\hat{A}^E - A\right)$$

请注意，参与平台的预期用户比例为：

$$E\left[\int_{-\infty}^{\infty} X_i(\mathcal{I}_i) d\Phi(\varepsilon_i) | \mathcal{I}_t \right] = \Phi\left(\frac{A_1 - \hat{A}^E}{\tau_\varepsilon^{-1/2}}\right) = \Phi\left(-z^E\right)$$

在 $t=2$ 时，所有者的利润为 $\frac{1}{2}\delta U$，其中 U 是两个时期的总交易盈余，条件是没有破坏行为

$$U = e^{A + \frac{1}{2}\left((1-\eta_c)^2 + \eta_c^2\right)\tau_\varepsilon^{-1}} \Phi\left(\eta_c \tau_\varepsilon^{-1/2} - z^E\right) \Phi\left((1-\eta_c)\tau_\varepsilon^{-1/2} - z^E\right) \quad (B.3)$$

如果所有者采取破坏行为，他将获得 $\gamma \Phi(-z^E)$ 的收益。因此，在下列情况下，所有者会采取破坏行为

$$\gamma \Phi\left(-z^E\right) > \frac{1}{2}\delta U \quad (B.4)$$

否则就不会。所以，当用户之间的平均交易盈余 $\delta U / \Phi(-z^E)$ 足够小时，所有者在 $t=2$ 时采取破坏行为。该破坏条件代表了平台所有者在 $t=1$ 时选择费用的激励约束，这反过来会影响用户的参与。此条件最终由平台的需求基本面 A 决定。故而，我们用 $s(A) \in \{0,1\}$ 表示所有者在 $t=2$ 时的破坏策略。如下所示，倘若平台的需求基本面 A 低于一定水平，所有者最终选择破坏行为。

$t=1$ 时的最优费用

现在分析 $t=1$ 时的均衡。首先，我们给定 A 的值和所有者的破坏策略 s，以检验每个用户的参与选择以及所有者的入场费和交易费选择。

如果 $t=2$ 时没有破坏并且只有一轮交易盈余，则每个用户在支付可变费用 δ 之后获得两轮交易盈余，否则为 $-\gamma$。给定（B.2）式中的表达式 $E\left[U_{i,1} + U_{i,2} | \mathcal{I}_i, A_i = \hat{A}^E\right]$，则具有临界值禀赋 $\hat{A}^E$ 的边际用户的参与约束为：

$$\left(1 - \frac{1}{2}s\right)(1-\delta) e^{(1-\eta_c)\tau_\varepsilon^{-1/2} z^E + A + \frac{1}{2}\eta_c^2 \tau_\varepsilon^{-1}} \Phi\left(\eta_c \tau_\varepsilon^{-1/2} - z^E\right) = \kappa + \gamma s + c \quad (B.5)$$

等式左侧在 z^E 上呈驼峰形，右侧在 $\kappa + c$ 或 $\kappa + \gamma + c$ 上为固定水平。因为 $c \geqslant -\alpha \kappa$，右边是正值。该式无解或有两个解。若有两个解，则一个是高临界值，另一个是低临界值。由于用户参与度和平台收益在低临界值均衡中总是较高，所以平台所有者总是在低临界值均衡时协调用户。

应用隐函数定理得出

$$\frac{\partial z^E}{\partial A} = -\frac{1}{(1-\eta_c)\tau_\varepsilon^{-1/2} - \dfrac{\phi\left(\eta_c \tau_\varepsilon^{-1/2} - z^E\right)}{\Phi\left(\eta_c \tau_\varepsilon^{-1/2} - z^E\right)}} < 0 \quad (B.6)$$

$$\frac{\partial z^E}{\partial \delta} = \frac{1}{1-\delta} \frac{1}{(1-\eta_c)\tau_\varepsilon^{-1/2} - \frac{\phi(\eta_c \tau_\varepsilon^{-1/2} - z^E)}{\Phi(\eta_c \tau_\varepsilon^{-1/2} - z^E)}} > 0 \quad (\text{B.7})$$

$$\frac{\partial z^E}{\partial c} = \frac{1}{\left(1-\frac{1}{2}s\right)(1-\delta)e^{(1-\eta_c)\tau_\varepsilon^{-1/2}z^E + A + \frac{1}{2}\eta_c^2\tau_\varepsilon^{-1}}\Phi(\eta_c\tau_\varepsilon^{-1/2} - z^E)}$$

$$\cdot \frac{1}{(1-\eta_c)\tau_\varepsilon^{-1/2} - \frac{\phi(\eta_c\tau_\varepsilon^{-1/2} - z^E)}{\Phi(\eta_c\tau_\varepsilon^{-1/2} - z^E)}} > 0$$

（B.6）式的分母为正，因为它在驼峰的左侧。因此

$$\begin{aligned}\frac{\partial z^E/\partial \delta}{\partial z^E/\partial c} &= \left(1-\frac{1}{2}s\right)e^{(1-\eta_c)\tau_\varepsilon^{-1/2}z^E + A + \frac{1}{2}\eta_c^2\tau_\varepsilon^{-1}}\Phi(\eta_c\tau_\varepsilon^{-1/2} - z^E) \\ &= \left(1-\frac{1}{2}s\right)E\left[U_i \mid \mathcal{I}_i, A_i = \hat{A}^E\right]\end{aligned} \quad (\text{B.8})$$

现在，我们考虑所有者在 $t=1$ 时选择最优费用的目标

$$(\delta, c) \in \underset{\{\delta, c\}}{\arg \sup} V$$

其中他的总利润为

$$V = \frac{1}{2}\delta U + c\Phi(-z^E) + \max\left\{\frac{1}{2}\delta U, \gamma \Phi(-z^E)\right\}$$

δ 的一阶条件是

$$\frac{\partial V}{\partial \delta} = \left(1-\frac{1}{2}s\right)U + \left[\frac{1}{2}\delta\frac{\partial U}{\partial z^E} - c\phi(-z^E) + \frac{\partial \max\left\{\frac{1}{2}\delta U, \gamma\Phi(-z^E)\right\}}{\partial z^E}\right]\frac{\partial z^E}{\partial \delta} = 0$$

c 的一阶条件是

$$\frac{\partial V}{\partial c} = \Phi(-z^E) + \left[\frac{1}{2}\delta\frac{\partial U}{\partial z^E} - c\phi(-z^E) + \frac{\partial \max\left\{\frac{1}{2}\delta U, \gamma\Phi(-z^E)\right\}}{\partial z^E}\right]\frac{\partial z^E}{\partial c}$$

$$= \Phi(-z^E) + \frac{\frac{\partial V}{\partial \delta} - \left(1-\frac{1}{2}s\right)U}{\frac{\partial z^E}{\partial \delta} / \frac{\partial z^E}{\partial c}}$$

$$= \Phi\left(-z^E\right) - \frac{U}{E\left[U_i \mid \mathcal{I}_i, A_i = \hat{A}^E\right]} \quad (\text{B.9})$$

我们在上一步中代入了（B.8）式。注意，边际用户的效用 $E\left[U_i \mid \mathcal{I}_i, A_i = \hat{A}^E\right]$ 低于平均用户的效用。因此，

$$\frac{\partial V}{\partial c} < \Phi\left(-z^E\right) - 1 < 0$$

所有者在选择 c 时的约束条件为必须选择 $c = -\alpha\kappa$ 的下限。

给定这个最优的 c，（B.5）式简化为

$$(1-s/2)(1-\delta)e^{(1-\eta_c)\tau_\varepsilon^{-1/2}z^E + A + \frac{1}{2}\eta_c^2\tau_\varepsilon^{-1}}\Phi\left(\eta_c\tau_\varepsilon^{-1/2} - z^E\right) = (1-\alpha)\kappa + \gamma s \quad (\text{B.10})$$

它确定了（B.10）式的较小根 $\hat{A}^E$（当它存在时）。在给定水平的 A 和 δ 下，比较 $s=0$ 和 $s=1$ 两种情况，用户加入平台的有效成本越高，参与临界值 z^E 就越高。因此，当预期破坏行为会发生时，所有者必须收取较小的 δ 以吸引相同的参与。从（B.5）式可以注意到，$\delta < 1$，因为右边总是非负的：用户永远不会为零收益或负收益支付费用。

给定表达式 $\frac{\partial z^E}{\partial \delta}$，且 $c = -\alpha\kappa$，当无破坏行为时，δ 的一阶条件变为

$$(1-\delta)U + \frac{\delta\frac{\partial U}{\partial z^E} + \alpha\kappa\phi\left(-z^E\right)}{(1-\eta_c)\tau_\varepsilon^{-1/2} - \frac{\phi\left(\eta_c\tau_\varepsilon^{-1/2} - z^E\right)}{\Phi\left(\eta_c\tau_\varepsilon^{-1/2} - z^E\right)}} = 0 \quad (\text{B.11})$$

代入 $\frac{\partial U}{\partial z^E}$，我们得出

$$\delta = \frac{(1-\eta_c)\tau_\varepsilon^{-1/2} - \frac{\phi\left(\eta_c\tau_\varepsilon^{-1/2} - z^E\right)}{\Phi\left(\eta_c\tau_\varepsilon^{-1/2} - z^E\right)} + \frac{\alpha\kappa\phi\left(-z^E\right)}{U}}{(1-\eta_c)\tau_\varepsilon^{-1/2} + \frac{\phi\left((1-\eta_c)\tau_\varepsilon^{-1/2} - z^E\right)}{\Phi\left((1-\eta_c)\tau_\varepsilon^{-1/2} - z^E\right)}} \quad (\text{B.12})$$

当有破坏行为时，$s=1$，则有

$$\delta = \frac{(1-\eta_c)\tau_\varepsilon^{-1/2} - \frac{\phi\left(\eta_c\tau_\varepsilon^{-1/2} - z^E\right)}{\Phi\left(\eta_c\tau_\varepsilon^{-1/2} - z^E\right)} - \frac{2(\gamma-\alpha\kappa)\phi\left(-z^E\right)}{U}}{(1-\eta_c)\tau_\varepsilon^{-1/2} + \frac{\phi\left((1-\eta_c)\tau_\varepsilon^{-1/2} - z^E\right)}{\Phi\left((1-\eta_c)\tau_\varepsilon^{-1/2} - z^E\right)}} \quad (\text{B.13})$$

由于 $\gamma > \alpha\kappa$，通过比较两个表达式的分子中的第三项，很容易看出对于相同的 A 和 z^E，当没有破坏行为时，δ 更高。

在接下来的两小节里，我们描述在最优费用下有破坏行为和无破坏行为的平台的需求基本面 A 的区域。我们还考虑了所有者在 $t=1$ 时策略性选择高费用水平 δ，以禁止在 $t=2$ 时发生破坏行为。

$t=1$ 时的无破坏均衡

现在，我们分析当所有者在 $t=2$ 选择不采取破坏行为（即 $s=2$）时，$t=1$ 时的均衡情况。为避免混淆，设 z_{NS}^E 是无破坏均衡，z_{SV}^E 是有破坏均衡。我们来描述存在无破坏均衡的 A 区域。

代入（B.12）式的 δ，当无破坏行为时，（B.10）式中 z_{NS}^E 的条件变为

$$\frac{\frac{\phi\left((1-\eta_c)\tau_\varepsilon^{-1/2}-z_{NS}^E\right)}{\Phi\left((1-\eta_c)\tau_\varepsilon^{-1/2}-z_{NS}^E\right)}+\frac{\phi\left(\eta_c\tau_\varepsilon^{-1/2}-z_{NS}^E\right)}{\Phi\left(\eta_c\tau_\varepsilon^{-1/2}-z_{NS}^E\right)}-\alpha\kappa\frac{\phi\left(-z_{NS}^E\right)}{U}}{(1-\eta_c)\tau_\varepsilon^{-1/2}+\frac{\phi\left((1-\eta_c)\tau_\varepsilon^{-1/2}-z_{NS}^E\right)}{\Phi\left((1-\eta_c)\tau_\varepsilon^{-1/2}-z_{NS}^E\right)}} \quad (\text{B.14})$$

$$e^{(1-\eta_c)\tau_\varepsilon^{-1/2}z_{NS}^E+A+\frac{1}{2}\eta_c^2\tau_\varepsilon^{-1}}\Phi\left(\eta_c\tau_\varepsilon^{-1/2}-z_{NS}^E\right)=(1-\alpha)\kappa$$

（B.14）式的左侧在 z_{NS}^E 中呈驼峰形状。要理解这一点，首先应注意：当 $z_{NS}^E \to -\infty$ 时，左侧趋于零。当 $z_{NS}^E \to \infty$ 时，由于 $e^{(1-\eta_c)\tau_\varepsilon^{-1/2}z_{NS}^E+A+\frac{1}{2}\eta_c^2\tau_\varepsilon^{-1}}\Phi\left(\eta_c\tau_\varepsilon^{-1/2}-z_{NS}^E\right) \to 0$，则根据洛必达法则和夹逼定理，左侧趋近于

$$LHS \to \lim_{z_{NS}^E \to \infty} 2e^{(1-\eta_c)\tau_\varepsilon^{-1/2}z_{NS}^E+A+\frac{1}{2}\eta_c^2\tau_\varepsilon^{-1}}\Phi\left(\eta_c\tau_\varepsilon^{-1/2}-z_{NS}^E\right)$$

$$-\frac{\alpha\kappa\phi\left(-z_{NS}^E\right)e^{(1-\eta_c)\tau_\varepsilon^{-1/2}z_{NS}^E-\frac{1}{2}(1-\eta_c)^2\tau_\varepsilon^{-1}}}{(1-\eta_c)\tau_\varepsilon^{-1/2}\Phi\left((1-\eta_c)\tau_\varepsilon^{-1/2}-z_{NS}^E\right)+\phi\left((1-\eta_c)\tau_\varepsilon^{-1/2}-z_{NS}^E\right)}$$

$$=\lim_{z_{NS}^E \to \infty}-\frac{\alpha\kappa\phi\left((1-\eta_c)\tau_\varepsilon^{-1/2}-z_{NS}^E\right)}{(1-\eta_c)\tau_\varepsilon^{-1/2}\Phi\left((1-\eta_c)\tau_\varepsilon^{-1/2}-z_{NS}^E\right)+\phi\left((1-\eta_c)\tau_\varepsilon^{-1/2}-z_{NS}^E\right)}$$

$$=\lim_{z_{NS}^E \to \infty}\alpha\kappa\frac{(1-\eta_c)\tau_\varepsilon^{-1/2}-z_{NS}^E}{z_{NS}^E}$$

$$=-\alpha\kappa$$

因此，（B.14）式的左侧在两个尾部都有有限的极限。接着我们注意到，最优 δ 是 z_{NS}^E 的（弱）递减函数，$\frac{\partial \delta}{\partial z_{NS}^E} \leq 0$，因为边际用户具有较低禀赋，所以 $1-\delta$ 是 z_{NS}^E 的（弱）递增函数。这样，作为驼峰形 U 和（弱）递增函数 $1-\delta$ 的乘积，左侧是 z_{NS}^E 的驼峰形函数。此外由于 $\delta > 0$，左侧也有一个有限的上限。因此，（B.14）式要么有两个解，要么无解。当有两个解时，平台所有者总是会选择低临界值方案，因为这样可以最大化他的收益。

注意，增加 A 会使（B.14）式左侧的整条曲线上移，因为 $\frac{e^A}{U}$ 并不直接依赖于 A。在低临界值均衡中，由于左侧曲线向上移动会降低与 $(1-s)\kappa$ 相交的 z_{NS}^E 值，所以我们得到

$$\frac{dz_{NS}^E}{dA} < 0$$

在低临界值均衡中，$\frac{dz_{NS}^E}{dA}$ 是 z_{NS}^E 相对于 A 的全导数。

接下来，当所有者决定是否采取破坏行为时，这一决定取决于 $\frac{1}{2}\delta U$ 是大于还是小于 $\gamma \Phi\left(-z_{NS}^E(A)\right)$。请注意，

$$\frac{d}{dA}\log\left(\frac{\delta U}{\Phi\left(-z_{NS}^E\right)}\right)$$

$$= \frac{1}{\delta U}\frac{d(\delta U)}{dA} + \frac{\phi\left(-z_{NS}^E\right)}{\Phi\left(-z_{NS}^E\right)}\frac{dz_{NS}^E}{dA}$$

$$= \frac{1}{\delta}\frac{d\delta}{dA} + 1 - \left(\frac{\phi\left(\eta_c \tau_\varepsilon^{-1/2} - z_{NS}^E\right)}{\Phi\left(\eta_c \tau_\varepsilon^{-1/2} - z_{NS}^E\right)} + \frac{\phi\left((1-\eta_c)\tau_\varepsilon^{-1/2} - z_{NS}^E\right)}{\Phi\left((1-\eta_c)\tau_\varepsilon^{-1/2} - z_{NS}^E\right)} - \frac{\phi\left(-z_{NS}^E\right)}{\Phi\left(-z_{NS}^E\right)}\right)\frac{dz_{NS}^E}{dA}$$

其中 $\frac{dz_{NS}^E}{dA}$ 仍然是 z_{NS}^E 相对于 A 的全导数。由于正态分布的风险函数 $\frac{\phi(-z)}{\Phi(-z)}$ 是 z 的递增函数，意味着 $\frac{\phi\left(\eta_c \tau_\varepsilon^{-1/2} - z_{NS}^E\right)}{\Phi\left(\eta_c \tau_\varepsilon^{-1/2} - z_{NS}^E\right)}$ 和 $\frac{\phi\left((1-\eta_c)\tau_\varepsilon^{-1/2} - z_{NS}^E\right)}{\Phi\left((1-\eta_c)\tau_\varepsilon^{-1/2} - z_{NS}^E\right)}$ 都（弱）大于

$\dfrac{\phi\left(-z_{NS}^{E}\right)}{\Phi\left(-z_{NS}^{E}\right)}$。鉴于 $\dfrac{dz_{NS}^{E}}{dA}<0$，这一结果表示为

$$\frac{d}{dA}\log\left(\frac{\delta U}{\Phi\left(-z_{NS}^{E}\right)}\right)>1+\frac{1}{\delta}\frac{d\delta}{dA}$$

由于

$$\frac{1}{\delta}\frac{d\delta}{dA}=\frac{\partial\delta}{\partial A}+\frac{1}{\delta}\frac{\partial\delta}{\partial z_{NS}^{E}}\frac{\partial z_{NS}^{E}}{\partial A}$$

$$=\frac{-\dfrac{\alpha\kappa\phi\left(-z_{NS}^{E}\right)}{U}}{(1-\eta_{c})\tau_{\varepsilon}^{-1/2}-\dfrac{\phi\left(\eta_{c}\tau_{\varepsilon}^{-1/2}-z_{NS}^{E}\right)}{\Phi\left(\eta_{c}\tau_{\varepsilon}^{-1/2}-z_{NS}^{E}\right)}+\dfrac{\alpha\kappa\phi\left(-z_{NS}^{E}\right)}{U}}+\frac{1}{\delta}\frac{\partial\delta}{\partial z_{NS}^{E}}\frac{\partial z_{NS}^{E}}{\partial A}$$

我们得出

$$\frac{d}{dA}\log\left(\frac{\delta U}{\Phi\left(-z_{NS}^{E}\right)}\right)>\frac{(1-\eta_{c})\tau_{\varepsilon}^{-1/2}-\dfrac{\phi\left(\eta_{c}\tau_{\varepsilon}^{-1/2}-z_{NS}^{E}\right)}{\Phi\left(\eta_{c}\tau_{\varepsilon}^{-1/2}-z_{NS}^{E}\right)}}{(1-\eta_{c})\tau_{\varepsilon}^{-1/2}-\dfrac{\phi\left(\eta_{c}\tau_{\varepsilon}^{-1/2}-z_{NS}^{E}\right)}{\Phi\left(\eta_{c}\tau_{\varepsilon}^{-1/2}-z_{NS}^{E}\right)}+\dfrac{\alpha\kappa\phi\left(-z_{NS}^{E}\right)}{U}}+\frac{1}{\delta}\frac{\partial\delta}{\partial z_{NS}^{E}}\frac{\partial z_{NS}^{E}}{\partial A}>\frac{1}{\delta}\frac{\partial\delta}{\partial z_{NS}^{E}}\frac{\partial z_{NS}^{E}}{\partial A}$$

因为在低临界值均衡中，$(1-\eta_{c})\tau_{\varepsilon}^{-1/2}-\dfrac{\phi\left(\eta_{c}\tau_{\varepsilon}^{-1/2}-z_{NS}^{E}\right)}{\Phi\left(\eta_{c}\tau_{\varepsilon}^{-1/2}-z_{NS}^{E}\right)}\geq 0$。如上所述，$\dfrac{\partial\delta}{\partial z_{NS}^{E}}\leq 0$，由于除 $\dfrac{dz_{NS}^{E}}{dA}<0$ 之外，还有 $\dfrac{\partial\delta}{\partial z_{NS}^{E}}\dfrac{\partial z_{NS}^{E}}{\partial A}>0$。因此，

$$\frac{d}{dA}\log\left(\frac{\delta U}{\Phi\left(-z_{NS}^{E}\right)}\right)>0$$

这意味着

$$\frac{d}{dA}\left(\frac{\delta U}{\Phi\left(-z_{NS}^{E}\right)}\right)>0$$

由于 $\dfrac{\delta U}{\Phi\left(-z_{NS}^{E}\right)}\geq 2\gamma$ 时无破坏行为，而 $\dfrac{\delta U}{\Phi\left(-z_{NS}^{E}\right)}<2\gamma$ 时有破坏行为，并且

$\dfrac{\delta U}{\Phi\left(-z_{NS}^{E}\right)}$ 是 A 的递增函数，所以存在一个临界水平 A^*，使得当 $A \geqslant A_*^E$ 时产生无破坏均衡，其中唯一临界值 A_*^E 定义为

$$\dfrac{\delta\left(A_*^E\right)U\left(A_*^E\right)}{\Phi\left(-z_{NS}^{E}\left(A_*^E\right)\right)}=2\gamma \tag{B.15}$$

这个临界值代表最低的 A 区域，其中所有者在不采取破坏行为的情况下最大化自己的总收入。

$t=1$ 时的破坏均衡

现在，我们来分析当所有者在 $t=2$ 时选择破坏行为（即 $s=1$）时，$t=1$ 的均衡情况。其时，z_{SV}^{E} 的条件从（B.10）式变为

$$\dfrac{\dfrac{1}{2}\dfrac{\phi\left((1-\eta_c)\tau_\varepsilon^{-1/2}-z_{SV}^{E}\right)}{\Phi\left((1-\eta_c)\tau_\varepsilon^{-1/2}-z_{SV}^{E}\right)}+\dfrac{1}{2}\dfrac{\phi\left(\eta_c\tau_\varepsilon^{-1/2}-z_{SV}^{E}\right)}{\Phi\left(\eta_c\tau_\varepsilon^{-1/2}-z_{SV}^{E}\right)}+\dfrac{(\gamma-\alpha\kappa)\phi\left(-z_{SV}^{E}\right)}{U}}{(1-\eta_c)\tau_\varepsilon^{-1/2}+\dfrac{\phi\left((1-\eta_c)\tau_\varepsilon^{-1/2}-z_{SV}^{E}\right)}{\Phi\left((1-\eta_c)\tau_\varepsilon^{-1/2}-z_{SV}^{E}\right)}}e^{(1-\eta_c)\tau_\varepsilon^{-1/2}z_{SV}^{E}+A+\frac{1}{2}\eta_c^2\tau_\varepsilon^{-1}}$$

$$\cdot\Phi\left(\eta_c\tau_\varepsilon^{-1/2}-z_{SV}^{E}\right)=(1-\alpha)\kappa+\gamma \tag{B.16}$$

其中出现 $\dfrac{1}{2}$，是因为所有 $t=2$ 时的交易盈余都被破坏行为摧毁了。类似于（B.14）式，当 $z_{NS}^{E}\to -\infty$ 时，左侧趋于零；当 $z_{NS}^{E}\to\infty$ 时，左侧趋于 $\gamma-\alpha\kappa$。因此，左侧最初是 z_{SV}^{E} 的递增函数。这个方程可能有多个解。与前面一样，当发生这种情况时，所有者将选择最低临界值，因为它能提供最高的用户参与度和收益。还是与（B.14）式类似，A 的增加使左侧曲线上移，进而降低了最低临界值均衡中的均衡 z_{SV}^{E}。因此，

$$\dfrac{dz_{NS}^{E}}{dA}<0$$

这同样是 z_{NS}^{E} 相对于 A 的全导数。此外，由于 z_{NS}^{E} 的增加减少了边际用户的禀赋，因此 $\dfrac{\partial\delta}{\partial z_{NS}^{E}}\leqslant 0$。

接下来我们证明当 $\delta>0$ 时，$\dfrac{\delta U}{\Phi\left(-z_{NS}^{E}\right)}$ 是 A 的单调函数。通过与无破坏均

衡相似的证明，

$$\frac{d}{dA}\log\left(\frac{\delta U}{\Phi(-z_{NS}^E)}\right) = 1 + \frac{1}{\delta}\frac{d\delta}{dA} - \left(\frac{\phi(\eta_c \tau_\varepsilon^{-1/2} - z_{SV}^E)}{\Phi(\eta_c \tau_\varepsilon^{-1/2} - z_{SV}^E)} + \frac{\phi((1-\eta_c)\tau_\varepsilon^{-1/2} - z_{SV}^E)}{\Phi((1-\eta_c)\tau_\varepsilon^{-1/2} - z_{SV}^E)} - \frac{\phi(-z_{SV}^E)}{\Phi(-z_{SV}^E)}\right)\frac{dz_{NS}^E}{dA} > 1 + \frac{1}{\delta}\frac{d\delta}{dA}$$

鉴于

$$\frac{1}{\delta}\frac{d\delta}{dA} = \frac{\partial\delta}{\partial A} + \frac{1}{\delta}\frac{\partial\delta}{\partial z_{SV}^E}\frac{\partial z_{SV}^E}{\partial A}$$

$$= \frac{\dfrac{2(\gamma - \alpha\kappa)\phi(-z_{SV}^E)}{U}}{(1-\eta_c)\tau_\varepsilon^{-1/2} - \dfrac{\phi(\eta_c \tau_\varepsilon^{-1/2} - z_{SV}^E)}{\Phi(\eta_c \tau_\varepsilon^{-1/2} - z_{SV}^E)} - \dfrac{2(\gamma-\alpha\kappa)\phi(-z_{SV}^E)}{U}} + \frac{1}{\delta}\frac{\partial\delta}{\partial z_{SV}^E}\frac{\partial z_{SV}^E}{\partial A}$$

可以得到

$$\frac{d}{dA}\log\left(\frac{\delta U}{\Phi(-z_{SV}^E)}\right) > \frac{(1-\eta_c)\tau_\varepsilon^{-1/2} - \dfrac{\phi(\eta_c \tau_\varepsilon^{-1/2} - z_{SV}^E)}{\Phi(\eta_c \tau_\varepsilon^{-1/2} - z_{SV}^E)}}{(1-\eta_c)\tau_\varepsilon^{-1/2} - \dfrac{\phi(\eta_c \tau_\varepsilon^{-1/2} - z_{SV}^E)}{\Phi(\eta_c \tau_\varepsilon^{-1/2} - z_{SV}^E)} - \dfrac{2(\gamma-\alpha\kappa)\phi(-z_{SV}^E)}{U}}$$

$$+ \frac{1}{\delta}\frac{\partial\delta}{\partial z_{SV}^E}\frac{\partial z_{SV}^E}{\partial A} > \frac{1}{\delta}\frac{\partial\delta}{\partial z_{SV}^E}\frac{\partial z_{SV}^E}{\partial A}$$

如上所述，$\frac{\partial\delta}{\partial z_{SV}^E} \leq 0$。因为 $\frac{dz_{NS}^E}{dA} < 0$，所以 $\frac{\partial\delta}{\partial z_{SV}^E}\frac{\partial z_{SV}^E}{\partial A} > 0$。故而，

$$\frac{d}{dA}\left(\frac{\delta U}{\Phi(-z_{SV}^E)}\right) > 0$$

因此，存在一个临界 A_{*c}^E，使得 $A \leq A_{*c}^E$ 时发生破坏行为，其中 A_{*c}^E 满足

$$\frac{\delta U(A_{*c}^E)}{\Phi(-z_{SV}^E(A_{*c}^E))} = 2\gamma$$

现在假设对于给定水平的 A，存在破坏均衡和无破坏均衡，即（B.14）式和（B.16）式都有解。在无破坏均衡中，

$$\frac{1}{2}\frac{\delta(z_{NS}^E)U(z_{NS}^E)}{\Phi(-z_{NS}^E)} \geq \gamma$$

而在有破坏均衡中，

$$\gamma \geqslant \frac{1}{2} \frac{\delta(z_{SV}^E) U(z_{SV}^E)}{\Phi(-z_{SV}^E)}$$

这意味着

$$\frac{\delta(z_{NS}^E) U(z_{NS}^E)}{\Phi(-z_{NS}^E)} \geqslant \frac{\delta(z_{SV}^E) U(z_{SV}^E)}{\Phi(-z_{SV}^E)}$$

由于 $\frac{\delta(z) U(z)}{\Phi(-z)}$ 是 z 的单调递减函数，因此 $z_{NS}^E \leqslant z_{SV}^E$，并且在无破坏均衡中用户参与度更高。故而

$$\delta(z_{NS}^E) U(z_{NS}^E) - \Phi(-z_{NS}^E)\alpha\kappa > \frac{1}{2}\delta(z_{NS}^E) U(z_{NS}^E) + \Phi(-z_{NS}^E)\gamma - \Phi(-z_{NS}^E)\alpha\kappa$$
$$> \frac{1}{2}\delta(z_{SV}^E) U(z_{SV}^E) + \Phi(-z_{SV}^E)(\gamma - \alpha\kappa)$$

于是，当两种均衡都存在时，无破坏均衡为所有者带来更高的利润。这样，即便破坏行为是可持续的，所有者也会选择不采取破坏行为。所以，临界值点 A_*^E 是划分有破坏均衡和无破坏均衡的相关临界值点。

接下来，请注意（B.16）式的左侧，我们将它定义为 $LHS(z_{SV}^E)$，且是 z_{SV}^E 的驼峰形函数。因此，它在内部点 $\bar{z}(A) = \sup_z LHS(z)$ 处达到最大值。由于这一峰值随 A 的增大而递增，由此得出存在一个临界 A_{**}^E，使得

$$LHS(\bar{z}(A_{**}^E)) = (1-\alpha)\kappa + \gamma \tag{B.17}$$

进而当 $A \geqslant A_{**}^E$ 时，存在有破坏均衡，否则就不存在均衡。

人们可能会担心，区域 $[A_{**}^E, A_*^E]$ 也许是某一 γ 值的空集。假设是这种情况，换言之，当 A 从 ∞ 减小到零时，均衡从无破坏均衡转为 A_*^E 处的无均衡。鉴于只要有正利润，所有者就愿意补贴用户参与，所以必然满足

$$V(A_*^E) = \delta U - \alpha\kappa\Phi(-z_{NS}^E) = 0$$

这意味着 $\delta U = \alpha\kappa\Phi(-z_{NS}^E)$。因为 $\gamma > \alpha\kappa$，我们得到

$$\frac{1}{2}\delta U = \frac{1}{2}\alpha\kappa\Phi(-z_{NS}^E) < \gamma\Phi(-z_{NS}^E)$$

因此，在这种情况下，采取破坏行为对所有者更有利。继而，存在一个破坏均衡，所以区域 $\left[A_{**}^{E}, A_{*}^{E}\right]$ 不可能为空。

$t=1$ 时的强制均衡

也许有人会认为，所有者可以把破坏条件视为激励约束，从而将缺乏承诺内部化，也就是说，通过施加约束来防止（B.4）式中的破坏条件在 $t=2$ 时得到满足，所有者可以避免破坏平台。现在，我们约束所有者在 $t=1$ 时对 δ 的选择，使 $\frac{\delta U}{\Phi\left(-z^{E}\right)} \geq 2\gamma$，从而检验这种可能性（即所有者不会在 $t=2$ 时选择破坏）。这个条件对 δ 施加了一个下限 $\delta \geq \underline{\delta} = \frac{2\gamma\Phi\left(-z^{E}\right)}{U}$。

假设不施加这一约束时，存在一个破坏均衡，其中交易费为 δ_{SV}，参与临界值为 z_{SV}^{E}；而当施加这一约束时，存在一个不同的强制均衡，交易费为 $\underline{\delta}$，参与临界值为 $z_{forcing}^{E}$。务必注意的是，$\underline{\delta}$ 始终在所有者的选择集内。因此，它必须为所有者提供低于 δ_{SV} 的利润，即 $V\left(\underline{\delta}, z_{forcing}^{E}\right) < V\left(\delta_{SV}, z_{SV}^{E}\right)$，这意味着如果两种均衡都存在而且有差异，那么强制均衡将占优于破坏均衡。

此外，倘若存在具有 $\underline{\delta}$ 的强制均衡，并且不存在破坏均衡，则即使没有约束，所有者也会选择 $\underline{\delta}$。综上所述，没有必要单独考虑强制均衡。

均衡的唯一性

正如我们在开始证明时讨论的，对于每个用户，采用临界值策略是最优选择，因为他加入平台的预期效用随自身商品禀赋而单调递增。如果存在多个可行的均衡点，则平台所有者会选择最低临界值以实现最高利润的均衡，所以均衡是唯一的。

命题 4 的证明 我们首先考察用户购买代币的决定。用户 i 选择在 $t=1$ 时加入平台，并在 $t=1$ 和 $t=2$ 时与另一个用户进行交易，其预期效用为

$$E\left[U_{i,t} \mid \mathcal{I}_i, A_i, 与用户 j 匹配\right] = \frac{1}{2}e^{(1-\eta_c)A_i} E\left[e^{\eta_c A_j} \mid \mathcal{I}_i\right]$$

它是用户自身的禀赋 A_i 的单调递增函数。注意，$E\left[e^{\eta_c A_j} \mid \mathcal{I}_i\right]$ 独立于 A_i，但依赖其他用户的策略。因此，用户 i 将在自己的类型 A_i 中采用单调的临界值策略。

假设每个用户都使用临界值为 $\hat{A}^T$ 的临界值策略，则用户 i 在 $t \in \{1,2\}$ 处的预期效用为

$$E\left[U_{i,t} \mid \mathcal{I}\right] = \frac{1}{2}e^{(1-\eta_c)A_i + \eta_c A + \frac{1}{2}\eta_c^2 \tau_\varepsilon^{-1}} \Phi\left(\eta_c \tau_\varepsilon^{-1/2} - \sqrt{\tau_\varepsilon}\left(\hat{A}^T - A\right)\right)$$

由于每个用户的禀赋在两个时期都是相同的,所以每个用户总共获得 $E[U_i|\mathcal{I}] = E[U_{i,1}+U_{i,2}|\mathcal{I}]$ 的预期效用。

如果潜在用户不加入平台,他将节省参与成本和代币成本 $\kappa+P$。因此,我们要求用户在 $t=1$ 时加入平台的预期效用要超过 $\kappa+P$。考虑一个临界禀赋为 $A_i = \hat{A}^T$ 的用户。他加入平台的无差异条件是

$$E\left[U_{i,1}+U_{i,2}\,|\,\mathcal{I}, A_i = \hat{A}^T\right] = e^{(1-\eta_c)\tau_\varepsilon^{-1/2}z^T + A + \frac{1}{2}\eta_c^2\tau_\varepsilon^{-1}}\Phi\left(\eta_c\tau_\varepsilon^{-1/2} - z^T\right) = \kappa + P$$

（B.18）

其中 $z^T = \sqrt{\tau_\varepsilon}\left(\hat{A}^T - A\right)$。

请注意,根据隐函数定理,我们得出

$$\frac{\partial z^T}{\partial P} = \frac{1}{\left((1-\eta_c)\tau_\varepsilon^{-1/2} - \dfrac{\phi\left(\eta_c\tau_\varepsilon^{-1/2} - z^T\right)}{\Phi\left(\eta_c\tau_\varepsilon^{-1/2} - z^T\right)}\right)e^{(1-\eta_c)\tau_\varepsilon^{-1/2}z^T + A + \frac{1}{2}\eta_c^2\tau_\varepsilon^{-1}}\Phi\left(\eta_c\tau_\varepsilon^{-1/2} - z^T\right)} > 0$$

因为在低临界值均衡中分母为正。如前所述,我们假设 z^T 有两个解,则开发者将在低临界值（高价）均衡,而不是在高临界值（低价）均衡中协调用户,因为前一种均衡的用户参与度和开发者利润都更高。

对于禀赋满足 $A_i > \hat{A}^T$ 的任何其他用户,请注意,

$$E\left[U_{i,1}+U_{i,2}\,|\,\mathcal{I},\right] = e^{(1-\eta_c)A_i + \eta_c A + \frac{1}{2}\eta_c^2\tau_\varepsilon^{-1}}\Phi\left(\eta_c\tau_\varepsilon^{-1/2} + \frac{A-\hat{A}^T}{\tau_\varepsilon^{-1/2}}\right)$$

$$> e^{(1-\eta_c)\tau_\varepsilon^{-1/2}\hat{A}^T + \eta_c A + \frac{1}{2}\eta_c^2\tau_\varepsilon^{-1}}\Phi\left(\eta_c\tau_\varepsilon^{-1/2} + \frac{A-\hat{A}^T}{\tau_\varepsilon^{-1/2}}\right) = \kappa + P$$

所以对用户来说,采用临界值策略是最优选择,即 $A_i \geq \hat{A}^T$ 的用户加入,而 $A_i < \hat{A}^T$ 的用户不加入。

由于 $A_i = A + \varepsilon_i$,因此 $\Phi\left(-\sqrt{\tau_\varepsilon}\left(\hat{A}^T - A\right)\right)$ 比例的用户进入平台,$\Phi\left(\sqrt{\tau_\varepsilon}\left(\hat{A}^T - A\right)\right)$ 比例的用户则选择不参与。正是用户特殊禀赋（idiosyncratic endowment）的积分 ε_i,决定了平台的潜在用户比例。开发者因而得以最大化

$$\Pi^T = P\Phi\left(-z^T\right)$$

这是销售代币得到的收入,或者更具体地说,是价格 P 乘以数量 $\Phi\left(-z^T\right)$。价

格 P 的一阶条件为

$$\Phi(-z^T) - P\phi(-z^T)\frac{\partial z^T}{\partial P} \begin{cases} =0 & \text{如果 } P>0 \\ <0 & \text{如果 } P=0 \end{cases}$$

代入 $\frac{\partial z^T}{\partial P}$，则代币价格的内部解（如果存在）由下式给出：

$$P = \frac{\Phi(-z^T)}{\phi(-z^T)}\left((1-\eta_c)\tau_\varepsilon^{-1/2} - \frac{\phi(\eta_c\tau_\varepsilon^{-1/2} - z^T)}{\Phi(\eta_c\tau_\varepsilon^{-1/2} - z^T)}\right)e^{(1-\eta_c)\tau_\varepsilon^{-1/2}z^T + A + \frac{1}{2}\eta_c^2\tau_\varepsilon^{-1}}$$

$$\cdot \Phi(\eta_c\tau_\varepsilon^{-1/2} - z^T) \geq 0$$

注意，风险率 $\phi(-z^T)/\Phi(-z^T)$ 是 z^T 的递增函数。因此，P 从 ∞ 减小到零，此时，非负约束施加了一个临界 $\bar{z}^T$，使得

$$\frac{\phi(\eta_c\tau_\varepsilon^{-1/2} - \bar{z}^T)}{\Phi(\eta_c\tau_\varepsilon^{-1/2} - \bar{z}^T)} = (1-\eta_c)\tau_\varepsilon^{-1/2}$$

高于该临界值时，代币价格固定为零的角点解。这个角点解对应于驼峰的峰值 $e^{(1-\eta_c)\tau_\varepsilon^{-1/2}z^T + A + \frac{1}{2}\eta_c^2\tau_\varepsilon^{-1}}\Phi(\eta_c\tau_\varepsilon^{-1/2} - z^T)$。

使 P 的两个表达式相等，我们得到

$$\left(1 - \frac{\Phi(-z^T)}{\phi(-z^T)}\left((1-\eta_c)\tau_\varepsilon^{-1/2} - \frac{\phi(\eta_c\tau_\varepsilon^{-1/2} - z^T)}{\Phi(\eta_c\tau_\varepsilon^{-1/2} - z^T)}\right)\right)e^{(1-\eta_c)\tau_\varepsilon^{-1/2}z^T + A + \frac{1}{2}\eta_c^2\tau_\varepsilon^{-1}} \cdot \Phi(\eta_c\tau_\varepsilon^{-1/2} - z^T) = \kappa$$

（B.19）

它确定了 $z^T \leq \bar{z}^T$。(B.19) 式的左侧从 $-\infty$ 增至 $\bar{z}^T$，在 $\bar{z}^T$ 达到峰值，而右侧固定于 κ。假设

$$e^{(1-\eta_c)\tau_\varepsilon^{-1/2}\bar{z}^T + A + \frac{1}{2}\eta_c^2\tau_\varepsilon^{-1}}\Phi(\eta_c\tau_\varepsilon^{-1/2} - \bar{z}^T) \geq \kappa$$

那么，存在一个由（B.19）式给出临界值的临界值均衡。如果反之，

$$e^{(1-\eta_c)\tau_\varepsilon^{-1/2}\bar{z}^T + A_1 + \frac{1}{2}\eta_c^2\tau_\varepsilon^{-1}}\Phi(\eta_c\tau_\varepsilon^{-1/2} - \bar{z}^T) < \kappa$$

则（B.19）式的左侧永远不与右侧相交，因此均衡不存在。

注意，(B.19) 式的左侧随平台基本面 A 的增大而单调递增。因此，存在一个临界 A_{**}^T，使得

$$e^{(1-\eta_c)\tau_\varepsilon^{-1/2}\bar{z}^T\left(A_{**}^T\right)+A_{**}^T+\frac{1}{2}\eta_c^2\tau_\varepsilon^{-1}}\Phi\left(\eta_c\tau_\varepsilon^{-1/2}-\bar{z}^T\left(A_{**}^T\right)\right)=\kappa \quad \text{（B.20）}$$

如果$A \geq A_{**}^T$，则存在开发者具有非负利润的均衡，否则就不存在这种均衡。

命题6的证明 我们首先考虑在给定平台的需求基本面A的情况下，股权方案和实用代币方案的收入排序。回想一下，当没有破坏行为时，从命题5看，股权方案下开发者的利润更高，即$\Pi^E(A) \geq \Pi^T(A)$。根据命题5，破坏行为发生在$A < A_*^E$时，其中A_*^E由（31）式给出。因此，当$A \geq A_*^E$时，开发者在股权平台上获得的利润更高。

假设$A < A_*^E$，则平台存在破坏风险。如果数据滥用程度（即γ）足够高，那么根据命题5，存在一个$A_T(\gamma)$，使得当$A < A_T(\gamma)$时，$\Pi^T(A) > \Pi^E(A)$；否则，$\Pi^E(A) \geq \Pi^T(A)$（这就是一个对偶命题，即对于给定的A，存在一个$\gamma(A)$使得该命题成立）。

此外，根据命题5，对于$A < A_T(\gamma)$，在代币方案下的用户参与度（弱）更高。这意味着在代币平台下，平台崩溃的临界A也更低。因此当$A \geq A_T(\gamma)$时，较之代币方案，股权方案下开发者的利润更高；否则，开发者的利润更低。

现在考虑开发者对A的先验信念。在这两种安排下，平台的预期利润差为

$$E\left[\Pi^T-\Pi^E\right]=E\left[\left(\Pi^T-\Pi^E\right)\mathbf{1}_{\{A \geq A_T(\gamma)\}}\right]+E\left[\left(\Pi^T-\Pi^E\right)\mathbf{1}_{\{A < A_T(\gamma)\}}\right]$$

由此得出

$$E\left[\Pi^T-\Pi^E\right]=\Pr(A \geq A_T(\gamma))E\left[\Pi^T-\Pi^E \mid A \geq A_T(\gamma)\right]$$
$$+\Pr(A < A_T(\gamma))E\left[\Pi^T-\Pi \mid A < A_T(\gamma)\right]$$

其中$E\left[\Pi^T-\Pi \mid A \geq A_T(\gamma)\right] < 0$，因为$E\left[\Pi^T-\Pi \mid A < A_T(\gamma)\right] > 0$。所以，第一项是负值，第二项是正值。

接下来我们发现，$A_T(\gamma)$以及相应的概率$\Pr(A < A_T(\gamma))$随γ的增大而递增，因为破坏平台的诱惑越强烈，在$t=2$时不利用用户数据就越困难。此外，从命题5可知，所有者的利润取决于破坏行为，且随γ的减小而递减。

因此,如果先验信念 $G(A)$ 对实现低水平的 A 给予足够权重,即 $\Pr(A<A_T(\gamma))$ 足够大,则 $E\left[\Pi^T\right]>E\left[\Pi^E\right]$。相反,如果它对实现高水平的 A 给予足够权重,即 $\Pr(A<A_T(\gamma))$ 足够小,则 $E\left[\Pi^T\right]<E\left[\Pi^E\right]$。此外,$E\left[\Pi^T\right]>E\left[\Pi^E\right]$ 的测量集是 γ 的(弱)递增函数。

继而,对于两个先验分布 $G(A)$ 和 $\hat{G}(A)$,如果 $\hat{G}>G$(在一阶随机占优的意义上),那么只要开发者在 G 下采用代币方案,他在 $\hat{G}$ 下也会采用这种方案。此外,开发者选择的代币方案的先验分布是 γ 的(弱)递增函数。

在平均值为 $\bar{A}$ 和固定精确度(fixed precision)为 τ_A 的正态先验分布的特殊情况下,根据标准论证,开发者从平台获得的预期利润仅是 $\bar{A}$ 和 τ_A 的函数,并且是 $\bar{A}$ 的递增函数。给定有 $A_T(\gamma)$ 的 A 的状态空间,存在一个先验均值 $\bar{A}^c$,使得如果 $\bar{A} \geq \bar{A}^c(\gamma)$,则开发者选择股权方案;否则,选择代币方案。

命题7的证明 我们首先假设代币持有人永远不会破坏平台。然后,我们在证明的最后证实这个猜想。

无破坏均衡

我们假设,如果 $A_i \geq \hat{A}_{ET}$,用户在 $t=1$ 时采用临界值策略加入平台,并且用户在 $t=2$ 时将以多数票选择100%的交易费。类似于(B.18)式,边际用户在 $t=1$ 时加入平台的无差异条件为

$$(1-\delta_T)e^{(1-\eta_c)\tau_\varepsilon^{-1/2}z^{ET}+A+\frac{1}{2}\eta_c^2\tau_\varepsilon^{-1}}\Phi\left(\eta_c\tau_\varepsilon^{-1/2}-z^{ET}\right)=\kappa+P-\frac{\delta_T U}{N+\Phi\left(-z^{ET}\right)} \quad (\text{B.21})$$

其中 $z^{ET}=\sqrt{\tau_\varepsilon}\left(\hat{A}^{ET}-A\right)$,$U$ 是(B.3)式中给出的总交易盈余。从(B.3)式中我们注意到,该总交易盈余 U 随用户参与度单调递增(即 $\hat{A}^{ET}$ 或 z^{ET} 较低)。

我们定义

$$p_{ET} \equiv P-\delta_T\frac{U}{N+\Phi\left(-z^{ET}\right)}$$

这是用户通过支付代币价格加入平台,然后获得股息支付的实际成本。进而,我们可以将(B.21)式改写为

$$(1-\delta_T)e^{(1-\eta_c)\tau_\varepsilon^{-1/2}z^{ET}+A+\frac{1}{2}\eta_c^2\tau_\varepsilon^{-1}}\Phi\left(\eta_c\tau_\varepsilon^{-1/2}-z^{ET}\right)=\kappa+p_{ET} \quad (\text{B.22})$$

以及(9)式中开发者的目标

$$\Pi^{ET} = \max_{\delta_T, p_{ET}, N} p_{ET}\Phi(-z^{ET}) + \delta_T U - \chi N \quad \text{（B.23）}$$

其约束条件为边际用户的无差异条件（B.22）式。

从（B.23）式中明显可以看出，开发者的股权规模与开发者收到的交易费份额无关，因为它总是通过代币价格 P 收到所有的交易费。因此，持有 N 的股权只会产生一定比例的成本 χN，这个成本在 $N=0$ 时最小。所以，开发者将选择不持有平台的任何代币或股权。

现在请注意，（B.23）式本质上与股权平台的开发者面临的问题（4）式相同，在没有破坏行为的情况下，p_{ET} 类似于 c。根据对基本的（B.9）式的类似计算，p_{ET} 的最优选项是最大可能的补贴，即 $p_{ET} = -\kappa$，在这种情况下，所有用户加入平台，$z^{ET} = -\infty$，$U = e^{A + \frac{1}{2}((1-\eta_c)^2 + \eta_c^2)\tau_\epsilon^{-1}}$。假如所有用户都参与，那么从（B.23）式中不难看出，最优交易费为 $\delta_T = 1$，即交易费为100%。

在股权平台上，由于存在机会主义个人，所以补贴 c 不能低于 $-\alpha\kappa$。这里，因为当 $\delta_T = 1$ 时用户全部参与，因此他们实际支付的价格为 $P = e^{A + \frac{1}{2}((1-\eta_c)^2 + \eta_c^2)\tau_\epsilon^{-1}} + p_{ET}$，于是开发者可以选择 $p_{ET} = -\kappa$，前提是 $P = e^{A + \frac{1}{2}((1-\eta_c)^2 + \eta_c^2)\tau_\epsilon^{-1}} - \kappa \geq 0$，或 $A \geq \log\kappa - \frac{1}{2}((1-\eta_c)^2 + \eta_c^2)\tau_\epsilon^{-1}$；相反，如果 $P < 0$，则开发者的利润 $\Pi^{ET} = P$ 为负值，此时开发者不会运营平台。选择零持股（$N=0$），也能最大化代币价格 P 的股息价值，这有助于通过代币价格折扣来补贴平台。

因此，如果 $A \geq A_*^{FB} \equiv \log\kappa - \frac{1}{2}((1-\eta_c)^2 + \eta_c^2)\tau_\epsilon^{-1}$，则开发者的最优策略是不持有任何股权，即 $N=0$，收取100%的交易费，并设定代币价格等于平台的总社会盈余 $P = e^{A + \frac{1}{2}((1-\eta_c)^2 + \eta_c^2)\tau_\epsilon^{-1}} - \kappa$。进而，用户在 $t=1$ 时采用推测的临界值策略，尽管这是一个所有用户都参与的平凡策略（即 $A_i \geq -\infty$）。

现在回到我们的假设，即 $t=2$ 时，用户以多数票赞成100%的交易费。显而易见，在 $t=2$ 时，用户在投票支付交易费时也会采用临界值策略。拥有较高禀赋 A_i 的人不希望自己的禀赋被征税 $\delta_T U_{i,2}(A_i)$ 以收取较少的股息 $\delta_T \int_{\hat{A}_{ET}}^{\infty} U_{i,2}\phi(\sqrt{\tau_\epsilon}(A-A_i))di$，因此投票赞成零交易费。相比之下，禀赋较少的人会投票支持股息提供的净补贴。于是，禀赋为 $A_i > \hat{A}_{ET}^1$ 的人将投票支持零交

易费，禀赋为 $A_i \leq \hat{A}_{ET}^1$ 的人则投票支持使边际用户保持中性的交易费，即

$$U_{i,2}\left(\hat{A}_{ET}^1\right) = \delta_T \frac{\int_{\hat{A}_{ET}}^{\infty} U_{i,2} \phi\left(\sqrt{\tau_\epsilon}\left(A-A_i\right)\right) di}{N+\Phi\left(\sqrt{\tau_\epsilon}\left(A-\hat{A}_{ET}\right)\right)} + (1-\delta_T) U_{i,2}\left(\hat{A}_{ET}^1\right)$$

代入（B.2）式、（B.3）式，$N=0$，由此可得

$$\exp\left((1-\eta_c)\hat{A}_{ET}^1\right) = E\left[\exp\left((1-\eta_c)A_i\right)\big|A_i \geq \hat{A}_{ET}\right] \quad （B.24）$$

上式唯一确定了投票临界值 $\hat{A}_{ET}^1$。因此不难看出，投票支持交易费的群体将维持100%的交易费，即 $\delta_T = 1$。根据詹森（Jensen）不等式，（B.24）式意味着 $\hat{A}_{ET}^1 \geq E\left[A_i\big|A_i \geq \hat{A}_{ET}\right]$，所以，维持100%交易费的投票总是以多数通过。

如果 $A < A_*^{FB}$，则开发者无法实现最优均衡，而且并非所有用户都参与平台。请注意，当 $A = A_*^{FB}$ 时，开发者赚取的利润为零，即 $\Pi^{ET} = P = 0$。根据包络定理，鉴于平台的利润随平台的需求基本面 A 递增，因此当 $A \leq A_*^{FB}$ 时，开发者的利润为（微弱）负值，所以开发人员应该关闭平台。

综上所述，开发者在运营平台时，实现了最优均衡，并从平台提取全部社会盈余，从而获得最大收益。

破坏均衡

现在，我们回到 $t=2$ 时控制个人或群体（对照组）的破坏行为问题上。首先考虑一种情况，即开发者不保留代币块（block of token），而是用户持有所有的代币。不难看出，在这种情况下，没有用户会投票采取破坏行为，因为该行为会对每个用户造成 γ 的损害，并且无法产生更高的回报补偿用户。

接下来我们考虑开发者保留代币块的情况。很明显，所有用户都会投票反对破坏平台，因为他们不仅会失去交易费的一半，还会损失每个用户的破坏成本 γ。因此，开发者必须拥有至少50%的股份才能成功破坏平台。

请注意，倘若开发者持有至少50%的股份，并且在有破坏行为的情况下每个代币的股息高于交易费，那么开发者将在 $t=2$ 时破坏平台，即

$$\frac{\gamma \Phi\left(-z_{SV}^{ET}\right)}{N+\Phi\left(-z_{SV}^{ET}\right)} \geq \frac{\delta_T^{SV} U}{N+\Phi\left(-z_{SV}^{ET}\right)}$$

其中，$z_{SV}^{ET} = \sqrt{\tau_\epsilon}\left(\hat{A}_{SV}^{ET} - A\right)$ 是有破坏行为的归一化临界值，它可以简化为 γ 是否大于平均交易费：

$$\gamma \geqslant \frac{\delta_T^{SV} U}{\Phi\left(-z_{SV}^{ET}\right)}$$

与（B.21）式类似，预期到在 $t=2$ 时会发生破坏行为，具有理性预期的边际用户的无差异条件由下式给出：

$$\left(1-\delta_T^{SV}\right)\frac{1}{2}e^{(1-\eta_c)\tau_\varepsilon^{-1/2}z_{SV}^{ET}+A+\frac{1}{2}\eta_c^2\tau_\varepsilon^{-1}}\Phi\left(\eta_c\tau_\varepsilon^{-1/2}-z_{SV}^{ET}\right)=\kappa+\gamma+P-\delta_T^{SV}\frac{\frac{1}{2}U+\gamma\Phi\left(-z_{SV}^{ET}\right)}{N+\Phi\left(-z_{SV}^{ET}\right)}$$
（B.25）

其中的关键区别是每个用户为破坏行为承担的成本 γ 和修改后的股息，即在 $t=2$ 时从破坏行为中获得的收益。我们定义

$$p_{ET}^{SV} \equiv P+\gamma-\delta_T^{SV}\frac{\frac{1}{2}U+\gamma\Phi\left(-z^{ET}\right)}{N+\Phi\left(-z^{ET}\right)}$$

继而可以把（B.25）式改写为

$$\left(1-\delta_T^{SV}\right)\frac{1}{2}e^{(1-\eta_c)\tau_\varepsilon^{-1/2}z_{SV}^{ET}+A+\frac{1}{2}\eta_c^2\tau_\varepsilon^{-1}}\Phi\left(\eta_c\tau_\varepsilon^{-1/2}-z_{SV}^{ET}\right)=\kappa+p_{ET}^{SV}$$
（B.26）

因此，当存在破坏行为时，开发者的目标（9）式是

$$\Pi_{SV}^{ET}=\max_{\delta_T,p_{ET}^{SV},N} p_{ET}^{SV}\Phi\left(-z_{SV}^{ET}\right)+\delta_T^{SV}\frac{1}{2}U-\chi N$$
（B.27）

其约束条件为边际用户的无差异条件（B.26）式。

比较（B.26）式和（B.22）式，显然，用户需要更多的补贴（低于 p_{ET} 的固定费用 p_{ET}^{SV}）和更少的交易费（低于 δ_T 的 δ_T^{SV}）才能达到相同的用户参与度，因为当存在破坏行为时，用户仅获得一半的交易收益。此外，对于固定费用（$p_{ET}^{SV}=p_{ET}$）和交易费（$\delta_T^{SV}=\delta_T$），开发者的利润（B.27）式严格低于（B.23）式。这是因为用户需要对代币价格进行折扣，以完全抵消破坏行为带来的收益。因此，在存在破坏行为的情况下，对于给定的用户参与度，开发者获得的收入更少，也更不愿意采取破坏行为。开发者可以通过保留小于50%的未流通代币的股权 N 来承诺这一点。由于没有破坏行为下的最优股权为零，因此开发者将选择 $N=0$ 以预先承诺在 $t=2$ 时不破坏平台。

命题8的证明

开发者

我们再次假设用户采用临界值参与策略，并且边际投资者的临界值禀赋为

$\hat{A}_I^{ET}$。开发者视投资者的最优政策为既定条件,同时内化边际投资者参与的无差异条件,类似于(B.18)式:

$$P = \frac{\frac{1}{2}\delta_T U + \frac{1}{2}(1-s_I)\delta_T U + s_I\gamma\Phi\left(-z_I^{ET}\right)}{n+N+\Phi\left(-z_I^{ET}\right)} - \kappa - s_I\gamma$$

$$+ (1-\delta_T)\left(1-\frac{s_I}{2}\right)e^{(1-\eta_c)\tau_\varepsilon^{-1/2}z_I^{ET}+A+\frac{1}{2}\eta_c^2\tau_\varepsilon^{-1}}\Phi\left(\eta_c\tau_\varepsilon^{-1/2} - z_I^{ET}\right) \quad (\text{B.28})$$

其中,最后一项是边际用户的交易收益。该式隐含着代币价格与边际用户 z_I^{ET} 之间的映射。我们定义

$$P \equiv \frac{\frac{1}{2}\delta_T U + (1-s_I)\frac{1}{2}\delta_T U + s_I\gamma\Phi\left(-z_I^{ET}\right)}{n+N+\Phi\left(-z_I^{ET}\right)} + p_I^{ET} - s_I\gamma \quad (\text{B.29})$$

其中 p_I^{ET} 是与代币现金流无关的盈余部分。当开发者设定代币价格时,我们可以将 p_I^{ET} 解释为开发者收取的加价。(B.28)式则表示 p_I^{ET} 是边际用户的交易收益减去参与成本,

$$p_I^{ET} = (1-\delta_T)\left(1-\frac{s_I}{2}\right)e^{(1-\eta_c)\tau_\varepsilon^{-1/2}z_I^{ET}+A+\frac{1}{2}\eta_c^2\tau_\varepsilon^{-1}}\Phi\left(\eta_c\tau_\varepsilon^{-1/2} - z_I^{ET}\right) - \kappa \quad (\text{B.30})$$

于是,开发人员的目标简化为

$$\Pi_I^{ET} = \max_{\delta_T, N, p_I^{ET}} p_I^{ET}\left(n+\Phi\left(-z_{SV}^{ET}\right)\right) + \delta_T\frac{1}{2}U + (1-s_I)\delta_T\frac{1}{2}U - s_I\gamma n - \chi N$$

$$(\text{B.31})$$

取 n 和 s_I 为给定值。特别地,n 由(B.30)式给出。回顾命题7的证明,当存在破坏行为时(即 $s_I = 1$),开发者的收入明显更低。通过类似的论证,开发者保留零股权 $N=0$,以避免产生相应的成本 χN,并事先承诺不破坏平台。

与命题4的证明类似,我们可以将隐函数定理应用于(B.30)式并求解

$$\frac{dz_I^{ET}}{d\delta_T} = \left(1-\frac{s_I}{2}\right)E\left[U\mid\mathcal{I}_i, A_i = \hat{A}_I^{ET}\right]\frac{dz_I^{ET}}{dp_I^{ET}}$$

其中 $E\left[U\mid\mathcal{I}_i, A_i = \hat{A}_I^{ET}\right]$ 是边际用户的总交易盈余,最优选择 p_I^{ET} 的一阶条件表示为

$$\frac{n}{\Phi\left(-z_I^{ET}\right)}+1-\frac{U/\Phi\left(-z_I^{ET}\right)}{E\left[U\mid \mathcal{I}_i, A_i=\hat{A}_I^{ET}\right]}\leq 0, (=\text{如果}\ P>-\alpha\kappa) \quad （B.32）$$

δ_T 的一阶条件为

$$\left(1-\frac{s_I}{2}\right)U+\left(\left(1-\frac{s_I}{2}\right)\delta_T\frac{dU}{dz_I^{ET}}-p_I^{ET}\phi\left(-z_I^{ET}\right)\right)\frac{dz_I^{ET}}{d\delta_T}=0 \quad （B.33）$$

如果没有投资者（即 $n=0$），则由于 $U/\Phi\left(-z_I^{ET}\right)>E\left[U\mid \mathcal{I}_i,A_i=\hat{A}_I^{ET}\right]$，开发者将选择最高补贴，并且如命题7所示，开发者将获得最优结果。然而，即使没有破坏行为，投资者的存在也排除了最优补贴，因为开发者不想补贴投资者（p_I^{ET} 取不了那么小的负值），而这会降低用户的参与度。此外，由于 p_I^{ET} 是更小的负值且根据（B.33）式，$\frac{dz_I^{ET}}{d\delta_T}>0$，它也降低了最优交易费 δ_T。因为较低的 δ_T 和用户参与度以及正的 n 值，所以平均股息 $\delta_T U/\left(n+\Phi\left(-z_I^{ET}\right)\right)$ 也较低。结果，在有投资者的情况下，开发者的收益、来自（B.29）式的代币价格和用户参与度都很低。鉴于破坏行为进一步减少了开发者的收益和用户参与度，当投资者破坏平台时，所有这些问题都会加剧。

投资者

投资者将开发者设定的代币价格视为给定。反过来说，如果 $n\geq\Phi\left(-z_I^{ET}\right)$，则投资者拥有足够大的股权，可以在 $t=2$ 时破坏平台，如果存在破坏行为的情况下，每个代币的股息高于交易费，或者当 $\gamma\Phi\left(-z_I^{ET}\right)>\frac{1}{2}\delta_T U$ 时 $s_I=1$，投资者就会这么做。

现在我们考虑 $t=1$ 时投资者的最优股权 n。当 $N=0$ 时，根据 n 的一阶条件（10）式，投资者的最优股权为

$$\frac{n}{\Phi\left(-z_I^{ET}\right)}\geq\sqrt{\frac{\frac{1}{2}\delta_T U+(1-s_I)\frac{1}{2}\delta_T U+s_I\gamma\Phi\left(-z_I^{ET}\right)}{P\Phi\left(-z_I^{ET}\right)}}-1, (=\text{如果}\ n>0) \quad （B.34）$$

其中 $z_I^{ET}=\sqrt{\tau_\varepsilon}\left(\hat{A}_I^{ET}-A\right)$，$U$ 是（B.3）式中给出的总交易盈余。假设 $n=0$，然后代入（B.29）式，则（B.34）式变为

$$\frac{n}{\Phi\left(-z_I^{ET}\right)} \geq \sqrt{1+\frac{s_I\gamma - p_I^{ET}}{P}} - 1, (= 如果 n > 0)$$

因为 $s_I\gamma \geq 0$，并且当 $n=0$ 时，从（B.32）式得出的最优 p_I^{ET} 为负，因此 $\sqrt{1+\frac{s_I\gamma - p_I^{ET}}{P}} > 1$，且 $n > 0$。进而，必定有 $n > 0$。

由此可见，投资者的最优策略是唯一的，并且由于投资者的方案是 n 的凹函数，所以投资者从购买代币中获得了正利润。

破坏行为

假设投资者有破坏行为。这要求 $n \geq \Phi\left(-z_I^{ET}\right)$ 且 $\gamma\Phi\left(-z_I^{ET}\right) > \frac{1}{2}\delta_T U$，以使 $s_I = 1$。然后根据（B.34）式，这要求

$$P < \frac{1}{8}\frac{\delta_T U}{\Phi\left(-z_I^{ET}\right)} + \frac{\gamma}{4} \tag{B.35}$$

将 P 的函数形式代入（B.35）式，意味着

$$\frac{\frac{1}{2}\delta_T U + \gamma\Phi\left(-z_I^{ET}\right)}{n+\Phi\left(-z_I^{ET}\right)} + p_I^{ET} - \gamma < \frac{1}{8}\frac{\delta_T U}{\Phi\left(-z_I^{ET}\right)} + \frac{\gamma}{4}$$

由于 $n \geq \Phi\left(-z_I^{ET}\right)$，因此满足以下条件时上式成立：

$$p_I^{ET} < \frac{3}{4}\gamma - \frac{1}{8}\frac{\delta_T U}{\Phi\left(-z_I^{ET}\right)} \tag{B.36}$$

将 p_I^{ET} 代入（B.30）式，并将 $E\left[U \mid \mathcal{I}_i, A_i = \hat{A}_I^{ET}\right]$ 的定义代入（B.36）式，得到充分条件

$$(1-\delta_T)E\left[U \mid \mathcal{I}_i, A_i = \hat{A}_I^{ET}\right] < \frac{3}{2}\gamma + 2\kappa - \frac{1}{4}\frac{\delta_T U}{\Phi\left(-z_I^{ET}\right)} \tag{B.37}$$

根据包络定理，平均交易费 $\frac{\delta_T U}{\Phi\left(-z_I^{ET}\right)}$ 是平台基本面 A 的递增函数，由此可知，当 A 足够低时，满足 $\gamma\Phi\left(-z_I^{ET}\right) > \frac{1}{2}\delta_T U$。同理，（B.37）式的左侧是 A 的递增函数，而右侧是 A 的递减函数。所以，当 A 较低时，这一条件将有所放松。

因此，当平台的需求基本面 A 足够弱时，破坏行为就会发生。

（颜超凡 译 赵吟泓 校）

参考文献

Abadi, Joseph, and Markus Brunnermeier, 2018. Blockchain economics. Working paper. Princeton University.

Allen, Franklin, Xian Gu, and Julapa Jagtiani, 2020. A survey of fintech research and policy discussion. Working paper. Imperial College London.

Arruñada, Benito, and Luis Garicano, 2018. Blockchain: The birth of decentralized governance. Working paper. Pompeu Fabra University.

Bakos, Yannis, and Hanna Halaburda, 2018. The role of cryptographic tokens and ICOs in fostering platform adoption. Working paper. NYU Stern.

Benedetti, Hugo, and Leonard Kostovetsky, 2018. Digital tulips? Returns to investors in initial coin offerings, Working paper. ESE and Carroll School of Management.

Bertucci, Louis, 2020. Incentives on the lightning network: A blockchain-based payment network. Working paper. U.C. Berkeley Haas.

Bhambhwani, Siddharth, Stefanos Delikouras, and George Korniotis, 2020. Blockchain characteristics and the cross-section of cryptocurrency returns. Working paper.

Biais, Bruno, Christophe Bisiere, Matthieu Bouvard, and Catherine Casamatta, 2019. The blockchain folk theorem. Review of Financial Studies 32, 1662–1715.

Biais, Bruno, Christophe Bisiere, Matthieu Bouvard, Catherine Casamatta, and Albert Menkveld, 2021. Equilibrium Bitcoin pricing. Journal of Finance.

Budish, Eric, 2018. The economic limits of Bitcoin and the blockchain. Working paper. University of Chicago.

Catalini, Christian, and Joshua S. Gans, 2019. Initial coin offerings and the value of crypto tokens. Working paper. Calibra and Rotman School of Management.

Catalini, Christian, Ravi Jagadeesan, and Scott Duke Kominers, 2020. Market design for a blockchain-based financial system. Working paper. Calibra and Harvard.

Chen, Yan, Igor Pereira, and Pankaj C. Patel, 2020. Decentralized governance of digital platforms. Journal of Management 20, 1–33.

Chiu, Jonathan, and Thorsten V. Koeppl, 2017. The economics of cryptocurrencies-Bitcoin and beyond. Working paper. Victoria and Queen's University.

Chod, Jiri, and Evgeny Lyandres, 2021. A theory of ICOs: Diversification, agency, and information asymmetry. Management Science 67, 5969 - 5989.

Chod, Jiri, Nikolaos Trichakis, and S. Alex Yang, 2019. Platform tokenization: Financing, governance, and moral hazard. Working paper. Boston College.

Choi, Kyoung Jin, and Jaevin Park, 2020. Blockchain, information production, and ownership structure: The case of a decentralized academic journal. Working paper. University of Calgary.

Cong, Lin William, and Zhiguo He, 2019. Blockchain disruption and smart contracts. Review of Financial Studies 32, 1754–1797.

Cong, Lin William, Zhiguo He, and Jiasun Li, 2021. Decentralized mining in centralized pools. Review of Financial Studies 34, 1191–1235.

Cong, Lin William, Ye Li, and Neng Wang, 2021. Tokenomics: Dynamic adoption and valuation. Review of Financial Studies 34, 1105–1155.

Cong, Lin William, Ye Li, and Neng Wang, 2022. Token-based platform finance. Journal of Financial Economics 144, 972–991.

Easley, David, Maurenn O'Hara, and Soumya Basu, 2019. From mining to markets: The evolution of Bitcoin transaction fees. Journal of Financial Economics 134, 91–109.

Fanti, Giulia, Leonid Kogan, Sewoong Oh, Kathleen Ruan, Pramod Viswanath, and Gerui Wang, 2019. Compounding of wealth in proof-of-stake cryptocurrencies, in Ian Goldberg and Tyler Moore. Financial Cryptography and Data Security. New York: Springer International Publishing.

Fanti, Giulia, Leonid Kogan, and Pramod Viswanath, 2019. Economics of proof-of-stake payment systems. Working paper. MIT Sloan.

Fisch, Christian, 2019. Initial coin offerings (ICOs) to finance new ventures. Journal of Business Venturing 34, 1–22.

Gan, Jingxing (Rowena), Gerry Tsoukalas, and Serguei Netessine, 2020. Initial coin offerings, speculation and asset tokenization. Working paper. Wharton School.

Goldstein, Itay, Deeksha Gupta, and Ruslan Sverchkov, 2019. Initial coin offerings as a commitment to competition. Working paper. Wharton School.

Gryglewicz, Sebastian, Simon Mayer, and Erwan Morellec, 2020. Optimal financing with tokens. Working paper. Erasmus University Rotterdam.

Harvey, Campbell R, Ashwin Ramachandran, and Joey Santoro, 2021. DeFi and the Future of Finance. New York: John Wiley.

Hinzen, Franz, John Kose, and Falad Saleh, 2020. Bitcoin's fatal flaw: The limited adoption problem. Working paper. NYU Stern.

Howell, Sabrina T, Marina Niessner, and David Yermack, 2020. Initial coin offerings: Financing growth with cryptocurrency token sales. Review of Financial Studies 33, 3925–3974.

Hu, Albert, Christine Parlour, and Uday Rajan, 2019. Cryptocurrencies: Stylized facts on a new investible instrument. Financial Management 48, 1049–1068.

Huberman, Gur, Jacob Leshno, and Ciamac C. Moallemi, 2021. An economic analysis of the Bitcoin payment system. Review of Economic Studies 88, 3011–3040.

Kose, John, Thomas Rivera, and Fahad Saleh, 2020. Economic implications of scaling blockchains: Why the consensus protocol matters. Working paper. NYU Stern.

Lehar, Alfred, and Christine Parlour, 2020. Miner collusion and the BitCoin protocol. Working paper. UC Berkeley.

Li, Jiasun, and William Mann, 2017. Digital tokens and platform building. Working paper. George Mason University.

Li, Jiasun, and William Mann, 2019. Initial coin offerings: Current research and future directions. Prepared for *Palgrave-MacMillan Handbook of Alternative Finance*.

Li, Jiasun, and Guanxi Yi, 2018. Toward a factor structure in crypto asset returns. Working paper. George Mason University.

Liu, Yukun, and Aleh Tsyvinski, 2021. Risks and returns of cryptocurrency. Review of Financial Studies 34, 2689–2727.

Liu, Yukun, Aleh Tsyvinski, and Xi Wu, 2022. Common risk factors in cryptocurrency. Journal of Finance 77, 1133–1177.

Liu, Zhuang, Michael Sockin, and Wei Xiong, 2020. Data privacy and temptation. Working paper. Princeton University.

Malinova, Katya, and Andreas Park, 2018. Tokenomics: When tokens beat equity. Working paper. University of Toronto.

Makarov, Igor, and Antoinette Schoar, 2021. Blockchain analysis of the Bitcoin market. Working paper. MIT Sloan.

Mayer, Simon, 2019. Token-based platforms and speculators. Working paper. Erasmus University Rotterdam.

Pagnotta, Emiliano, 2022. Decentralizing money: Bitcoin prices and blockchain security. Review of Financial Studies 35, 866–907.

Rochet, Jean-Charles, and Jean Tirole, 2006. Two-sided markets: A progress report. RAND Journal of Economics 37, 645–667.

Rosu, Ioanid, and Fahad Saleh, 2021. Evolution of shares in a proof-of-stake cryptocurrency. Management Science 67, 661–672.

Saleh, Fahad, 2021. Blockchain without waste: Proof-of-stake. Review of Financial Studies 34, 1156–1190.

Shams, Amin, 2019. What drives the covariation of cryptocurrency returns?. Working paper. Ohio State University.

Sockin, Michael, and Wei Xiong, 2020. A model of cryptocurrencies. Working paper. Princeton University and UT Austin.

Taylor, Curtis, 2004. Consumer privacy and the market for customer information. RAND Journal of Economics 35, 631–650.

Tsoukalas, Gerry, and Brett Hemenway Falk, 2020. Token-weighted crowdsourcing. Management Science 66, 3843–3859.

数字时代的新特点与经济和管理学科建设

数字经济时代的创新与人才培养

叶强[*]

社会发展的需要是人才培养的根本出发点。习近平总书记在中央人才工作会议上强调，人才工作要"坚持面向世界科技前沿、面向经济主战场、面向国家重大需求、面向人民生命健康"。本文从ChatGPT（聊天生成预训练转换器）所代表的大模型的发展对人才培养的冲击切入，在总结数字经济时代创新的四个层次的基础上，结合能源领域和平台经济的实践案例，提出创新是数字经济时代增长和发展的动力源，而管理则是数字经济时代增长和发展的推进剂。本文的最后，是对如何培养顺应时代要求的高素质拔尖创新人才的一些思考。

一、以ChatGPT为代表的人工智能技术发展下的社会问题

2022年11月30日OpenAI公司推出ChatGPT，引发了全世界热烈关注，其在谷歌趋势（Google Trends）上的热度数月不减，一度成为大家最感兴趣的话题之一。2023年3月14日OpenAI继续推出支持多模态的GPT-4，并在同月23日开放第一批基于GPT-4的插件，使GPT能够广泛地融入各类应用场景。对于这样一项技术，以比尔·盖茨和黄仁勋等为代表的大多数人都认为这是一个革命性的变化，但是也有人认为这只是普通的算法进步，称不上革命性的变

---

[*] 叶强，中国科学技术大学讲席教授，管理学院执行院长、科技商学院执行院长、国际金融研究院院长，中国高被引学者（Elsevier，2015—2022）。

化。由此想起20多年前我在哈尔滨工业大学学习人工智能课程时的情形。我记得王义和老师讲到了图灵测试，在我那时候的认知里，这一天遥不可及，感觉我们这一代是看不到机器通过图灵测试的时刻了。但今天以GPT为代表的预训练大模型让我们看到图灵测试这座人工智能发展的里程碑似乎已触手可及，人工智能在特定能力方面已经发展到可以与人类相媲美的程度。尽管目前的技术还存在各种缺陷和不足，在很多方面表现不如人类，但GPT所呈现的能力和潜力让我们觉得惊喜，它极大地拓展了我们对未来人类社会的想象空间。同时，以GPT为代表的预训练大模型和其他人工智能技术的快速发展和场景化应用的不断推进，可能会带来人类社会生产方式和组织方式的巨大变革，这也引发了我们对于技术进步和人才培养等一系列社会问题的思考。

如果不考虑人为控制，人工智能的迭代速度完全可以超越人类的进化速度。从人类自然进化的过程看，从猿到人的进化过程中脑容量和脑神经元数目的量变带来了人类智力的质变。目前人类的脑细胞稳定在140亿到150亿个，并且在相当长的一段时间内难以有很大提升。而GPT-3据称有1 750亿个参数，经过不到两年的时间迭代到大约有5 000亿到1万亿个参数的GPT-4。在这样的参数量级上，预训练大模型已经展现出令人惊叹的、特定方面可以与人类相提并论的能力。我们可以预见，拥有2万亿、100万亿甚至更为巨大参数规模的大模型指日可待。目前关于人工智能"智能程度"的认知尚且可以比照生物进化中脑容量和神经元数量增长带来的智力增长来理解，而未来参数量级更进一步的指数型增长，可能会突破我们关于智能的认知天花板。未来的人工智能可能会拥有不可预知的潜力和能力。

迅速迭代的大模型等人工智能技术及其代表的未来，已经开始重塑当下社会对人才的需求，并将快速、全面地改变人才格局和长久以来我们对人才培养的认识。2023年3月17日，OpenAI联合其他研究单位共同发表了关于大语言模型（LLM）技术如何影响不同工作岗位的研究结果。该研究发现在大约1 000类工作岗位中，绝大多数的岗位都将受到大语言模型技术的影响。[①]以美国为例，80%以上的岗位受到的影响程度超过10%，有19%的

---

① Tyna, E, Sam, M, Pamela, M, et al., 2023. GPTs are GPTs: An Early Look at the Labor Market Impact Potential of Large Language Models. arXiv:2303.10130v5.

岗位受到的影响程度超过50%。其中撰写文字和编程相关工作所受的冲击最大，而对科学性和批判性思维要求高的行业，目前受到的影响似乎最小。这项研究从大语言模型对工作岗位的影响这一切入口让我们窥见人工智能对劳动力市场的巨大冲击。如何理解和应对这种冲击，成为摆在整个人类社会面前的一个问题。

对技术冲击的有效应对有赖于对技术进步的辩证理解。有观点认为ChatGPT相关技术的出现和发展是一个典型的科林格里奇困境（Collingridge's Dilemma），过早干预可能导致发展不足，难以产生颠覆性的技术进步。但当颠覆性技术已经成为社会的一部分时，则有可能已经无法干预其发展。在机会和威胁并存的情况下，我更愿意相信人工智能的发展将会造福人类。人与人工智能相比，人工智能各方面的能力都有可能超过人，但二者最大的区别是：人工智能是人创造的，人不是人工智能创造的。人与人工智能的关系始终是人与技术的关系，而不是人与比人更为进化的生物物种的关系。回顾人类社会的发展，每一次颠覆性技术的产生和发展，比如汽车和核能等，都同时伴随着相当一部分人感知到巨大的职业威胁，但在人类共同的尝试和努力下，一系列适应人和技术的规范制度如交通规则和核安全条约等应运而生，最终都使得颠覆性技术成为造福人类的巨大社会进步。基于这样的历史经验，ChatGPT等新技术大概率也是如此。这一想法也与高盛的一项研究不谋而合，该研究也认为ChatGPT这类人工智能技术的出现将会提高劳动生产率，带来全球经济增长的新动力。我们有理由相信，如果我们能形成对技术发展的合理认知和有效应对，完全可以让当前的技术变革一如既往地服务于人类福祉。

二、数字经济时代的发展动力

1. 创新是数字经济时代增长和发展的动力源

数字经济相关产业已成为国民经济发展的重要引擎。2022年，我国数字经济规模首次突破50万亿元人民币，数字经济占GDP的比重相当于第二产业占国民经济的比重，达到41.5%。在2016年G20杭州峰会上，数字经济首次被列为G20创新增长蓝图中的一项重要议题，并提出《二十国集团数字经济发展与合作倡议》。在该倡议中，创新被列为七大原则之首。由此可见，创新已成为数字经济时代驱动经济发展的基础要素。

以ChatGPT等大模型技术为代表，数字经济时代的创新多以信息技术和产品作为表现形式。但是，在数字经济时代要理解创新，仅考虑技术和产品层面是远远不够的。实际上，数字经济时代的技术创新往往伴随着新的商业模式，如我们耳熟能详的平台经济、碳汇经济、金融科技等；新的商业模式背后是由数据驱动等新的决策模式支撑的；新的决策模式则来源于顶层的思维模式创新。技术上的突破和成功并不一定代表商业模式的成功，而成功的商业模式背后一定有有效的决策模式和创新的思维模式。可以说，是否具有适应甚至引领时代发展潮流的发展理念和思考方式是决定数字经济时代创新活动成败的底层逻辑。图1自下而上呈现的四个层次由表及里地把握了数字经济时代下创新的实际内涵。

新思维模式　　（新发展理念、新的思考方式）
新决策模式　　（多约束条件、大数据、AI……）
新商业模式　　（数字经济、平台经济、区块链、碳汇经济、金融科技……）
新技术、新产品（低碳化、数字化、智能化、网络化、生物科技……）

图1　数字经济时代创新的四个层次

2. 管理是数字经济时代增长和发展的推进剂

技术无法替代正确的管理方法和思维方式。合理有效的管理方法和管理理念能够快速推进新技术和新产品的产业化应用，形成规模化的社会经济效益。不能适应时代发展和市场特征的管理方法和管理理念则无法为新技术的大规模应用提供助力，导致新技术停留在指标层面，无法形成社会效益。而数字经济时代平台化组织的特征则会加速对新技术和新产品的筛选，因此管理对于新技术的推进作用就显得更为突出。以数字风电的产业落地为例，传统的风力发电机检修维护工作往往是时间驱动的定期检修模式，这种模式效率不高，既可能出现没到检修期就发生故障的情况，也可能出现对工作状况较好的风机进行停机检修的情况。国家能源投资集团有限责任公司云南风力发电系统于2019年开始采用数字风电技术，通过数字技术从风力发电机获取高频、高密度的流数据进行实时分析和安全监控。这项技术使其对风机的检修管理模式变成事件驱动型的新模式,如果数据中没有给出需要检修的事件信号,风机就不必停机检修。数字化的新管理模式在更好地保证系统安全的同时,增加了发电机的发电时长,从而大幅提升风机的累计发电量。技术变革配合具有适应性的管理新模式可以立竿见影地提升发电企业的利润。

在这个方面,一个不太成功的案例是美国的房地产中介平台Zillow公司。该公司是美国最大的在线不动产交易平台,开发出准确度极高的房产估值模型,并在该模型和海量真实交易数据的基础上开发了基于人工智能算法的房产投资业务Zillow Offers。该业务主要通过预测房屋几个月后的价格,从卖家手里收购房子,然后由Zillow装修维护后再卖出以实现收益。这项看似非常成功的技术却以Zillow Offers上线两年就关停收场。该项目失败的主要原因是商业模式上的缺陷。这套算法的落地应用没有考虑到房主报价时隐瞒信息的问题,以及收到Zillow Offers报价的房主只有认为报价比实际价值有利时才会接受报价卖出房产这一逆向选择问题。同时项目决策者过于激进的成交量目标加剧了信息损失和定价偏差。这些管理方法和管理理念上的问题共同导致项目迅速产生大量亏损而失败。Zillow案例带来的直接启示就是,单纯的技术驱动可能并不能解决商业问题,技术指标表现优异的方法并不能直接输出成为商业决策。而信息技术等方面的技术人才仍然不能完全替代具有领域知识和实践经验的管理人才。

管理对技术发展的推进作用并不是数字经济时代的新特征。迄今为止的历次产业革命都得益于经济发展机制的转变与管理方法的革新。第一次产业革命时,相对稳定和繁荣的市场经济体制孕育了蒸汽机和珍妮机的诞生,蒸汽时代到来;第二次产业革命时,崇尚创新和冒险的企业家精神以及与流水线一同诞生的管理学,使得美国出现如爱迪生、特斯拉和亨利·福特等一批发明者、企业家,在电气时代后来居上并成功孕育了第三次产业革命,率先进入信息时代。但是,在数字经济时代,管理对技术发展的推进作用呈现更为深远的影响。以平台经济为例,平台企业具有双边市场特征,可以同时链接多个生产方与多个消费者,这种开放性使其具有更高的资源配置效率。不仅可以降低平均成本,而且会产生需求方的规模经济,企业价值随交易量增长而增长(如图2)。在这个过程中,如何建立更有效的资源配置方式,实现更广泛的社会福利提高,就成为平台经济发展和平台企业价值创造的根本目标。管理毫无疑问将在其中发挥巨大作用。

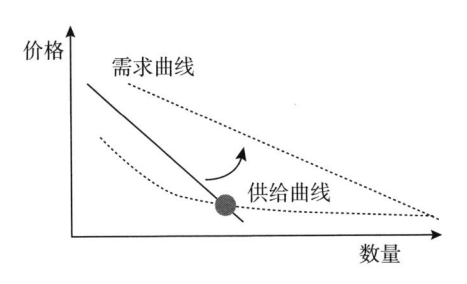

图2　平台经济的需求方规模经济

三、数字经济时代的企业管理和人才培养

1. 培养"五懂"企业家

区别于其他物种，人类拥有的沟通、交流、管理、合作能力是人类最重要的能力。将人类个体组织起来，分工合作，最大程度地释放人类的能力，这是人类社会进步的基本动力。在企业的发展过程中，企业家的引领作用不可替代。企业家不仅要具备领导团队和开发新技术、新产品的能力，更应该具有远见卓识，能够引领企业实现创新曲线的跳跃。这就要求企业家具有探索商业模式创新、推动决策模式创新以及坚持思维模式创新的优秀素质。

作为商学院，我们要为国家培养具有企业家精神和适应数字经济时代发展要求的创新人才。如何培养这样的人才呢？中国科学技术大学正在探索"懂科技、懂产业、懂资本、懂市场、懂管理"的"五懂"复合型人才培养新模式。通过对学生进行多个领域知识的专业训练，培养满足未来科技产业发展所需要的人才。按照教育规律，我们从知识获取、能力培养和价值塑造三个层次来设定人才培养的目标（图3）。学生不仅要掌握相关领域重要的核心知识，还要有对未知领域进行探索的能力，尤为重要的是通过价值塑造，让学生对未来怀有更大的梦想，勇于承担更重要的社会责任，创造更大的社会价值。

2. 数字经济时代人才培养的三个层次

人才培养是一个宏大而深刻的话题。我们很多大学可能都面临这样的情况，很多进入大学的学生，他们的思维仍然停留在分数决定一切的高考模式。

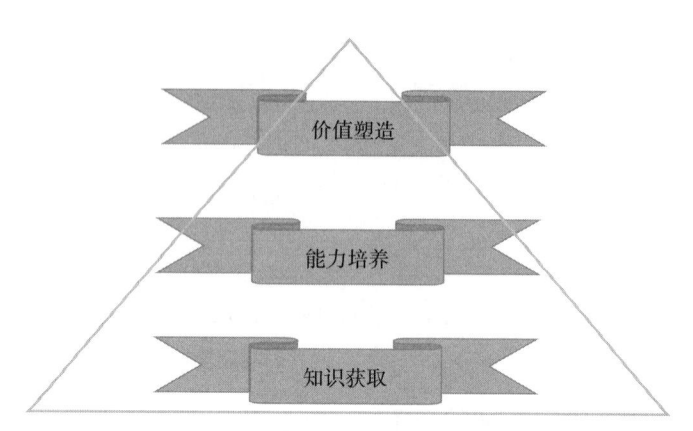

图3　数字经济时代的人才培养三目标

当学生讨论未来时，他满脑子想的都是学分绩、成绩排名和保研资格，这实际上是很让人遗憾的。把所有精力都放在知识获取上的学生很可能在以GPT为代表的人工智能发展浪潮中被淘汰，而加强培养批判性思维和探索未知的能力，以及通过价值塑造充分发挥人的主观能动性才是面向未来的人才培养思路。陈省身先生在1985年给中国科学技术大学少年班的同学有一句著名的题词——"不要考第一"。以我个人的理解，这是希望学生不能仅仅满足于对书本知识的获取，不要太看重成绩排名，而是要把眼光放到比书本知识和成绩排名更长远的未来，努力提升探索未来的能力，胸怀更远大的梦想去拥抱未来。实际上不仅学生要有梦想、企业家要有梦想，我们的老师和大学也要有梦想，不过于看重短期工作成绩和排名，而应立足于更深远的格局思考如何创新发展，坚守教育的初心和使命，并以百折不挠的精神勇毅前行，这样我们才能培养出更多适应未来社会发展需要的创新人才。

实践出真知。为了落实我们的人才培养理念，中国科学技术大学与安徽省人民政府、合肥市人民政府于2022年底共建"科技商学院"，旨在探索科技产业组织人才培养的新模式，希望将其建设成为世界一流并具有中国科学技术大学特色的科技型商学院。这所新型商学院将致力于培养适合未来科技产业发展的复合型创新人才，并助力解决科技产业化过程中的一系列问题。这所学院将秉承中国科学技术大学"理实交融"的校训，采用具有实践、实战和实效特征的教学模式。我们期待这样的模式能够有助于培养"五懂"复合型人才，以适应技术变革和创新发展的需要。

引领人类社会不断向前发展，需要我们的大学对如何做好教育、科技和人才培养工作持续不断地深入思考、探索路径、创新模式。在全社会的共同努力下，我相信中国一定能在未来发明创造出更多更好更大的、"从0到1"类型的创新成果。届时，诺贝尔奖也可能仅是一个符号。

中国数字经济快速崛起的驱动力

毛基业　马冲　安筱鹏[*]

作为中国数字经济的最早业态，电子商务从零起步，发展成为改变中国经济结构的庞然大物，其飞速增长可以称为一个奇迹。国家统计局最新数据显示，2022年全国网上零售额13.79万亿元，其中实物商品11.96万亿元，同比增长6.2%，占社会消费品零售总额的27.2%。此外，中国网络购物用户规模达7.82亿，电子商务从业人员达6 015.33万人（中华人民共和国商务部，以下简称商务部，2021）；2022年快递业务量完成1 105.8亿件，同比增长2.1%（《2022年邮政行业发展统计公报》，中华人民共和国交通运输部，以下简称交通运输部，2023）。电子商务打通了生产端和消费端，拉动了数千万人口就业，带动了无数产业链的发展。无论是行业规模还是层出不穷的商业模式创新，中国的电子商务都是世界上最发达的，也可以说是中国数字经济快速崛起的最主要标志。因此，本文聚焦影响中国电子商务发展的供给和需求侧因素，寻求对这一增长奇迹的系统性解释。

一、中国电子商务发展概述

中国电子商务起步于20世纪90年代中期，伴随着改革开放的巨大红利，

---

[*] 毛基业，上海科技大学创业与管理学院教授；马冲，对外经济贸易大学国际商学院讲师；安筱鹏，阿里研究院副院长。本文之前的一个版本已经发表（Ma, Mao and An, 2022），本文做了部分更新和改写。

电子商务也迎来了蓬勃发展。作为中国最大的电子商务企业，阿里巴巴起步于1998年，成立之初专注于面向企业的电子商务平台业务，但其很快捕捉到消费者电商市场的巨大潜力，并推出了面向个人用户的淘宝网。随后，阿里巴巴迅速占据中国电子商务市场的最大份额，这一数据在2010年达到87%。另两家电商巨头，即成立于2004年的京东商城和成立于2016年的拼多多，分别依靠主打B2C（企业对消费者的电子商务模式）和社交拼团迅速崛起，并占据了显著的市场份额。随着中国互联网进入移动互联时代，电子商务的业态变得愈发多元化。从主打生鲜外卖的饿了么和美团外卖，到主打社交电商的以小红书为代表的生活分享平台，后者已经凭借美妆作为切入口，朝着全品类电商拓展。此外，月活均超过5亿的两家短视频平台，抖音和快手，也正在大力开拓电商业务以期分享中国电子商务市场的蛋糕。总之，在近三十年的发展历程中，电子商务巨头先后崛起，大量玩家以不断创新的实践促进了中国电子商务的繁荣。为什么中国电子商务能够迅速崛起？我们期望通过数据分析得到一个有效的解释模型。

二、中国电子商务快速崛起的驱动力

中国电子商务市场的发展首先得益于强烈的需求拉动，极为碎片化和低效的传统零售显然不能满足中国超大规模市场日益增长的需求。其次，考虑到中国电子商务的发展环境和用户群体，本文认为企业持续满足和创造需求、教育红利等同样是不容忽视的重要因素。结合现有研究、相关白皮书和公开演讲，以及对巨头阿里巴巴的持续跟踪和相关数据分析，本文基于中国电子商务的发展环境和市场角色，将中国电子商务快速发展的原因归纳为三个维度，分别是需求侧、企业侧和供给侧。以下基于这三个维度分别进行分析。

1.需求侧强烈拉动

（1）超大规模市场

毫无疑问，中国拥有超大规模市场，并在相当多领域是全球最大单一市场，这与互联网平台的规模效应相得益彰。首先是人口众多，中国人口规模在2000年为12.67亿，到2021年已经超过14亿，巨大的国内市场足以给电子商务企业提供广阔的成长空间。截至2021年12月，中国网民规模为10.32亿，互联网普及率达73.0%（中国互联网络信息中心，2022）。其中，手机网民规模为10.29亿，网民中使用手机上网的比例为99.7%（中国互联网络信息中心，2022）。其次是人口分布密集，2016年，中国人口密度为143人/平方千米，而美国同期仅为34人/平方千米（波士顿咨询，2017）。据中国商务部对中国31家主要网络零售平台和在线服务平台的统计，中国东部地区的网络零售额在2020年占全国比重已经达到84.54%（商务部，2021）。此外，得益于超大规模市场，电子商务企业有机会探索出丰富的应用场景，积累超大规模数据。作为数字经济时代的"石油"，指数级增长的数据无疑又给中国电子商务的发展提供了源源不断的动力。

（2）传统模式低效

相对于美国拥有沃尔玛等巨头、日本有遍布全国的连锁便利店，中国电子商务的崛起建立在对碎片化、低效率的传统零售模式的替代上。从商业零售整体发达度看，美国零售市场以大卖场、会员店模式为主，沃尔玛、好市多、克罗格等零售商占了最大市场份额，其中沃尔玛以超过5 000亿美元的年营收额占据绝对领先地位，而其他两家年营收额也都超过了1 000亿美元（National Retail Federation，2022）。此外，面向不同消费人群，美国市场有丰富的零售商品牌，市场成熟度更高。在日本，连锁便利店数量庞大，据日本特许经营协会数据，截至2020年年底，日本便利店数量为55 950家，其中7-11在日本开店数量超过2万家，全家、罗森也都超过了1万家（Jfa-fc，2022）。这些便利店遍布地铁车站以及街巷，极高的普及度和便利化程度为消费者提供了高密度的购物机会。

相比之下，中国传统零售市场的组成多为不成熟的独立零售商店。这些零售店售价较高，品类不够完善，服务能力也不强，甚至充斥着假货。参考2005年的数据，在日用百货零售领域，中国夫妻店渠道销售额占比53%，现代连锁零售渠道销售额占比仅为47%。同期，美国现代连锁零售渠道销售额占比为82%，夫妻店渠道销售额占比仅为18%；中国每千人零售营业面积为18平方米，而美国同期为1 105平方米（波士顿咨询，2017）。此外，中国房价、房租长期处于高位，畸形的房价严重绑架了实体零售，零售商薄利多销的业务模式遭受了巨大的冲击。

因而，极为分散、效率低下的传统零售服务体系与中国发展需求差距太大。电子商务解决方案用信息流驱动了物流和资金流，以端到端的配送方式触及了原先广大、未被满足的市场。数据显示，网络零售带来的效率远高于传统零售。从1元投入成本所完成的商品销售额来比较交易效率，2009年线下零售为11.7元，网络零售为39.6元；2010年线下零售为12.6元，网络零售为44.9元；2011年线下零售为12.5元，网络零售为49.6元（波士顿咨询，2017）。在以上多种原因的作用下，电子商务如同潮水般席卷了实体零售。

（3）用户特质

中国人易于接受新事物。改革开放四十多年来，变化成为中国人生活的常态。中国的政策在不断变化，居民收入在不断变化，城市更新更是日新月异。因而，中国人乐于拥抱变化，喜欢尝试新技术，对新生事物更为热情。相比于美国网民，中国网民对新兴互联网应用显示出更高的接受度，这体现为新兴应用在中国的渗透速度超过了美国。例如，亚马逊在美国的用户渗透率达到50%用了14年，而淘宝在中国实现这一目标仅花了9年时间。正是由于对技术创新和互联网驱动的便利生活方式的热衷，中国消费者数字化程度全球领先。对比发达国家，2019年，中国的网上零售额渗透率达到26%，是发达国家的2.4倍，而智能手机的用户移动支付渗透率更是发达国家的2.8倍，高达81%（贝恩，2021）。此外，伴随着经济高速增长下较快的工作和生活节奏，中国人也乐于接受电子商务带来的便利。

年轻一代对互联网接受度高。1990年后和2000年后出生的人通常被认为是互联网原住民，他们普遍对网络接受度较高。据中国互联网络信息中心数据，截至2021年12月，10岁以下、10~19岁、20~29岁、30~39岁网民占比分别为4.3%、13.3%、17.3%、19.9%。其中，中国未成年网民已达1.83亿，互联网普及率为94.9%，远高于成年群体互联网普及率（中国互联网络信息中心，2022）。在电子商务方面，1980—1995年出生的网民群体网购使用率最高，达93%。1995年以后出生（Z世代）的网民群体网购消费潜力最大，41.9%的网购用户网上消费额占日常消费总额的三成以上，网购消费占比高于其他年龄网购群体（中国互联网络信息中心，2022）。

中国人的文化习惯。中美在文化习惯上存在差异，如对待个人隐私态度的不同，这与传统上个人主义和集体主义的倾向有关。在电子商务情境下，中国人对隐私安全容忍度高，并易于接受使用个人信息获取个性化服务。有学者从本土化创新角度分析了淘宝和eBay之间的竞争，尤其指出了解决信任问题的支付宝应用创新（Jiang and Murmann，2022），我们在这里从文化习惯角度给出分析。首先，eBay在中国是收费的，卖家上架商品需要缴费，成交也需要给eBay提成。相反，淘宝是完全免费的，更符合中国人的喜好。其次，eBay的网页设计并不符合中国人的使用习惯。最后，相比于易趣或者eBay，淘宝的名字在中国也更深入人心。这些文化习惯的保护无疑增强了本土电商的竞争优势。

用户对价格敏感。据世界银行数据，2000年，中国人均国民总收入（GNI）仅940美元（世界银行，2022a），而同期美国为35 960美元（世界银行，2022b）。即使在2010年，这一数字分别为4 340美元（世界银行，2022a）和49 140美元（世界银行，2022b），仍然差距巨大。可见，由于收入水平较低，中国消费者对价格较为敏感。与传统零售价格高企相比，得益于互联网的规模化，电子商务带来了明显的价格优势。例如，京东商城通过集中化和规模化，绕开多级经销网络，直接打通线上线下，不仅解决了传统零售价格高企的问题，也解决了假货横行的问题。

2. 企业侧持续满足和创造需求

（1）企业持续创新

在中国数字经济飞速发展的20多年中，多样化的数字业态相继出现，日益创新，如起步于20世纪90年代的电子商务，到稍晚的社交、餐饮、打车，以及如今火爆的短视频。尤其是在中国电子商务市场这条高速而拥挤的赛道上，深耕多年的行业巨头与不断涌入的新玩家，共同引领行业的持续创新。成立超过20年的阿里巴巴，持续探索新的电子商务零售形态，从C2C（个人与个人之间的电子商务）的淘宝到B2C的天猫商城，再到目前火爆的淘宝直播，掀起了全网直播带货的热潮。新玩家如拼多多也在不断突破电子商务日益成熟甚至固化的模式，并在短短3年时间内占据了相当比例的电子商务市场份额。垂直电商如叮咚买菜则创新引入货品前置仓概念，大幅提高了生鲜电商平台的效率。总之，在中国电子商务市场高速发展的30年中，众多玩家陆续入场并成功赢得船票，行业创新持续井喷。

在激烈的竞争环境中，电子商务企业坚持快速迭代和创新。以IOS（由苹果公司开发的移动操作系统）端为例，淘宝移动端App在2021年4月至2022年3月期间，面向用户更新了22个版本。京东商城更新频率更高，自2022年1月至3月就更新了9个版本。显然，企业持续创新是中国电子商务持续繁荣的重要因素，变化是中国电子商务市场唯一不变的特质。

（2）创造需求

以往由于信息获取不足，用户依赖搜索下单，电子商务平台仅作为连接用户与商品的桥梁。然而，随着信息的爆炸式增长和网络社区形成，消费者逐渐从搜索购买，过渡到基于其他用户的分享购买以及基于大数据的推荐购买。这种转变依赖于电子商务平台庞大的数据积累和对数据的分析使用。例如，在庞大的用户规模下，淘宝依靠数据积累和算法不断试错，发挥数据的规模效应，挖掘到用户的潜在需求，做到千人千面的定制化。如今，用户在阿里系平台的推荐购物下单数量已经超过了自选下单。

此外，电子商务企业持续创造新的消费场景。例如，随着追求个性、注重兴趣分享的Z世代新消费群体崛起，淘宝在2021年7月换新slogan（标语）并进行版块升级，新的"逛逛社区"满足了年轻用户的分享社交欲望，多样的淘宝榜单满足了用户的个性化需求，"买家秀"和"问大家"让用户在线上"逛街"时也能感受到与人交流的快乐。电子商务企业还推动了购物节的诞生，如"双11"购物节等，让原本的消费淡季成为消费旺季。

3. 供给侧的使能

在供给侧主要有三个有力的驱动力量。

（1）适度超前的基础设施建设

中国政府在基础通信领域保持超前投入，带来较高的互联网普及率和较低的互联网接入成本。截至2021年年底，中国覆盖全国范围的通信基站总数已达996万个，中国城镇地区互联网普及率达到81.3%，农村地区互联网普及率为57.6%（中华人民共和国工业和信息化部，以下简称工信部，2022）。在宽带接入方面，固定互联网宽带接入用户总数超过5.36亿户，其中100Mbps（每秒百万比特）及以上接入速率的用户为4.98亿户，占总用户数的93%（工信部，2022）。在移动接入方面，中国移动电话用户总数16.43亿户，普及率为116.3部/百人，其中北京和上海这两个最重要的经济城市更是分别达到了181.4部/百人和176.9部/百人。2021年，中国全年移动互联网月户均流量（DOU）达13.36GB/（户·月），而这一数据在2016年仅为0.76GB/（户·月），5年时间里增长近20倍（工信部，2022）。

不仅仅是通信设施，在交通设施方面，中国也在大跨步发展。截至2020

年末，中国铁路营业里程达到14.6万千米，其中高铁营业里程3.8万千米，全国公路总里程519.81万千米（交通运输部，2021）。而在2003年时，中国铁路营业里程仅7.3万千米（国家铁路局，2003），彼时中国还没有高铁，全国公路总里程仅为180.98万千米（交通运输部，2003）。因而，愈发便利的交通催化了电商物流的繁荣。

（2）政策红利

政策包容审慎。一方面，政府层面鼓励和引导"大众创业、万众创新"，激活了中国社会培育创新创业的多方力量。例如，中国产业基金、私募股权基金（PE）和创业投资基金（VC）活跃，为创业企业提供了孵化和助力；实体品牌易于凭借电商平台从地域市场拓展到全国市场，因而也在积极拥抱电子商务，这无疑促进了电子商务生态的繁荣。另一方面，出于审慎及监管考虑，中国政府要求国外公司进入中国市场需遵守中国法律。因而在部分领域，国际巨头没有进入中国市场，这给了中国企业学习国际巨头、降低试错成本、快速成长的机会。最典型的案例是谷歌退出中国市场。在缺乏竞争的环境中，同样以搜索为核心业务的百度在中国占据绝对市场份额。据美国网站通信流量监测机构Statcounter的数据，2022年3月，百度搜索引擎在中国市场的占有率高达84.3%（Statcounter，2022）。

（3）教育红利

中国政府对基础教育和高等教育极为重视，这为电子商务的发展带来了创新创业的人才红利。针对基础教育，1986年，中国将九年义务教育以立法的形式固定下来。到2020年，九年义务教育巩固率达到95.2%（中华人民共和国教育部，以下简称教育部，2021）。针对高等教育，中国拥有规模庞大的计算机、电信等专业毕业生。据中国教育部下属的阳光高考信息平台统计数据，计算机科学与技术专业已经连续多年每年毕业生人数超过10万人（阳光高考，2022a），而软件工程专业的毕业生数量在2020年也达到了85 000~90 000人这一区间（阳光高考，2022b）。规模庞大的人才红利、工程师红利组成了电子商务创新创业的主力军。

三、中国电子商务高速发展的驱动力模型

基于对发展环境和市场角色的数据分析，我们认为中国电子商务的快

速崛起得益于强烈的需求拉动、企业满足需求、供给侧的使能（如图1所示）。其中，需求侧的三个要素（超大规模市场、传统模式低效、用户特质）是最为重要的解释因素，过于低效的传统模式和未被满足的巨大需求拉动了中国电子商务市场的发展。需求侧的因素为企业侧的创新创业提供了广阔空间，不断涌现的企业持续创新，满足了巨大的消费者需求，并创造出新的需求。作为使能因素，供给侧的要素给企业侧的创新创业提供了发展的基础条件。

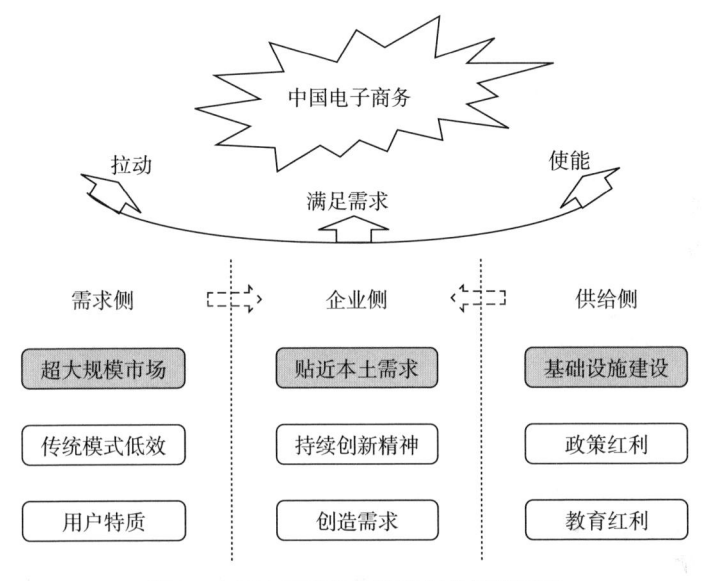

图1　中国电子商务高速发展的解释模型

注：阴影部分为Jiang and Murmann（2022）总结的因素。

四、中国电子商务发展展望

经过近30年的发展，中国电子商务尽管已经成长为庞然大物，但仍在以较快的速度增长。我们认为，只要需求侧、企业侧和供给侧的发展动能存在，中国电子商务仍具有可见的增长空间。另一方面，电子商务的发展近年来也受到若干扰动因素的影响，尤其是中美在经济领域的摩擦和新冠疫情的反复成为影响电子商务增长的不确定因素。

1. 中美关系

在美国前总统特朗普上台后，中美之间的贸易摩擦急剧升温，这加剧了市场对未来不确定性的担忧。中美之间的经济往来极其密切，在各个领域都有较深程度的绑定，中美之间的经济争端合则两利、斗则俱伤。经济争端对整体经济产生的影响，也一定会波及电子商务的发展，尤其是对企业和消费者预期和信心的打击。低迷的消费会直接导致电子商务增长的下滑。

中美双方监管部门围绕中概股在美上市审计底稿的争议，给中概股的未来带来巨大不确定性。在历史上，有大量中国电商企业寻求并成功在美国上市。这既与中概股公司的VIE（可变利益实体）股权架构有关，也与市场估值相关，尤其是技术类公司可以在美国市场享受更高的市值，融资更为方便。如果中美没有在中概股问题上达成一致，很可能会造成外国资本对中概股的抛售，这无疑会对中国电商企业造成巨大的打击。当前，鉴于香港市场开辟了允许同股不同权上市的先例，中概股很有可能选择将香港作为二次上市的场所。但显而易见的是，全球市场已经越发融合，外资在中概股中的不少企业持股占比高，中国企业的成长和经济发展也并不拒绝与外国投资者分享。

2. 疫情冲击

2020年突如其来的新冠疫情，加快了传统行业的数字化转型进程。《2021埃森哲中国企业数字转型指数》显示，中国数字化转型成效显著的领军企业占比上升至16%（埃森哲，2021），在疫情之前的2019年，这一数据仅为9%（埃森哲，2019）。但是，疫情的反复降低了居民收入和消费预期，在一定程度上也影响了电子商务的发展。中国国家统计局数据显示，2021年12月中国社会消费品零售总额同比增长1.7%，而此前10月和11月的数据分别为4.9%和3.9%，增速明显放缓。网上零售额方面，12月的网上零售额同比下降0.76%，而此前10月和11月的数据分别同比增长6.1%和6.3%（国家统计局，2022）。中国电子商务巨头阿里巴巴的财务报告也显示2021年四季度增速的疲软。尽管疫情肆虐，本文倾向于认为疫情带来的影响会越来越钝化，伴随着疫情防控措施的升级、疫苗和药物的广泛供应，疫情给电子商务发展带来的更多是一次性冲击。

3.未来增长动能

尽管中美关系和新冠疫情带来了不确定性,但我们对中国电子商务乃至数字经济的发展仍十分乐观。无论从供给侧还是需求侧而言,中国电子商务的发展仍极具增长潜力和发展空间。从供给侧看,以电信基础设施建设为例,尽管基数庞大,中国电信基础设施的投资还在增加,而且5G、人工智能等新技术在中国的发展方兴未艾。从政府到企业,资金还在源源不断地涌入这些新领域。如最新的5G基础设施方面,2021年,在电信固定资产投资的4 058亿元中,5G投资额达1 849亿元,占全部投资的45.6%,占比较上年提高8.9个百分点。然而,相比于996万个通信基站总数,中国的5G基站仅为142.5万个,而这一年中新建的5G基站超65万个。相应地,5G移动电话用户达到3.55亿户,仅占移动电话用户总数的21.6%(工信部,2022)。由此看来,中国的5G渗透率还处于早期,仍具备巨大发展空间。5G能够使用户接入互联网的速度更快、更稳定,这无疑会提速中国数字经济的发展,也将催生更多业态的新颖的数字应用。

从需求侧看,中国仍属于发展中国家,2019年人均国民总收入〔阿特拉斯法(现价美元)达到10 310美元(世界银行,2022a)〕,按照世界银行划分标准,属于中高等收入国家。而同期美国人均国民总收入为65 970美元(世界银行,2022b),显然中国与这一水平有较大差距,有很大的增长空间。未来,伴随着中国的经济增长,消费者的购买力有望持续增强,中国电子商务市场也将走出疫情的困扰,延续增长的势头。

参考文献

埃森哲,2019. 2019埃森哲中国企业数字转型指数研究 [R/OL]. [2022–04–03]. https://www.accenture.cn/_acnmedia/PDF-108/Accenture-China-Digital-Transformation-Index-2019.pdf#zoom=50.

埃森哲,2021. 2021埃森哲中国企业数字转型指数研究 [R/OL]. [2022–04–03]. https://www.accenture.com/_acnmedia/PDF-163/Accenture-2021-Accenture-China-Enterprise-Digital-Transformation-Index.pdf#zoom=50.

贝恩,2021.中国数字经济互联网之中国特色发展模式 [R/OL]. [2022–03–23]. https://www.bain.cn/pdfs/202103300524126586.pdf.

波士顿咨询,2017.解读中国互联网特色[R/OL]. [2022–03–23]. https://web-assets.bcg.com/imgsrc/BCG_China%20Internet%20Report_Sep%202017_CHN_tcm9-170392.pdf.

国家铁路局,2013. 2003–2012年全国铁路营业里程[R/OL].(2013-10-07)[2022–03–24]. http://www.

nra.gov.cn/xxgk/gkml/ztjg/tjxx/hytj/202204/t20220405_289905.shtml.

国家统计局，2022.社会消费品零售总额[R/OL].[2022-04-03]. https://data.stats.gov.cn/easyquery.htm?cn=A01.

阳光高考，2012a.全国普通高校毕业生规模（计算机科学与技术）[R/OL].[2022-03-23].https://gaokao.chsi.com.cn/zyk/zybk/detail/73384336.

阳光高考，2022b.全国普通高校毕业生规模（软件工程）[R/OL].[2022-03-23]. https://gaokao.chsi.com.cn/zyk/zybk/detail/73384336.

中国互联网络信息中心，2022.中国互联网络发展状况统计报告[R/OL].（2022-02-25）[2022-03-23]. http://www.cnnic.net.cn/hlwfzyj/hlwxzbg/hlwtjbg/202202/P020220407403488048001.pdf.

中华人民共和国工业和信息化部，2022. 2021年通信业统计公报[R/OL].（2022-01-25）[2022-04-03]. https://www.miit.gov.cn/gxsj/tjfx/txy/art/2022/art_e8b64ba8f29d4ce18a1003c4f4d88234.html.

中华人民共和国交通运输部，2003. 2003年公路水路交通运输行业发展统计公报[R/OL].（2003-10-21）[2022-04-03]. https://www.mot.gov.cn/fenxigongbao/hangyegongbao/201510/t20151013_1894748.html.

中华人民共和国交通运输部，2021. 2020年交通运输行业发展统计公报[R/OL].（2021-05-19）[2022-04-03]. https://xxgk.mot.gov.cn/2020/jigou/zhghs/202105/t20210517_3593412.html.

中华人民共和国交通运输部，2023. 2022年邮政行业发展统计公报[R/OL].（2023-05-30）[2023-09-03]. https://www.mot.gov.cn/fenxigongbao/hangyegongbao/202305/t20230530_3836925.html?eqid=b038a4fc0008bf5a00000004647c3bb8.

中华人民共和国教育部，2021. 2020年全国教育事业发展统计公报[R/OL].（2021-08-27）[2022-04-03]. http://www.moe.gov.cn/jyb_sjzl/sjzl_fztjgb/202108/t20210827_555004.html.

中华人民共和国商务部，2021.中国电子商务报告（2020）[R/OL].（2021-09-15）[2023-09-03]. http://dzsws.mofcom.gov.cn/article/ztxx/ndbg/202109/20210903199156.shtml.

Jfa-fc，2021. 2022 Convenience store monthly statistical survey report [R/OL]. [2022-04-03]. https://www.jfa-fc.or.jp/particle/70.html.

Jiang, H, & Murmann, J P, 2022. The rise of China's digital economy: An overview. Management and Organization Review, 18(4): 790–802.

Ma, C, Mao, J-Y, 2022, An, X, The driving forces behind the phenomenal rise of the digital economy. Management and Organization Review, 18(4), 803–815.

National Retail Federation, 2022. A look at the 2022 Top 50 Global Retailers [R/OL]. [2022-04-03]. https://nrf.com/blog/look-2022-top-50-global-retailers.

Statcounter, 2022. Search Engine Market Share China (Mar 2021 – Mar 2022) [R/OL]. [2022-04-01]. http://gsa.statcounter.com/search-engine-market-share/all/china.

Worldbank, 2022a. GNI per capita, Atlas method (current US$) [R/OL]. [2022-03-29]. https://data.worldbank.org.cn/country/china?view=chart.

Worldbank, 2022b. GNI per capita, Atlas method (current US$) [R/OL]. [2022-03-29]. https://data.worldbank.org/country/united-states.

大数据合作资产的要素市场创新与新商科教育教学

谢康[*]

"大数据合作资产"(big data-based cooperative assets)概念，是我团队于2014年前后根据中国企业前沿实践提炼的新词，是对原创理论的一次探索。2000年以来，团队围绕企业信息化与管理变革这一主题，先后对中国28个省、市、自治区的700多家企业进行实地调研，对中国企业从信息化发展演变到目前的数字化转型进行了24年的跟踪观察、学习和探索。2012年前后，大数据、云计算、人工智能等新一代信息技术在企业管理实践中得到迅速应用，服务主导逻辑与价值共创理论日益成为主流基础理论，数据驱动的企业与用户互动逐渐成为企业产品创新活动的重要组成部分。结合这三方面的理论视角与实践现象，团队尝试在数字经济理论的源头提出大数据合作资产的新概念或新思想。新理论的核心，是提出新概念或新思想并在新概念之间形成自洽的逻辑关系，可被用于解释现实现象和对未来发展的预测性分析。2016年，大数据合作资产论文在《信息与管理》(Information & Management)期刊发表后，被国际学术同行引用、逐步接受甚至被拓展，国际学术同行在此基础上进行了新的发

---

[*] 谢康，中山大学"逸仙杰出学者"，中国信息经济学会理事长。本研究资助项目：国家自然科学基金重点项目"互联网环境下大数据驱动的企业与用户互动创新理论、方法和应用研究"(71832014)。

展。据截至2023年2月的不完全统计，在SCI/SSCI（科学引文索引/社会科学引文索引）期刊引用大数据合作资产论文的第一作者，除了来自大中华区外，还有来自美国、加拿大、英国、法国、意大利、奥地利、荷兰、瑞士、西班牙、挪威、芬兰、波兰、澳大利亚、巴西、伊朗、印度、马来西亚等10多个国家的学术同行。同时，在国际会议论文和非SCI\SSCI期刊引用论文中，第一作者有来自德国、爱尔兰、新西兰、俄罗斯、阿曼、印度尼西亚等国家的学术同行。

国际学术同行的研究从多个视角推进和丰富了大数据合作资产的概念和思想，本文主要从要素市场创新视角介绍和阐述大数据合作资产的思想或理论观点，以期对该思想或理论观点进行进一步的丰富和认识。可以说，大数据合作资产的要素市场创新，离不开数据驱动的企业与用户互动创新情境，如果企业创新缺乏用户数据化参与，或非互联网环境下的用户参与创新行为，都无法形成大数据合作资产，更不可能出现大数据合作资产的要素市场创新活动。例如，大数据交易所是否存在大数据合作资产的要素市场创新？如果缺乏企业与用户数据化互动创新的现象或过程，大数据交易所就不存在大数据合作资产的问题。或者说，在大数据合作资产的语境中，企业与用户互动创新必然是以数据化方式存在的，如果没有用户的数据化参与创新活动，有可能存在数据资产、数据资源或数据交易，但不会存在大数据合作资产及其市场交易。

一、数字经济时代的两个现象与大数据合作资产

之所以提出这样一个新概念或新思想，是因为数字经济时代有两个现象引发我们的关注和思考。第一个现象是企业的业绩与市值背离的现象。这种背离现象在工业时代也存在，但在数字经济时代特别突出，如喜马拉雅、特斯拉或京东等。学术界对此现象有两种代表性解释，一是认为市场不成熟，归为外因，二是企业不成熟，归为内因。但近期的研究发现，这两类归因似乎都难以解释业绩与市值背离现象。第二个现象是数据时代企业与用户通过大数据、数据要素、数据资源互动，学术上称之为企业与用户数据化互动，如喜马拉雅、特斯拉与其用户每天都在发生大量的数据化互动，从某种程度上说特斯拉汽车就是一个大的iPad（平板电脑），只是挂了四个轮子到处跑而已。目前，学术

界从四个维度分析企业与用户数据化互动现象：企业视角、用户视角、积极影响、消极影响。然而，这四个维度的研究结论似乎都没有很好地解释企业与用户数据化互动的价值创造特征。

为此，我们提出大数据合作资产的概念，试图对上述两类现象进行分析和解释。案例研究表明，大数据合作资产指企业和消费者在数字化服务交互中成为能够被另一方所拥有和利用的，并能创造当前或未来经济收益的数字化资产。大数据合作资产既区别于既有的数据资产概念，又区别于既有的客户资产或用户资产概念，它是数据资产与用户资产之间的交集部分形成的一种新型资产，具有交互性、整合性和收益双边性。例如，数据资产缺乏交互性，客户资产缺乏整合性，无论是数据资产还是客户资产都缺乏收益双边性。据此，我们从服务主导逻辑的理论视角强调，大数据合作资产是数字经济时代企业与用户互动过程中价值共创的数据化结果。需要特别强调的是，大数据合作资产的一个重要特征是企业与用户互动，没有企业与用户互动，互联网上主体行为的数据轨迹可能是数据资产，也有可能只是用户资产，而不会形成大数据合作资产。

基于大数据合作资产原创概念及其理论探索，我们的成果得到国内学术同行的认同，在2020年获得教育部高校人文社科研究优秀成果管理学一等奖，被国内学术同行评价为教育部设立该奖项以来首个获管理学一等奖的工商管理案例研究成果。团队认为，这个案例研究成果从发表到获奖存在运气成分。在发表上，一篇案例研究论文提出"大数据合作资产"的原创概念会遇到诸多挑战，有人可能会认为这仅仅是一个概念，谈不上是理论。然而，按照汪寿阳老师的说法，管理学理论的构建之最为关键的一点就是提出核心概念，呼吁中国管理学者在核心概念的提出方面下大气力。[①] 的确，在提出核心概念或原创概念时，通常会遇到学术同行的严谨性挑战。当初投稿论文时因为是原创概念，在论文评审中遇到诸多挑战，如果不是当初《信息与管理》特刊（Special Issue）主持人、当时香港城市大学的赵建良教授的大力举荐，该成果难以发表。在获奖上，我们发表的期刊虽然是信息系统领域的Q1区期刊（在SCI期刊分区中影响因子排名前25%的期刊），但不是管理学国际领域的UTD 24（即美国得克萨斯大学达拉斯分校创建的期刊数据库，包含24本顶级期刊）或

---

① 汪寿阳，2021.谈管理学理论构建的几个问题[J].管理世界（6）：4–5.

FT50期刊（英国《金融时报》用以评估国际商学院排行榜的50本顶级期刊），如果按照当前优秀成果的遴选规则，我们的论文估计在第一轮就被淘汰了，因而存在运气成分。

二、大数据合作资产概念的三个基本问题

首先，是资产等与大数据合作资产密切相关的概念界定问题。资产指行为主体于过去的交易或事项中形成的，由主体拥有或控制，预期会带来经济利益的某项基础资源。在服务主导逻辑下，企业的价值创造模式由原本的以产品为核心转向以用户为核心，强调从企业与用户的双主体视角出发，通过互动合作实现价值共创。随着以大数据分析、人工智能为代表的新一代信息技术的快速发展，数据被确立为新生产要素并贯穿整个社会生产过程，使企业与用户的互动关系、互动模式乃至互动价值出现巨大变化，更为这类双主体参与的价值共创提供了泛化运用条件，如普通用户的数据化参与等。上述背景使得在大数据情境下，由企业与用户共同创造并能被彼此利用的可带来当前或未来各自经济收益的大数据合作资产变得不容忽视。事实上，大数据合作资产的产生逻辑与理论内涵，有针对性地指出了数字经济时代价值创造方式的根本性变化。

具体地，现有研究初步将大数据合作资产分为交易型、交流型、参与型和跨界型四类。[①] 各类型之间既可能单独出现也可能同时存在，但更多的时候相互补充并共同创造价值。例如，知名的玩具品牌乐高就属于充分利用企业与用户共建的大数据合作资产实现长期价值增长的典范。一方面，乐高集团发起了包含众创空间、创新工具箱在内的创新社区，吸纳用户作为外部研发者参与到产品的原创设计与方案提供当中，并利用大数据技术洞察社区内用户的动机以鼓励其持续参与。与此同时，用户也在这一过程中收获包括直接经济回报、成就感等个人层面的收益，双方共建了参与型大数据合作资产。又如，乐高集团还对一系列用户自发形成的用户小组与用户社区给予认证，通过用户群体在这类社交媒体上围绕乐高产品的评论与创意等非结构化数据，优化自身的产品研

---

① Xie K., Wu Y., Xiao J., et al., 2016. Value co-creation between firms and customers: The role of big data-based cooperative assets[J]. Information & Management, 53 (8) : 1034–1048.

发，体现了交流型大数据合作资产创造长期价值的过程。简言之，乐高集团充分发挥包含以上两种类型在内的大数据合作资产的价值，借助与用户互动产生的新颖创意、改进思路与设计方案等，实现长期的市场认可。

其次，是大数据合作资产的理论内涵问题。企业和用户拥有的资源禀赋和比较优势并不相同。例如，企业拥有产品研发所需的综合性技术与高效的规范化流程，用户则掌握着难以转移的异质性需求信息、隐含性需求信息与专业性知识。服务主导逻辑关注着企业与用户乃至价值链的其他协作者，在持续互动的过程中共同创造价值。在上述过程中，须将用户的需求信息、专业知识和企业拥有的技术能力相结合。在大数据情境下，人工智能、区块链、数据科技等新一代信息技术的兴起，显著降低了用户参与的成本门槛，增加了企业与用户互动创新模式的适用范围。

具体地，用户的点击浏览、页面停驻、收藏点赞直至形成交易的一系列线上行动，会形成数据化参与并构成交易型大数据；用户通过交互式网站、即时消息回复等线上沟通产生的非结构化数据，构成交流型大数据；用户利用其知识、技能等私有资源积极参与产品或服务研发，构成参与型大数据；而共享不同服务生态系统的用户生成的，能够促进跨不同生态系统边界的知识导出和导入，则构成跨界型大数据。企业与用户互动创新会以上述生成的大数据资源为基础，由产品的研发、创新为合作载体，共同完成价值创造，取得双赢的价值分配局面。尽管不同的大数据资源类型对价值共创的过程和结果产生了不同的影响，但其共同特征是企业和用户双方的互动参与以及双向价值的共创共享。因此，上述大数据资源表征了大数据合作资产的构成。

综上所述，大数据合作资产属于一种互动性资源，具体指企业与用户在数字化服务交互中，成为能够被双方合作开发、利用，并能创造当前或未来经济收益或非经济收益的数字化资产。企业与用户在互动关系上呈现价值共创和双向的价值交换。既有研究除以大数据资源类型区分大数据合作资产外，还有以数据所有权的偏向将大数据合作资产分类为公共品型大数据合作资产、企业私域型大数据合作资产、消费者主导型大数据合作资产和共享型大数据合作资产。无论在哪一种分类方式的情境下，大数据合作资产均被视为解码数字经济中的创新逻辑和价值共创过程中的新型资产，更被认为是反映数字经济价值的重要概念。

最后，是大数据合作资产与数据资产、互补性资产和社会资本的区别问题。在界定大数据合作资产概念的基础上，我们进一步梳理其与数据资产、互补性资产以及社会资本等相近概念的内在区别与联系。

对于数据资产，现有研究将其定义为合法获取由企业或个人产生的，预期会影响个人或企业未来的行为决策，并为个人或企业带来经济收益的各类数据资源。① 无论是数据资产还是大数据合作资产，二者均关注数据要素给企业生产率提高带来的价值增益。② 但区别于数据资产，大数据合作资产更强调企业与用户互动的双边性，从服务主导逻辑下的双主体视角出发③，明确界定了以数据生产要素为基础的企业与用户双向互动关系所产生的合作资产，以及所提供的双边价值，将现有数据资产视角下的价值解释从企业单边视角拓展为企业与用户互动的双边视角。因此，这两个概念看似接近，实则维度不同，大数据合作资产同时关注企业方收益和用户方收益，不仅关注直接价值也关注间接价值。简言之，大数据合作资产不只包含企业利用数据直接创造的预期价值，还包含双主体经由数据间接实现的价值提升，例如，对于乐高IDEAS社区，用户可视化的点赞、评论、徽章等数据，为用户带来了社交情感体验而非交易行为，但其触发了用户对乐高的认同感等持续贡献动机，间接帮助企业实现长期收益和构建核心竞争力。

而对于互补性资产，现有研究普遍认为它是企业在创新过程和市场化过程中形成的一系列由企业独占并控制的，与新技术商业化密切相关的专业化制造能力、分销渠道、服务网络和互补性技术等因素。互补性资产强调关键配套资产对于实现核心技术创新的重要性，是创新经济收益的前提条件和关键因素。虽然互补性资产与大数据合作资产都认为整合资源对于实现价值共同创造和最终的价值共享是必要条件，但是互补性资产没有涉及企业和用户之间的互动。具体而言，大数据合作资产中行动主体之间的互动是资源整合和价值共创的决定性因素，互动体现为基于预期价值合作的长期可能性以及产生非预期结果的涌现性，而且大数据合作资产更突显了大数据情境，对用户和企业互动新价值和互补方式根本性变化的重新思考，最终为行动主体创造的收益不仅具有经济

---

① 熊巧琴，汤珂，2021. 数据要素的界权、交易和定价研究进展[J]. 经济学动态 (2)：143–158.
② 徐翔，厉克奥博，田晓轩，2021. 数据生产要素研究进展[J]. 经济学动态(4)：142–158.
③ Vargo S L, Lusch R F, 2004. Evolving to a new dominant logic for marketing[J]. Journal of Marketing, 68 (1)：1–17; Vargo S L, Lusch R F, 2008. Service-dominant logic: Continuing the evolution[J]. Journal of the Academy of Marketing Science, 36 (1)：1–10.

价值，也具有社会价值。

大数据合作资产不同于社会资本。社会资本是指嵌入通过个体间交互形成的社会关系网络中有价值的资源组合。[①] 根据社会资本理论，个体在社会网络中占据的特定位置反映了个体在网络中的地位，控制资源、信息与知识的能力，决定其社会资本及所获收益多寡。社会资本侧重于社会网络结构的决定性作用，中心节点比边缘节点能够整合更多的社会资源，价值创造过程中资源多为单向流入而非互动性的价值共同创造，最终的收益分配也基于网络结构性特征。但大数据合作资产是基于平等化、扁平化的网络而产生的。社会资本既不涉及大数据合作资产的双向价值匹配或交换的互动特征，也不涉及价值共同创造与价值共同分享的双边特征。

三、大数据合作资产的理论与实践解释力

大数据合作资产的创新理论在现实中有哪些用处呢？概括来说，它可以解释数字经济中的许多现象，并可能给管理者更具针对性的策略指导。例如，目前许多企业都在推进粉丝运营。那么，企业吸粉的数量是越多越好还是越活跃越好？是不是又多又活跃最好呢？或者在什么条件下是好的？什么条件下未必好？类似这些问题，目前理论界似乎缺乏非常明确的结论或解释，企业实践中似乎也没有一个准确或是明确的答案或模式。

在抖音、小红书等不同平台中，有一个现象很有意思，即便是同样的粉丝运营团队，同样的运营手法，大体同样的预算，但是粉丝运营模式对有的企业特别有效，对有的企业则效果平平。相当于企业很愿意与用户互动，也愿意进行粉丝运营，但为什么这套打法对有的企业特别有效，对有的企业却没有效果呢？根据大数据合作资产理论，我们给出的解释是，因为不同企业的大数据合作资产不同，粉丝运营不是经营数据资产，也不是经营客户资产，而是在经营大数据合作资产。

因此可以说，大数据合作资产的概念或理论可较全面地刻画企业与用户数据化互动中的价值创造，这样，对大数据合作资产的评估，似乎可以补充现有

---

① Qi G., Hou L., Chen J., et al., 2021. How does wser social network improve innovation outcomes on a virtual innovation platform?: Evidence from lEGO ideas platform[J]. Journal of Global Information Management, 29 (3): 188–211.

会计准则下基于谨慎性原则所发展的资产负债表系统。那么，接下来的问题是，如何评估大数据合作资产？资产首先必须是可以评估或者是可评价的，再往下推进才是资产定价问题。同时，只有可评估，大数据合作资产才有条件进入要素市场进行创新性配置。

众所周知，数据要素具有潜在价值与即时价值。目前，学术界对数据要素潜在价值的研究众多，对数据要素即时价值的研究相对匮乏。因此，需要对即时价值做简要解释。2023年在滴滴总部调研时得知，半夜打车的女生比男生会更慢打到车，因为滴滴后台从安全性角度对女生打车有更多的计算规则，如优选可行距离内的女司机，或声誉好的男司机等。女生在半夜打车时，实时安全数据对于女生的即时价值非常高，但一旦脱离这个场景，这段数据的价值对该女生而言就会消失，这就是数据要素的即时价值。概括地说，大数据合作资产的要素市场创新不仅体现在数据潜在价值的挖掘与使用上，而且体现在即时价值的捕捉与使用上。我们有理由预期，如果将数据要素潜在价值研究视为数据要素价值理论创新的"红海市场"，那么，对数据要素即时价值的研究，将很可能成为未来理论创新的"蓝海市场"。期待中国学者能够在这个领域形成有影响力的成果。

四、大数据合作资产视角的数据要素市场化配置

数据是一种新生产要素，那么，大数据合作资产对数据要素市场创新有何价值呢？从实证结果看，大数据合作资产的数据要素市场创新主要体现在三个方面。

首先，大数据合作资产对于数字经济时代的企业具有战略价值。我们发现大数据合作资产对于优质企业而言具有非常高的价值。或者说，如果某个企业自身经营不佳或基础不牢，就不要希望通过粉丝运营能让企业获得更大的增值效果。这个结果可以很好地解释为什么企业本身不好时粉丝运营没有效果的现象，甚至表明如果企业自身虚弱还搞粉丝运营，很可能使企业暴露更多问题，粉丝会用脚投票，使企业形成大数据合作的负资产。因此，不是所有企业都适合搞大数据合作资产运营。这是第一点，即大数据合作资产具有数据要素市场创新的战略价值。

其次，大数据合作资产具有明显的竞争价值，构成数据要素市场创新的新

基础之一。数据要素市场化配置既可以通过场外交易模式进行,如企业产品策划开发人员从平台直接购买交易数据,或委托第三方开发分析数据,也可以通过北京、上海等大数据交易所进行场内交易。从我们调研掌握的情况看,目前我国数据要素市场化主要通过场外交易模式进行。为什么数据要素难以通过场内交易模式完成呢?因为对于企业产品创新而言,场内交易模式提供的数据资源几乎都是静态的数据资产,而不是具有即时或潜在商业价值的客户资产,更不属于大数据合作资产。场内交易模式下的静态数据资产,对于企业产品企划人员而言,类似用前年的数据预测明年的市场趋势,或用静态的结果预测不确定的未来。相反,场外交易模式获得的当天全网同类产品的实时数据,可以较明晰地分析出大数据合作资产的实时运营状态,从而对产品企划方向提供高价值的指导。实证结果表明,大数据合作资产无论在高竞争行业还是低竞争行业都是有效的,如果行业竞争越激烈,大数据合作资产的价值就越高。诚然,大数据合作资产对低竞争行业也是有效的,但相对于低竞争行业来说,高竞争行业的企业开展粉丝运营的价值会更高,这也就解释了为什么竞争越激烈的行业,企业会更普遍地开展粉丝运营的现象。因此,大数据合作资产具有数据要素市场化配置的竞争价值。

最后,从信息经济学信号发送理论看,大数据合作资产具有资源配置的信号发送价值。信号发送是信息经济学的一个基本概念,从信号发送视角可以很好地解释实践中开展粉丝运营的管理困惑。例如,给一家老牌汽车企业搞粉丝运营,整套运营方案做得很好,但就是没有什么效果。同样模式用于一个新势力汽车企业,效果却特别好。这个案例与我们的实证研究结果高度契合,相当于一个创新创业公司的粉丝运营价值,要远远高于同行业的老牌企业,因为相对于老牌企业,创新企业的粉丝活跃程度是一种具有更高运营效率的信号发送,从而向市场发送更显著的信号,最终体现在市场销售结果上。因此,大数据合作资产具有数据要素市场化配置的信号发送价值。

下面,以乐高大数据合作资产的形成与价值实现为例[①],剖析大数据合作资产的要素市场配置特征。如前所述,数字经济时代资产的形成与价值增值依赖于有效的数据技术与匹配的机制设计。首先,企业与用户的互动需要途径与方式以支持双方合作形成的产品设计、方案等内容贡献的最终实现。在企业层

---

① 该案例由中山大学管理学院夏正豪博士后提供并撰写,在此深表感谢!

面，乐高集团创立了品牌创新社区。用户需要依托由企业搭建的包含3D（三维）建模、数字渲染等技术的创新工具箱，规范化地提交并呈现设计方案与产品研发思路，例如，L-Draw Lego CAD技术为用户创建虚拟乐高模型和场景提供条件，而Lego Digital Designer软件则为用户设计建立标准化的共享代码。以上过程统一了用户参与的标准与格式，在降低知识筛选成本的同时更促进了参与型大数据合作资产的形成。在此基础上，企业还建立了点赞、评论与用户间交流的简易社交平台，便于企业与用户、用户与用户的直接互动，促进交流型大数据合作资产的形成。此外，包含乐高SPIKE™ Prime科创套装和First Lego League科创活动等教育版块的乐高生态系统，由领域跨越促成跨界型大数据合作资产。进一步地，用户在官方在线购物商店和其他各大平台的官方旗舰店，乃至提供了积木交易的Bricklink平台等进行的浏览、点击、停驻直至交易的一系列行为，则会形成交易型大数据合作资产。

一方面，乐高集团凭借上述形成的大数据合作资产，创造了有利于企业长期发展的创意生成、品牌传播等价值，进而提升其经济价值。例如，基于交易型大数据合作资产，乐高对不同购买动机的用户，如初次尝鲜、深度粉丝、竞赛爱好者等进行标签分类，并通过差异化的产品营销和推送实现分层管理与经济价值提升。又如，基于参与型大数据合作资产，乐高能从用户设计的产品方案中汲取研发灵感，或洞察用户的隐含性需求，进而提升经济价值。另一方面，不同类型的大数据合作资产还会形成协同作用。例如，企业与用户、用户与用户的交流，企业对用户参与创新的身份认证，包含乐高专业认证大师等数据可视化设计，有利于触发社区内用户的持续参与动机并提升用户的忠诚度，进而增加大数据合作资产带来的潜在价值。又如，乐高借助自身的品牌知名度，依托跨界型与交流型大数据合作资产，将玩具、教育和娱乐三大产业链的数据融合，协同完善教育培训体系，并举办如FLL（FIRST LEGO League，由FIRST机构与乐高集团组成的联盟组织，每年举办针对9~16岁孩子的国际比赛项目，以激发青少年对科学与技术的兴趣）等国际性的机器人赛事，打造以积木搭建的主题公园和益智亲子探索中心等，跨界信息或知识的流入也使乐高始终保持着对市场的敏感度。事实上，由上述两方面看，乐高集团对大数据合作资产的构建通过吸纳用户参与创新，降低市场调研的成本，丰富产品品类，优化品牌传播精度，提高产品研发的绩效。

从用户视角出发，大数据合作资产也使用户能够公开公平地分享价值共创的产出，这既包括经济收益，也包括非经济收益。一方面，用户依托创新工具箱开发的新产品方案在形成参与型大数据合作资产后，基于既定的规则设置有可能获得直接的经济收益。例如，对于乐高集团，用户可以在IDEAS社区发布产品设计方案。当方案在规定时间内收获超过1万粉丝的支持后，可进入乐高的官方评审，最终通过的产品将被生产和销售，参与成员则能获得产品销售额1%的收益分成以及10套该乐高模型作为直接经济回报。另一方面，用户也能由产品设计展示、点赞数、浏览记录、销量记录以及评论记录等交流型或参与型大数据合作资产的可视化呈现，收获包括满足感、成就感在内的非经济收益。例如，乐高设计了一套规则明确的可视化徽章机制，用以反馈不同用户的参与动机，包括"万赞"徽章奖励参与用户的成就动机，"社交达人"徽章奖励参与用户的社区认同动机，以及其余徽章分别奖励用户的互惠动机、自我表达动机等。而开放社区中源源不断的创意生成与持续优化产品表现，也能提升用户满意度。此外，不同类型的大数据合作资产对用户这一主体而言，同样会形成协同作用。例如，基于参与型大数据合作资产和跨界型大数据合作资产，用户的创意或方案也能通过乐高玩具的衍生作品如电影、游戏等途径得到体现，帮助用户获得知识学习体验乃至认知边界拓展。可见，有效建立的大数据合作资产，能够基于企业与用户双主体的互动形成具有长效性的双边价值，由此在企业与用户双边形成数据要素配置，从而增进双方的合作效率。

五、数字经济时代新商科教育教学"活案例"模式创新

上述大数据合作资产理论及其对现实的解释，给新商科教育教学模式的创新带来诸多启示。其中一个重要启示可能是教育教学体系需要进行反思或革新，或者总体体系虽然没有改变，但形式需要变革。一方面，对于百年来的经济学或管理学理论思想发展的长河而言，数字经济涌现的时间还是太短，当前对数字经济影响经济学或管理学体系的探讨似乎有点早。另一方面，我们的学生早已是数字经济"原住民"，在新商科教育教学中不满足于充满工业时代气息的理论体系，因而对数字经济影响经济学或管理学体系的探讨似乎很迫切。

我们知道，经济与管理不分家，经济学构成管理学的基础，管理学是经济学的现实延伸。因此，我们对新商科教育教学模式创新的思考，着重于以经济学与管理学紧密结合的方式来探索新商科教育教学模式的改变。一方面，数字

经济的种种现象似乎并没有改变经济学或管理学的理论体系，无论是经济学或管理学领域，其理论架构和一些基本观点似乎依然可以较好地解释数字经济的新现象。另一方面，数字经济的新现象、新特征对以往经济学或管理学中稳健存在的规律或结论形成诸多挑战，例如，原来的曲线可能是倒U形的，拐点特别高，但在数字经济时代可能不是倒U形了，或者说倒U形的拐点往后或往前偏移了，这种现象经常在数字经济研究中出现。以菲利普斯曲线为例，大量灵活用工的出现，使其反向关系变得不这么显著了。这种现象给新商科教育教学带来挑战。如何将类似这些新现象与既有理论体系、教学体系结合起来，既对学生形成严谨的训练，又能激发学生结合最新的前沿实践提升观察现实、独立思考、提出问题的能力？

为应对上述两方面挑战，大约在2010年前后，我们开始在学硕、本科中探索以产教融合为导向的"活案例"教学模式。需要说明的是，区别于书本上的案例教学模式，产教融合导向的"活案例"教学模式是指通过课堂教学与产业界深度合作，遴选合作企业作为课堂教学的案例进行深度分析和研讨，形成理论指导下的对案例企业某个局部问题的管理解决方案，进而提升学生提出问题、分析问题和解决问题能力的一种教学模式。与翻转课堂教学或组织学生到企业参访等方式不同，"活案例"教学是一种体系化的教育教学模式，内嵌自身的教学法。我们20多年的教学实践探索表明，通过学术型案例研究成果与教学型"活案例"结合的模式，课堂上产业界与教育界的深度融合，教师与学生之间高频互动的教学互长，"活案例"教育教学模式可以较好地满足数字经济时代新商科教育教学变革的要求。

数字产业组织之体系逻辑重构

魏江 [*]

一、序言

几百年来,产业组织实践和理论在缓慢演化中改良,其基本轨迹不外乎对科层结构的修补,对企业和市场交互空间的收放,对组织与个体利益博弈的进退。直到数字技术革命到来,传统科层结构几乎被颠覆,企业与市场的边界持续消减,组织与个体的雇佣关系走向了边缘(魏江和王颂,2023),社会组织结构日渐为数字技术和人工智能所统治。不破不立,既然传统已破,新知就需建立。

回溯25年前互联网泡沫破灭之时,大众几乎不知数字为何物,直到淘宝和天猫的出现,大家发现互联网竟然如此彻底地改变着消费方式,尤其是阿里巴巴造出"双11"时,大众为之狂欢。当然,部分有识之士也一直为这样的"狂欢节"而忧虑。2020年开始,狂欢节不再狂欢,平台流量不再井喷,饱受诟病的淘宝和天猫平台于悄无声息中进化了商业模式,通过建构产品创新中心,赋能中小微企业创新,系统产生"裂变"效应(Li F,2020),即依托数

---

[*] 魏江,浙江财经大学工商管理学院教授、浙江大学管理学院教授,从事数字创新、战略管理领域的研究。本研究受国家自然科学基金重点项目(编号72334005)资助。

字平台强大的数字基础设施，激发数据、算力和算法的强大力量，释放出巨大的市场能量（魏江和刘洋，2020）。如2019年"双11"当天，天猫和淘宝平台推出千万级的新品，为百万企业创新赋能，共发布了5 000万种新品、2 000个新品牌，为200万商家建立智能服务新组织。

一个平台企业可以同时赋能数量千万级的新品、百万级的创业，这是传统组织和个体无法想象的；一个网红一年可以带来几亿元的销售流量，这种KOL（key opinion leader，关键意见领袖）的能量在以前是不可思议的；虚拟网络社区喷涌的各类无序行为也是传统社会组织不能企及的。那么，平台企业同时赋能巨量参与者的底层组织逻辑是什么？如何激发平台更大的"裂变效应"而又不偏离正确方向？数字技术发展在推动经济组织重构的过程中如何规范组织与个体的关系？如何在社会组织格局剧烈变迁的时代保护个体的基本权利和自由？这些问题的答案不仅有助于对数字组织演化现象进行诠释，更是对未来经济组织和社会组织走向的认知。

本文提出数字平台产业组织的新理论命题，揭示未来可能的市场结构、组织结构走向，重构数字经济时代"产业组织—企业组织—员工个体"三层次关系与治理体系逻辑，较系统地解析经济组织甚至社会组织变革的底层规律性问题，并为数字产业组织的有序治理提供制度和政策启示。

二、数字时代产业组织理论新命题

要认识数字时代产业组织理论，不妨把经济学层面的科技进步和社会学层面的组织变迁结合起来。科技进步是生产力发展的表征，目前最具活力的无疑是数字技术（Si et al.，2022），社会组织变迁则表征为生产关系演变，目前最具活力的是数字组织（曲永义，2022）。与过去任何一次产业革命一样，当下新兴生产力发展与传统生产关系之间的矛盾冲突也到了前所未有的程度，因为每次巨大的科技进步必定会挑战稳定的社会结构，从而引致一些传统形态的社会组织对科技进步的强烈抵抗。科技总是要进步的，社会组织最终也是要重构的，因此，对经济组织变迁的分析有助于对社会变迁的理性认知。

新命题一：产业组织形态重构与关系行为重塑

改革开放以来，我国7亿左右农民从土地中解放出来，他们跳出了"人民公社—生产大队—生产小队—生产小组"的传统生产组织制度樊笼的束缚，形成以家庭为基本生产单元的"联产承包责任制",由此解放了劳动力,让个体经济发展成为可能,快速形成了全球最庞大的个体户群体。此后,产业组织和生产模式快速演变,仅用短短40年的时间就完成了从工厂到企业、公司,再到集团和今天的生态平台的变迁。可以说,我国产业组织演变速度是全世界主要经济体中最快的。伴随产业组织的演变,企业规模也以10倍速放大,如果20世纪80年代营业收入破千万的企业被叫作大企业,90年代则突破了十亿级规模,到21世纪初百亿级的才能叫大企业,直到现在千亿级规模企业也已经涌现。

收入规模扩张与组织规模扩张不是简单的线性关系,而是非线性变迁。我把产业组织形态的变迁路径比喻概括为"原子式结构—小分子结构—大分子结构—生态结构"。原子式结构就是个体户、中小微企业和家庭作坊,小分子结构如大中型企业、分子公司型企业,大分子结构则如多个分子团组成的集团型企业,生态结构如"平台+微粒"的数字平台组织。四个阶段的组织结构演变是产业组织内部权力关系和利益关系不断调整的结果。对于产业组织来说,追求利润最大化是根本动力,那么,内部边际治理成本和外部边际交易成本的"双下降",必然引致经济组织的产业边界、组织边界、地理边界的不断突破,法人意义的企业之间、企业与从属组织之间、组织与个体之间关系的约束被放松了(史丹,2022),结果就是产业组织越来越大,这是产业组织形态变迁的科斯经济学解释。

按照产业组织经济学原理,我们需要厘清生态型产业组织的基本理论问题:在形式多样的数字产业组织中,内部要素及其关系有什么共性规律?数字产业组织通过什么结构形态实现成员间关系的固化和强化?在新型关系和结构形成过程中,内部组织和个体的行为呈现哪些新特征?这三个基本问题涵盖了产业组织构成要素、关系和结构问题,产业组织之间的竞争和合作行为问题,产业组织内部的行为特征问题,组织系统协同和治理体系问题等。

新命题二:企业组织重构及其与个体关系重塑

企业组织理论的研究主要聚焦在科层结构与扁平结构的选择、集权与分权的选择、领导与下属关系的选择、组织和个体权利结构的选择、正式组织与非正式组织之间的平衡等问题(戚聿东、肖旭,2020),这些研究基本遵循"要素—关系—结构"逻辑或者"动机—行为—绩效"逻辑,前者的焦点是组织,后者的焦点是个体。然后,两者各自把问题再拓展到组织与组织、组织与个体之间的关系。在管理学层面，对企业内部组织或者个体的研究都蕴含一个基本假设：关系和行为是发生在组织边界内部的，如果跳出科层组织边界去分析组织间关系或者组织与个体的关系，那就超越了管理学的范畴，进入产业经济学或者社会学理论范畴。

企业组织内部为什么会出现多层次、多样化的子组织？这是工业经济时代分工的必然结果，现有几乎全部经济组织和社会组织的底层逻辑都是基于学习效应的分工理论。可是，数字时代高度分工的逻辑被改变了，融合正成为趋势，生产融合、知识融合、学科融合、产业融合等正成为高频词汇。在融合时代，生态型和平台型组织具有独特魅力，这些组织内的个体人员或内部子组织力量越来越强，科层控制力日渐式微。个体从组织内"固定功能的螺丝钉"走向"自由行走的花"，个体与组织的关系从控制走向合作，企业与市场的关系从交易走向价值共创共生（魏江等，2021）。

为此，需要从理论上厘清企业组织边界及其与市场的关系，厘清组织融合和劳动融合下个人分工、组织分工的新机理，厘清边界开放下企业组织与社会组织的同构和异构之间的平衡，厘清个体从长期的岗位锁定中解放出来后的行为动机变迁，厘清个体从固定劳动中解放后新型组织化、身份化、价值化的机理。以上这些问题包含了内部结构理论、组织社会化理论、组织行为理论、个体行为动机理论、人际关系理论等，解析好这些理论不仅有利于推动经济组织和社会组织的健康、正向发展，还有利于社会更美好，人的生活更幸福。

新命题三：宏观—中观—微观经济之间关系重构

数字技术生产力发展推动生产关系变革，也会反映在数字经济体系（宏观）、数字产业体系（中观）和数字组织体系（微观）之间关系的重构上（陈晓红等，2022；张文魁，2022；徐伟呈等，2022）。首先，从宏观与中观经济关系看，随着数字产业化和产业数字化发展，产业边界趋向模糊甚至消亡，统计学意义上的产业部类和产业门类在很多情况下已无必要，数字经济体系与数字产业体系也走向融合。比如，现在对数字经济占GDP比重、数字技术对经济增长的贡献等指标加以深究其实已经没有多少意义。其次，再看数字产业体系与数字企业之间的关系。数字企业平台化和生态化发展的必然结果是数字企业成为局部的产业体系，数字平台企业周边的参与者达到十万、百万级数量，其本身就是产业体系。现在提出的"数字产业集群"，就是以平台企业为焦点的新型产业组织体系。再次，即使观察更加微观的企业组织与个体之间的关系，随着数据逐渐成为生产要素，机器将取代人成为"生产者"，个体和小组织群落自然会演变成市场交易主体，个体直接参与产业体系的重构，导致个体、企业和产业之间的边界日渐模糊。

认识到宏观、中观和微观三层次研究焦点及其相互边界融合格局以后，需要我们重构三层次的经济治理体系。首先，从宏观经济政策看，长期以来宏观治理政策制定的底层理论逻辑是建立在工业时代的经济运行规律基础上的（Bresnahan and Trajtenberg，1995）。到了数字时代，宏观政策的手段从调整市场交易关系、资源配置关系转向调整产业政策（Wei et al.，2016），甚至转向直接干涉企业组织，这种变化在过去几年对平台经济的整顿中可以直接反映出来，即国家直接把宏观调控政策施力到几家寡头垄断企业上。

其次，从中观产业政策看，由于数字产业早就突破了产业边界，不可能也没必要再试图按照传统边界清晰的产业大类分界，如果按照传统产业分类出台政策，会引致对整个产业体系的负面影响。以这两年的平台经济整顿为例，中央接连出台产业政策、反垄断政策、税收政策、财政政策、融资政策等以规范和整顿数字平台经济，但伴随数字平台治理的加强，农业、制造业、服务业受到明显的负面影响。这说明，以传统经济学逻辑来调控数字经济具有明显的局限性（魏江、李拓宇和赵雨菡，2015）。

再次，从微观企业角度看，出现了"一个企业代表一个产业"，或者"一个平台代表几十万上百万企业利益"的情形。从全球市场范围看，我们打压了某几个平台企业，结果等于自毁了整个产业在全球的话语权和全球经济竞争力。试想，如果我们打压了某个消费互联网平台，表面上确实解决了垄断，也消除了网红的可能威胁，但我国的全球贸易还有竞争力吗？未来的产业互联网还有希望吗？经济相对不发达地区的产品还能快速销往全球市场吗？

概括地说，数字产业呈现新型产业形态，数字组织表征新型产业组织形态，数字组织内的个体呈现新型行为特征。因此，需要对数字经济、数字产业和数字组织各自内部及其相互关系的治理体系进行重构，从"产业—企业—个体"三层次梳理数字经济治理的规律，在理论上回答清楚：数字经济时代新型市场交易关系、资源流动和配置规律，数字经济情境下的产业组织理论与宏观经济理论的关系，人的劳动从传统生产关系中解放出来后的流动规律和价值规律，数字产业链、创新链和供应链之间的耦合关系。

解决以上理论问题十分迫切。因为这些课题直接关系到对数字平台企业的正确认识，直接关系到对新型市场结构中垄断与反垄断行为的正确认识，直接关系到修订、演化出符合数字时代特点的产业制度、市场制度、贸易制度（江小涓、黄颖轩，2021）。只有建立起与时俱进的宏观—中观—微观经济逻辑及其治理体系，才能避免持续出现"未来已来，但过去未去"的认知障碍，避免出现不合时宜的政策法律、南辕北辙的规定条例，给数字企业提供一个基于长期主义的生存和发展空间。

三、数字时代"产业—企业—个体"结构演化的三个猜想

纵观互联网技术发展的历史，国内涌现了腾讯、阿里巴巴、华为、海尔、京东、小米等一批走在全球前列的平台企业，这些企业带动了数字产业化高速发展、产业数字化早期转型和数字原生企业的持续涌现（Appio et al., 2021），它们自身也成为市值破万亿的全球巨头，推动了线上市场的全球化、资源整合的全球化、科技协同的全球化。那么，在工业互联网时代，政府如何科学治理新型产业组织、企业组织和个体组织？本文按照产业经济学逻辑，分析工业互联网情境下市场结构和产业结构的发展态势，解析未来企业组织结构、组织与个体关系结构的演化趋势。

首先看市场结构的演化趋势与特征。市场结构反映了产业组织之间竞争的结果，要认识市场结构，需要认识产业组织的变迁，于是，我提出第一个猜想：中国未来十年会出现市值甚至营业收入破万亿美元的企业，这类企业将成为全球经济竞争的核心。那么，未来全球经济竞争会形成怎样的市场结构？这可以从产业组织演化的历史来判断。在产生消费互联网之前，我们无法想象腾讯、阿里巴巴这样的企业怎么可能达到万亿规模的市值。正因百度、腾讯和阿里巴巴（BAT）等企业的引领，接续出现了小米、京东、拼多多等模式升级的"平台+微粒"新型产业组织。从传统工业时代的产业组织形态视角看，这种"恐龙型"产业组织因为内部高昂的控制成本必将解构，几乎不可能成为全球市场的完全垄断者或者寡头垄断者。但现在，苹果、三星、华为几乎成为控制全球智能手机市场的多寡头。

那么，未来的产业会出现怎样的市场结构？我判断未来将呈现越来越多的寡头垄断格局。回顾21世纪前十年的消费互联网发展，之所以出现数字平台这种"新物种"，是因为数字技术发展依靠的是数据、算力和算法，一方面是

产业组织内部边际控制成本急剧下降，产业组织内部子组织更加灵活、更加柔性，另一方面是外部市场产生了巨量的双边市场效应和多边市场效应，在数字平台上每年的交易额突破了10万亿人民币。未来的工业互联网也正在形成过程中，这种产业数字平台组织由于组织边界不断拓展和业务边界不断突破，内部边际控制成本和外部边际交易成本不断降低，可能会出现全球市场由双巨头或三巨头控制的局面，也就是在全球范围构成多寡头竞争的格局。

其次，看产业组织的演化趋势与特征。产业组织是市场竞争主体的形态，要认识产业组织变化趋势，需要理解产业组织内部组成要素之间的关系和结构。于是，我提出第二个猜想：未来十年会涌现越来越多的"平台嵌套+产业群落+微粒组织"的产业组织形态。为什么会出现这种组织结构？因为在传统工业经济时代，产业组织体系总体上是产业链式结构，由从事同一产业的产业链上下游企业之间通过供需关系形成交易机制，这种交易在价值链上呈现线性特征，线上的每个企业及其产品服务都是一颗颗的珍珠，依托产业链将它们穿起来，最后转化为终端产品（珍珠项链）。但在数字时代，数字平台出现了，这个平台可以是双边和多边市场形态，也可以是产品制造平台，数字平台和数字技术相结合，促进F2C（从厂商到消费者的电子商业模式）、B2C（企业直接面对消费者的电子商业模式）、C2M（从消费者到生产者）等商业模式的涌现，使产业链大大缩短，每个产业内部非实体生产环节被"脱媒"，最后形成"一个带头大哥带着一大群小兄弟"的生态化组织。

那时的组织形态就是生态系统，正如亚马逊公司（以亚马孙河命名）就像是亚马逊森林公园，无数生物群落在这个森林公园内交互生存，无数生物依据复杂交错的食物链自然演化形成的生态规则而存在，无数条食物链交织在一起，几乎无法找到一条简单显性的食物链。"平台嵌套+产业群落+微粒组织"的组织就是这样的生态系统，系统内存在平台主这种角色的领导者，领导者处于生态系统的顶层；中间有次级领导者，次级领导者领导一个个部落，部落之间通过竞争或者互补关系而存在，大量部落通过自然交互创造价值；部落中存在大量"小微组织"，它们可以是专精特新企业或者小微企业，通过价值共创实现部落内的协同共生。

再次，看组织内个体的存在方式。不管什么组织都是由个体组成的，组织结构的建构就是为了把大量个体组织起来创造尽可能大的价值。于是，我提出第三个猜想：数字生态组织内部的个体将成为"新型原始社会"的居民，他们日益呈现自主生产、自主就业、自主控制的生产生存状态。那么，如何处理新型人际关系、社会关系与传统社会结构关系之间的冲突？数字经济时代"人从劳动中解放出来"，个体可以自主生产、自主就业、自主控制，那么整个组织会不会出现无序状态，无序中的有序是什么？如果个体按照部落化规则生存，部落与部落之间是生产者与需求者的关系还是部落共生关系？每个部落既是生产者也是需求者（如新型产业集群发展），每个部落都可以自由迁徙（户籍制度肯定失效），这是不是未来社会的"新型原始社会"特征？在"新型原始社会"中，人可以自由加入某个群落，也可以自由离开某个群落，是因为人逐渐摆脱了资本和生产的束缚，随着流程化和标准化的生产活动被机器取代，人会成为部落中的自由体，在虚拟和现实社会中通过自己的兴趣去更充实地生活和生产。武夷山（2020）在一篇博文中介绍了"自由职业科研人员"的工作状态，发现越来越多的科研人员依托一个将客户任务需求与自由职业科研人员匹配的平台Kolabtree（科拉布特里）从事临时性研究工作，到2019年，已经有9 000多名拥有博士学位的科学家和工程师在该平台注册，他们不但从事科技咨询、统计复审、文献搜索、实验设计、编辑、写作，甚至承担人工智能与机器学习、农业与食品科学、生物技术、工程、医学科学、物理学、化学、社会科学与经济学等领域的临时性科研工作（武夷山，2020）。

四、"产业—企业—个体"三层次治理体系重构

作为组织和个体交织的社会，经历几千年的演变，一直试图循环探寻人之存在的自由意义。当下，迫切需要在理论上回应这样一些问题：人如何在被数字技术控制的社会空间中尽量保留个体自由；当数字科学家和工程师开发更强大的算法算力时，如何设计新型治理体系来限制开发暴力性数字工具的权力；当人处在毫无隐私的数字空间时，如何尽量保留人在机器算法控制下的有限自由；如何限制数字暴力发展，以延缓人类社会在智能组织的绑架和驾驭下走向灭亡的速度。

数字技术的发展正在毁灭人类传统的生存意义，社会科学家和人文科学家必须发出该有的声音——呼唤社会组织的治理主体，科技应该为人类服务，而不应是人类为科技服务。我们需要不断提醒，身处"新型原始社会"的人类在无知中继续创造着自以为能控制的机器，却加速失去"人"这种物种存在的本

来意义。我们需要不断提醒管理学家,管理的职能是赋能人类幸福,需要深刻认识数字时代人和组织的关系,延缓甚至遏制科技发展对人类的毁灭进程。

回到数字经济系统角度,如何认识"产业—企业—个体"三层次之间的相互关系及其治理逻辑?本文将从三个层次做出解析。

一是产业组织间的关系重构与治理体系。

由于"平台+微粒"的数字生态企业持续涌现,无论是消费互联网还是产业互联网,其产业组织呈现"0.01%的企业控制99.99%的企业"的现象,也就是极少数平台企业控制了大量的周边企业,形成生态化产业组织。从消费互联网看,BAT、TMD(头条、美团、滴滴的简称)、亚马逊、谷歌、优步、脸书等已经形成了平台领导者为核心(平台主)和千万级参与者为互补的生态结构,其中的平台领导企业利用双边和多边市场协调或控制了百万级的小微企业和专精特新企业。从工业互联网看,无论是国内的华为、小米、京东、海尔,还是国外的三星、苹果、特斯拉、SpaceX等,都开始形成平台企业与周边成千上万的互补企业融合发展的生态。虽然目前我国工业互联网/产业数字化还处于转型初期,99.99%的企业还停留在信息化与智能化初级阶段,但也显现出几个领导企业通过渠道控制、股权投资、资源配置等方式,治理着成千上万中小微企业、个体参与者的格局。此种生态结构中的产业组织体系如何治理?"平台+微粒"组织体系中,微粒组织到底是资源利用者还是被资源控制者?究竟是平台领导者控制微粒组织,还是微粒组织也在一定程度上反制着平台领导者?

先看消费互联网系统。一个头部网红可以形成自己的独立社群,十万、百万、千万级的粉丝被网罗左右,同时,不同网红(或者平台主实控人)也形成了虚拟现实社群,使整个商品社会被分割为一个个"新型原始部落",这些"部落"又受控于更高层级的平台。毫无疑问,谁控制了算法和算力,谁就是真正的控制者。打个比方,百万级规模的粉丝受控于东方甄选平台(一个部落),而东方甄选又依托抖音、淘宝(部落集群),所以,粉丝进入了一个层层嵌套的平台系统,这些粉丝根本上受控于最高层次平台的数据、算法和算力。

再看工业互联网系统,情况比消费互联网复杂得多。工业互联网以产品和技术核心能力作为谈判筹码,不像消费互联网中的产品是高度标准化的,因此,谁控制了渠道谁就控制了全局。工业互联网由各个零部件模块、产品服务模块提供商构成，一旦微粒企业（如专精特新企业）拥有了核心技术或关键产品，就可以成为独立的模块供应商，不受上下游集成商控制，而自身可以通过"多栖效应"与更多集成商合作。因此，产业互联网内虽存在多层平台嵌套关系，但由于上层与下层平台之间可以既不存在投资关系，也不存在控制关系，甚至不存在高度依赖的相互关系，所以治理机制会更加呈现多样性。

对于工业互联网的平台主，为了有序处理好产业组织之间的关系和治理，要尽量按照产业特征来布局系统内部的企业与市场关系，做好工业互联网的平台设计。数字平台包括四类要素（魏江、刘嘉玲和刘洋，2021）：（1）基础模块微粒化。微粒组织与市场可以直接交易，由于每个微粒组织提供的是整体系统的基础模块，这种模块按照标准开发，就可以与多产品接轨或者集成，因此，微粒组织不需要通过公司的集中销售部门就可走向市场。（2）组织架构平台化。组织内部架构出现产品部落和小群落，按照前台、中台、后台的逻辑关系嵌入生态组织中，实现低层次产品部落向高层次供应标准模块。随着组织架构化水平的提升，越来越多的个体也以模块供应者的身份，嵌入生态系统中。（3）组织关系网络化。由正式与非正式线下关系向网络化线上关系转变后，组织之间既不是简单的市场交易关系，也不是科层治理关系，而是形成具有中间状态特征的网络关系。（4）组织情境生态化。生态组织中形成高层平台嵌套次级平台的层次嵌套结构，但由于部件的高度差异特征，因此会按照不同标准形成多系列的层层嵌套关系。

基于上述分析，无论是消费互联网还是工业互联网，未来产业竞争就是生态系统之间的竞争，即"部落集群"之间的竞争；生态系统内形成高层次平台控制低层次平台的层层嵌套、层层控制关系；同一层级平台内，平台领导者相对于大量参与者占据主导治理地位（魏江和赵雨菡，2021）；但最终，生态系统内部的全部参与者都被最高层次平台的数据、算法和算力所控制，因为整个系统基础底座平台取决于其拥有的海量数据、强大算力和精妙算法之间的啮合，进而发展出数字原生企业及其数字次生企业、次次生企业相互嵌套的生态系统。要实现这个生态系统的健康发展，既需要政府制定数字治理的政策和法规，更需要平台伦理、社群治理、社区治理、市场契约等整体性功能的发挥。

二是企业内部组织关系重构与治理体系。

传统科层制企业内部的组织之间是依靠行政体系建立控制与被控制、领导与执行的关系的，这种科层制下的内部组织属于紧耦合关系。在"平台＋微粒"的生态企业中，内部组织之间的耦合模式发生巨大变化：从紧耦合演变为松耦合。松耦合模式组织内的成员流动是自由的，那么，这种松耦合内部组织之间是怎样的关系？如何去治理？在"前台—中台—后台"关系结构下，组织与组织之间从行政命令关系演化为准交易关系，内部组织向资源化（resourcing）关系转变（Wiedner et al.，2017），通过打破或者模糊内部组织边界，使技术、人才和资源可以在组织之间流动，由此对传统组织理论产生了挑战。

平台企业内部的组织结构按照三要素解析：(1)组织基础团队化。企业内部价值创造主体由整体组织向自组织团队甚至个体演变，组织内部分工由中心化向去中心化转变，协调整合由正式管理者指定向个体或团队自我选择方式转变。(2)组织结构去中心化。组织按照"平台＋项目"的方式运行，组织架构越来越简单，后台组织按照标准化、模块化形成一个个可组装的单元。项目团队则把各个单元按照产品架构，以内部标准接口进行组合，后台则需要协调好平台内各类组件，实现即插即用式拼装。目前，这种组织正在初期探索中。(3)组织层级去中介化。组织层次非常扁平，出现"平台架构＋小团队＋多个体"的组织形态，各个组织层次之间围绕各自所处生态位置的特点实现自驱动、自成长、自发展。

要认识到，"组织基础团队化、组织结构去中心化、组织层级去中介化"的实现机制，最难的是在高度动态的环境中如何建设好组织的底座系统（也就是数字生态系统的基础设施体系），赋能交易、生产、研发等中台体系，最后赋能前端参与者在各种客户场景中快速应用。要梳理出组织内部结构体系，可以从组织功能视角去布局，把用户需求、组织管理、商业模式、创新模式放到组织体系中，优化人的流程、组织的流程、创新的流程和资源配置的流程，实现战略引领、业务重构、组织升级和技术赋能的一体化协同。

三是组织内部个体关系与治理体系重构。

从"平台＋微粒"生态组织内部的个体看，其相互关系和链接方式也发生根本性变化：(1)千万级企业内部个人行为自主性问题。现在我国有1 350万快递员，有2亿多灵活就业者，这些人被嵌入生态系统后，其个人行为是自主还是他主，是自控制还是被控制？如果关注淘宝、天猫则会发现其平台力量非常强，强到可以让一个创新企业随时倒闭。那么，处于新企业组织内部的个体，其动机、行为、绩效之间的关系理论是否发生变化？（2）人与人之间的关系链接问题。内部网络上的节点就是个体，节点之间有弱链接，也有强链接，但总体趋势是走向弱链接方式。那么，在弱链接组织中要建立个体之间的关系和结构是个艰巨的任务，如果关系处理不好，组织就成为一盘散沙。例如，在线社区个体的自由流动，会对项目任务和组织目标产生冲击，个体之间的自由高频流动会影响工作绩效。因此，如何控制个体之间链接关系和契约诚信，亟须从理论上探索出有效治理虚拟社区中的高度动态团队、网络群体行为、自由流动个体的机制和制度。（3）个体与组织的关系从过去的雇佣与被雇佣关系走向今天的自主合作关系，也对长期形成的组织—个体关系理论提出挑战。

要理解组织和个体的关系并制定治理体系，最微观的落脚点在于分析清楚组织内部个体的动机—行为—绩效关系。生态组织内部的个体动机有没有变化？我们观察到的是，个体行为与过去相比肯定发生了改变，如出现了被雇佣行为和自主行为的冲突，团队行为和个体行为的冲突，正式行为和非正式行为的冲突。为了重构组织与个体的关系，需要推动组织内部人员、文化、机制和组织形态四位一体的布局，由此探寻人的工作方式、创新方式、成长方式与组织结构体系、流程优化、岗位结构、文化建设、决策体系等的关系，既重构好组织基础体系，又激发个体的活力。

五、结语

巨大的市场红利、制度红利为我国数字经济实现全球赶超提供了独一无二的机遇。我国数字经济的快速发展，得益于政府和社会对互联网这种新物种的包容，得益于我国巨大的市场容量，得益于老百姓对数据隐私被侵权的容忍。数字经济的发展为中国经济学者和管理学者系统深入地认识数字经济发展规律提供了千载难逢的机会，目前已到了建构中国特色的数字经济、数字管理自主知识体系的时候了，需要理论界洞察生产力发展的方向，形成数字时代的管理学科体系、学术体系和话语体系，不要折腾，认清形势，理性思考，正向发声，为人类贡献中国管理的智慧。

参考文献

陈晓红，李杨扬，宋丽洁，汪阳洁，2022. 数字经济理论体系与研究展望[J]. 管理世界，38(2): 208–224+13–16.

江小涓，黄颖轩，2021. 数字时代的市场秩序、市场监管与平台治理[J]. 经济研究，56(12): 20–41.

戚聿东，肖旭，2020. 数字经济时代的企业管理变革[J]. 管理世界，36(6): 135–152+250.

曲永义，2022. 数字创新的组织基础与中国异质性[J]. 管理世界，38(10): 158–174.

史丹，2022. 数字经济条件下产业发展趋势的演变[J]. 中国工业经济，(11): 26–42.

魏江，李拓宇，赵雨菡，2015. 创新驱动发展的总体格局、现实困境与政策走向[J]. 中国软科学 (5): 21–30.

魏江，刘嘉玲，刘洋，2021. 新组织情境下创新战略理论新趋势和新问题[J]. 管理世界，37(7): 182–197+13.

魏江，刘洋，等，2021. 数字创新[M]. 北京：机械工业出版社.

魏江，王颂，2023. 企业创新生态系统[M]. 北京：机械工业出版社.

魏江，赵雨菡，2021. 数字创新生态系统的治理机制[J]. 科学学研究，39(6): 965–969.

武夷山，2020. 自由职业科研人员[EB/OL]. https://blog.sciencenet.cn/blog-1557-1249814.html.

徐伟呈，周田，郑雪梅，2022. 数字经济如何赋能产业结构优化升级——基于ICT对三大产业全要素生产率贡献的视角[J]. 中国软科学 (9): 27–38.

张文魁，2022. 数字经济的内生特性与产业组织[J]. 管理世界，38(7): 79–90.

Appio F P, Frattini F, Petruzzelli A M, et al., 2021. Digital transformation and innovation management: A synthesis of existing research and an agenda for future studies. Journal of Product Innovation Management, 38(1): 4–20.

Bresnahan T, Trajtenberg M, 1995. General purpose technologies: Engine of growth. Journal of Econometrics, 65: 83–108.

Li F, 2020. The digital transformation of business models in the creative industries: A holistic framework and emerging trends. Technovation, 92: 102012.

Si, S, Hall J, Suddaby R, et al., 2022. Technology, entrepreneurship, innovation and social change in digital economics. Technovation, 119(1): 102484.

Wei J, Zhou M, Greeven M, et al., 2016. Economic governance, dual networks and innovative learning in five Chinese industrial clusters. Asia Pacific Journal of Management, 33(4): 1037–1074.

Wiedner R, Barrett M, Oborn E, 2017. The emergence of change in unexpected places: Resourcing across organizational practices in strategic change. Academy of Management Journal, 60(3): 823–854.

建设数据要素市场，推进数字经济学的中国实践

徐翔　李帅臻[*]

党的十八大以来，以习近平同志为核心的党中央高度重视发展数字经济，将其上升为国家战略。十年来，中国数字经济发展取得了举世瞩目的成就，对于经济社会发展的引领作用日趋凸显。但相较于世界数字经济发展强国，我国数字经济发展仍然存在大而不强、快而不优的问题。在世界百年未有之大变局加速演进、国际力量对比深刻调整的背景下，我国始终以数字技术与实体经济深度融合发展为主线，以数字红利惠及更广大人民群众为根本目的，激发数字经济活力，增强数字政府效能，优化数字社会环境，构建数字合作格局，筑牢数字安全屏障，不断做强做优做大我国数字经济。在这一过程中，应以建设数据要素市场为重要抓手，深入推进数字经济学的中国实践。

一、中国数字经济发展进入关键时期

当前，中国数字经济呈现蓬勃向上的发展态势。根据《数字中国发展报告（2022年）》，2022年我国数字经济规模首次突破50万亿元大关，达到50.2

---

[*] 徐翔，中央财经大学经济学院副教授，中国互联网经济研究院研究员；李帅臻，中央财经大学经济学院博士研究生。

万亿元，总量稳居世界第二，同比名义增长10.3%，远超同期5.3%的GDP名义增长率，数字经济占GDP比重提升至41.5%。按照当前的增长速度，在未来4~5年时间内，我国的数字经济占GDP的比重将超过50%。数据驱动、数智赋能、数实融合、万物互联等数字经济的实践概念与前沿理论，已经成为中国经济高质量发展的重要抓手。在国际范围内，数字经济的全球产业生态与创新生态正在逐渐形成，新的跨国产业组织形式与研发创新模式也初现端倪，开放开源成为推动数字技术持续进步的行业共识和重要驱动力量。

随着大数据、人工智能等新兴技术渗透到经济社会运行的方方面面，数字经济的发展正逐步进入一个新的阶段。新阶段的一个典型特征可以概括为，以"大数据+人工智能"为代表的新的"要素+技术"组合，正在逐渐超越传统意义上的"计算机+互联网"这一在上一轮技术革命之后占据主导地位的ICT（信息与通信技术）组合，成为推动经济社会发展范式转换的核心驱动力（徐翔等，2022）。进入这一阶段后，中国数字经济发展面临的核心问题是如何充分开发并有效治理大数据和人工智能等一系列数字经济发展动能，妥善处理好伴随数字经济社会变迁所带来的一系列新问题、新矛盾。

与蓬勃向上发展的数字经济实践相比，数字经济发展的理论研究，特别是高等院校的数字经济学科建设相对缓慢。数字经济学作为一门经济学、管理学和信息科学等诸多学科的交叉学科，在数字经济的基本规律上、数字技术的经济学分析上、市场交易的基本制度上、产业组织方式与新经济增长理论上，以及数字经济人才培养上，均缺乏完备的理论指导。为了更好地适应数字经济发展现状、促进数字经济发展，数字经济学科的发展亟须重要的理论创新。

当前，数字经济学的学科建设正面临一个重要的时间点。从学位点建设的角度看，2018年教育部在经济学门类中新增了"数字经济"本科专业，2022年国务院学位委员会批准设立"数字经济"专业硕士学位，同年共有77所高校新增"数字经济"本科专业，成为同期新增备案专业中数量最多的专业。[①]从高校教材建设的角度看，基于笔者的调研，截至2023年7月市面上的《数字经济学导论》教材共有三种，《数字经济（学）概论》教材共有六种，《数字经济学》教材超过十种，还有一些分支学科、研究专题类的教材也相继出

---

① 中华人民共和国教育部：http://www.moe.gov.cn/srcsite/A08/moe_1034/s4930/202304/t20230419_1056224.html。

版。然而，在相关专业、教材与课程都逐渐完备的背景下，数字经济学"学什么""怎么学""怎么用"等问题尚未得到完全解决，数字经济发展人才培养不断扩容、人才缺口不断扩大的现实矛盾仍然存在，数字经济学科建设与人才培养亟须"提质增效"。

综上所述，本文认为需要把数字经济的高质量发展与数字经济学的学科建设密切地结合，扎根于近些年中国数字经济发展的丰富实践，推动数字经济时代的经济理论创新，更进一步地，以完备的数字经济理论指导后续的人才培养和数字经济的高质量发展。

二、建设数据要素市场是发展数字经济的关键实践

培育发展数据要素市场是推进全球数字经济快速发展的关键实践（于施洋等，2020；苏德悦，2023；王伟玲，2023），也为数字经济学提供了得天独厚的研究环境与应用场景。目前，全球各主要经济体都在尝试建立能够促进数据更高效流通、更充分开放的数据要素市场，以谋求或巩固其在全球数字经济发展中的领导地位。

举例来看，美国出于对产业利益的考量，对数据保护的法律规定较为宽松，坚持以市场为主导的要素流通，以行业自律为主要手段并辅以政府监管的模式（刘金钊和汪寿阳，2022）。美国的数据交易模式包括数据平台C2B分销、B2B集中销售和B2B2C（从供应商到电子商务企业再到消费者的商业模式）分销集销，其中第三种交易模式属于数据经纪商的范畴，发展较为迅速，并已具备一定的市场规模。与美国的数据经纪模式不同，欧盟构建了数据全域治理框架，创设了数据中介制度，由数据中介服务者通过技术、法律或其他手段，在数据主体、数据持有者与数据使用者之间建立商业关系，将数据的提供、中介和使用环节分离，同时政府部门施行全过程监管；德国率先发起工业数据空间建设，为确保行业内数据安全可靠交换搭建途径；英国旨在推进个人数据要素化，发起Midata数据要素化项目，实施"开放银行"数据交易战略、共享金融数据。此外，韩国、日本、澳大利亚等国也都采取了一系列措施促进数据要素市场的发展。各国对于发展数据要素市场的侧重点各有不同，并在不同方面形成了领先优势，其成功经验均值得我国借鉴。笔者认为，只有尽快建立数据要素市场，妥善配置数据资源、数据资本和数据资产，辅以先进的理论创新引领，

才能真正地把中国的数字经济和数字经济学发展好。中国数字经济的学科体系、学术体系、理论体系与话语体系建设，必须与数据要素市场建设协同共进。

2016—2021年，中国数据要素市场规模不断扩张，由62亿元快速增长到815亿元，年复合增长率高达67.4%，数据要素对2021年GDP增长的贡献率和贡献度分别为14.7%和0.83个百分点。截至2022年12月，我国共有46家数据交易所，10家省市级大数据集团。预计2021—2025年，市场规模复合增速将超过25%，整体进入群体性突破的快速发展阶段。[①] 在总量迅速增长的同时，我国数据要素市场建设仍面临交易规模不足、交易种类偏少、数据标准不统一、场内交易不活跃、市场监管职能不明确等现实问题。

具体来看，其一，我国数据要素市场仍处于起步阶段，数据要素交易规模不足。据国家工业信息安全发展研究中心的测算，2020年中国数据要素市场规模为545亿元人民币，仅为同期美国的3.1%、欧洲的10.5%、日本的17.5%。互联网数据中心和里斯本理事会（IDC & Lisbon Council，2022）基于不同口径测算，2021年中国数据要素市场规模为316.5亿欧元，低于美国、欧盟和日本的数据市场交易规模，仅排名第四。其二，现有数据开放平台上的数据存在内容重复、种类单一等问题（李文军和李玮，2023）。数据要素市场共享的数据以传统统计类数据为主，公共数据开放程度不高，社交网络数据、短视频数据、电子地图和电商数据等新型数据较少，覆盖面较窄（马费成等，2022）。其三，当前数据标准不统一，数据划分、交易渠道、交易规则和数据定价等均存在不同的标准（何玉长和王伟，2021）。以数据划分为例，基于数据性质、产权、功能、加工程度和产生主体等不同特征，可以将数据划分为不同的类型，而分类标准不统一将增加数据资产的不确定性，不利于买卖双方对数据的价值进行判断，阻碍数据要素在市场上的流通和交易（马费成等，2022）。从清华大学调研数据看，由于数据标准不统一，企业内部各部门间实现共享的政务数据仅占部门总数据的18%（黄敦平和倪加鑫，2023）。其四，出于市场动能不足、交易成本高、供需错配等原因，我国数据要素市场场内交易不活跃（李三希等，2023）。根据国家工业信息安全发展研究中心的测算，2020年和2021年场内数据交易规模占总体交易市场规模的比重均未超过5%。其五，

---

① 国家工业信息安全发展研究中心，https://www.cics-cert.org.cn/web_root/webpage/articlecontent_101006_1597772759436365826.html。

对数据行为的统筹监管力度较小，数据要素市场监管职能不明确。当前，数据治理主要通过多部门条块监管，国家发展和改革委员会、工业和信息化部、网信办、证监会等部门均承担部分监管职责，各个部门的监管力量薄弱、职能分散，各部门间互通不顺，监管边界不清，主责部门不够明确（郭海明和姚惠泽，2023）。

三、当前数据要素市场建设面临的关键问题

为了更好地发挥数据要素市场配置数据要素、算力要素与算法资源的功能，促进数据要素的合理流通与高效应用，需要妥善解决一系列关于价格形成、激励机制、创新支撑、福利效应与要素治理的关键问题。本文基于"数据价值链"的理论逻辑，在综合考虑重要性、紧迫性与时效性的基础上，归纳出当前数据要素市场建设面临的四个关键问题。

第一，在数据定价体系尚未形成、数据统计测度制度尚不完善的当下，如何度量数据的价值、为数据要素定价？

已有研究提出了一些可供参考的做法，其中大部分现有研究通过测度数据要素的生产成本进而测度数据要素的价值。数据的价值由数据的重置成本减扣各项贬值后确定，其中数据的成本可以通过系统开发委托合同和实际支出计算，主要包括建设成本、运维成本和管理成本三个部分。[①] 丰塔纳等人（Fontana et al., 2020）通过估计创建、收集、管理和维护与数据集管理相关的数据和系统的成本以测度英国国家医疗服务体系（NHS）收集的医疗保健数据的价值。基于成本法测度数据要素的价值具有操作简便、定价相对直观的特点，但是也有研究指出通过成本法得到的数据价值很有可能是被低估的。阿德勒等人（Adler et al., 2016）认为成本法在确定数据的价值下限时有效。原因在于，成本法忽略了数据的买方差异和数据特点所产生的价值（熊巧琴和汤珂，2021；Adler et al., 2016）。

此外，已有研究还提供了其他一些做法，包括测算并且汇总数字经济各产业的增加值，测度SNA（国民账户体系）生产边界外的数字经济的福利效应，扩展GDP核算框架以包括数字免费产品与服务，以及基于市场和评价贡献为

---

① 中国资产评估协会，http://www.cas.org.cn/ggl/61936.htm。

数据要素定价等。与此同时，统计界也正在尝试做出改变，最新的国民经济核算体系（SNA2025）正在围绕数据资产开展相关的专题研究与改革探索。然而我们可以预期，即使在SNA2025中形成了数据要素的测度方法，这个方法也一定是非常基础且高度依赖假设条件的。如何为数据要素的估值与定价提供经济学、管理学的理论支撑，准确把握数据要素对经济发展的贡献，并以此为基础制定相关政策，是我们需要解决的第一个关键问题。

第二，在应用层面，如何将数据要素转化为一种持续的创新动力？

一些研究认为，应当采取措施促进和鼓励企业之间进行数据共享与协同创新，以更好地释放数据要素的创新活力。原因在于，数据生产要素凭借零成本复制、传播的特点，使企业间协同创新和合作研究的效率更高，这将极大地提升研发创新效率（Akcigit and Liu，2016；徐翔等，2023）。但这在实践中非常困难，很多企业都想把数据窖藏于企业乃至部门内部而不愿意共享（徐翔等，2023）。对于企业自身而言，已有研究提出了一系列将数据转化为创新资源的做法，通过数据化实现企业与消费者的协同演化，利用数据预测并采用最优的生产技术以改善产品质量，通过大数据分析提供的不涉及隐私问题的"漂白"知识来优化企业内部的创新资源配置。有学者（Veldkamp and Chung，2019）指出，企业通过分析消费者交易记录数据揭示消费者的偏好，并通过数据集的更新及时掌握并适应消费者偏好的变化，进而有针对性地生产。肖静华等人（2018）的研究也表明，企业通过对消费者大数据的利用，使研发决策从依靠人的经验判断转变为依靠人与数据的结合，从而实现产品的研发创新。在这一过程中，消费者相当于通过数据化的方式参与研发，其需求也能得到更好的满足。以上这些研究的共同之处是强调数据要素必须通过十分复杂的价值创造过程才能成为创新的驱动力，而对于这个过程的研究还需要进一步深入。

第三，如何理解和测度数据要素流通与应用的社会福利效应？

目前，学界针对这一问题的讨论相对较少，对于该问题的结论也并不一致。部分研究认为，数据要素流通与应用可以提升社会福利。一方面，通过对公共管理数据的共享和分析，推动作为生产要素的公共管理数据进入社会生产与再生产领域，充分发挥其权属纠葛少、集聚程度高、管控力度大的特征[①]，

[①] 中华人民共和国国家发展和改革委员会，https://www.ndrc.gov.cn/xxgk/jd/jd/202303/t20230317_1351339.html。

带动数据要素市场发展，充分释放数字红利，并指导社会支出决策、优化公共管理模式，提高社会的整体福利（张新宝和曹权之，2023）；另一方面，数据要素参与价值创造，将实现服务经济的系统性变革，在促进传统服务业转型升级的同时，培育出诸多由数据要素和先进数字技术驱动的服务贸易新业态、新模式，提高金融、物流、电子商务等现代化服务业的供给质量，进而提高社会的整体福利（谢谦和刘洪愧，2022）。相反，还有部分研究认为，数据要素的应用可能降低社会福利。一方面，当企业收集到的数据量足够大时，可能会滋长企业的价格歧视（如大数据杀熟），还可能会降低产品质量，降低消费者剩余，进而降低社会总福利（李三希和黄卓，2023；王世强等，2020）；另一方面，数据要素的应用可能会滋生数字经济企业滥用数据以寻求更高收益的动机，此时更大规模的数据使用将损害数据安全，进而降低社会福利（王申和许恒，2022）。此外，还有一些学者基于科斯定理提出，数据权属不清可能会降低整个数据要素市场的资源配置效率，进而损害用户的社会福利（戎珂等，2022），但如果对特定数据配置独占使用权，将排斥他人使用数据并限制竞争，从而亦有可能减少社会福利（塞巴斯蒂安·洛塞等，2021）。为了解决这些问题，戎珂等人（2022）提出可以通过数据分级授权机制来解决数据确权问题，以获得接近最优的福利分配。但对于具体的实施方式，还需要更深入的理论探讨与一些实验性的尝试。

第四，如何实现数据要素的有效应用与有序治理的高度统一？

一个整体思路是，要实现多元治理主体协同共治，加强数据要素治理在国家治理现代化中的基础作用。已有研究分别从技术手段、政策手段和市场自治手段这三个方面展开讨论。从技术角度看，数据的流通和应用可能挖掘出个人隐私或国家机密，这是推进各类数据市场化应用的一个较为普遍的障碍，因此需要发展应对数据挖掘的防泄密和隐私保护技术。有学者（Tene and Polonetsky，2012）指出，政策制定者应当首先确定需要征得用户同意方可使用的"个人可识别"的数据类型范围，并将这些个人可识别的数据置于法规监管框架中。此外，数据应用还需要经过对数据进行脱敏以保护隐私，已有研究尝试使用"去匿名化"技术（即通过匿名数据和其他数据源的相互匹配来实现重新标识的技术）保护数据隐私。根据隐私保护程度和数据使用目的的差异，选择K-匿名化（K-Anonymity）模型、（α，k）-匿名［（α，k）-Anonymity］模型、L-多样性（L-Diversity）模型、T-接近性（T-closeness）模型以及差分隐私算法，平衡统计数据中的用户隐私安全性与统计精确性之间的关系（范灵俊等，2016）。从政策角度看，由于数据交易存在信息悖论问题、数据价值不确定性问题、数据交易过程中磋商和谈判等成本问题，以及数据交易和使用的合规问题等，因此需要适度超前布局数据交易基础设施和中介机构，解决共性基础技术难题，为数据交易提供技术和服务支持（丁晓东，2022）。从市场自治角度看，我国目前的自律治理仍处于缺位状态。具体表现为：数据要素市场行业组织松散，行业标准和规范难以统一，自律管理规则质量良莠不齐，数据交易场所尚未清晰确立自律性法人的地位。为应对上述问题，曾铮和王磊（2021）提出，应当在全社会培育尊重个人隐私的文化氛围和法律意识，制定统一且符合行业特点的个人信息保护规则和标准，加强行业自律自治。

可以看到，上述四个问题都在一定程度上得到了已有文献的探讨与回应。然而，现有文献的讨论大多采取"数据+微观经济模型""数据+产业组织理论""数据+经济增长框架""数据+福利经济分析"等方式，更多的是将数据作为生产与交易过程的额外投入与伴生产出纳入经典分析框架。然而，以数据为核心要素、以大数据分析和人工智能为关键技术、以数据要素市场为主要交易机制的新的基础性分析框架，却尚未建立。这也是目前数字经济学领域"理论创新开花结果，实践落地亦步亦趋"的最重要原因。为了改变这一局面，我们需要提出新的适应数字经济发展需要的分析范式。

四、数字经济发展的技术—经济—生态范式

在《技术革命与金融资本》一书中，卡萝塔·佩蕾丝（Carlota Perez）提出了描述工业革命后生产组织基本模式的"技术—经济范式"。佩蕾丝认为，每次技术革命都使整个生产体系得以实现现代化更新，从而每50年左右都会使总体效率水平达到一个新的高度。以往每次技术革命都会提出一套相互关联的、同类型的技术及共识性组织原则，依次经历导入期、转折点和展开期的阶段转变，形成各个时代的技术—经济范式。数字化革命被广泛视为第六次技术革命，其对于经济社会发展的综合影响要比以往任何一次技术革命都更为深远，以数字技术和数字经济为基础，形成了新的经济、商业与创新生态。数字经济的范式转换在很大程度上表现为数字生态的演变与发展，这一过程反过来为技术进步与经济增长赋能。基于上述分析，我们将"技术—经济范式"拓展

为更加完整的"技术—经济—生态范式"。

在"技术—经济—生态范式"中，数字技术与数据要素通过"互联→数据→集成→融合→创新→转型"的作用路径，形成数字经济的"新基建→新要素→新供给→新业态→新经济"的阶梯维度，共同构成完整的数字经济生态。其中，互联层描述了"云+网+端"技术发展所支撑的新型基础设施建设，数据层代表数据要素与大数据分析等数据处理技术的有机结合，集成层描述数据要素转化为新知识、新技术和新组织形式的生产过程，融合层与创新层分别强调数据等新要素与传统生产过程的融合以及由融合驱动的多维创新，转型层则强调整体经济层面下新的生产方式、经营模式乃至经济业态的形成与推广。

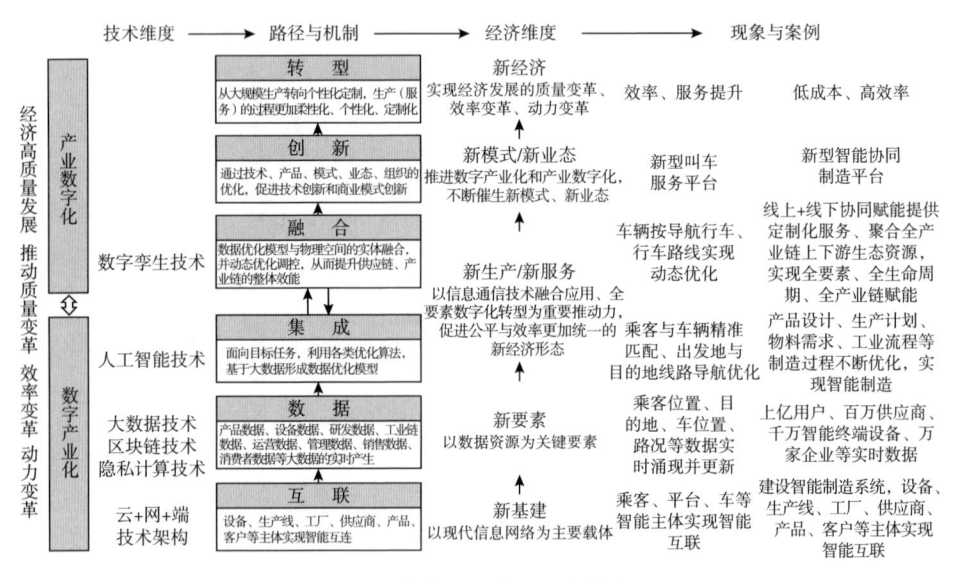

图1 技术—经济—生态范式

在"技术—经济—生态范式"下，我们应当如何理解数据要素市场？在技术层面，数据的安全自由流通技术是奠定场内与场外交易的基础，隐私计算、联邦计算的最新应用如"没有免费午餐"定理（No-free-lunch Theorem）将被运用于设计联邦学习系统，以提高数据的安全性。在经济层面，我们需要围绕数据的共享与赋能，设置一套新的交易方案与激励机制。在生态层面，我们要确定"有效分配资源福利、消除隐私安全隐患"为数字生态治理的基本原则，限制数据过度共享,保护非本人数据信息的安全性。笔者在最新研究中,设计了一套考虑大数据技术进步与不同市场结构的数据市场机制,确立了以数据公司为关键中介的数据费用与补贴结构,用以有效缓解大数据技术进步带来的福利冲击,显著提高消费者剩余。同时在这一机制中,政府的有效介入与有序治理是关键。

五、小结与研究展望

综上,本文分析了数字经济发展和数字经济学学科建设状况,归纳了数据要素市场建设面临的关键问题,提出了适应数字经济发展的分析范式,并结合已有文献给出了如何更好地建设数据要素市场的一系列建议。正如前文提到的,中国的数字经济学科建设,必须与数据要素市场建设协同共进。那么在未来不断推进数据要素市场高质量发展的过程中,应当如何更好地发展数字经济学?本文给出如下建议供有关部门参考。

首先,数字经济学应该是一门跳出"宏观—中观—微观"分野的综合性学科。数字经济学的知识体系,应该是坚持问题导向、以融合式创新为主线,将数据要素驱动与数字技术赋能结合,充分关注数字经济相关的所有经济、社会与文化问题的一套综合知识体系。

其次,在数字经济学的研究和教学中,应该充分应用历史学的分析逻辑和案例分析等方法,博采众家之长,避免陷入"自说自话""圈地自萌"的境地。数字经济本身与计算科学、信息科学关系紧密,其重要研究对象是数字技术与数据要素。然而在研究过程中,需要充分意识到数字经济学的社会科学属性,积极采用各类社会科学方法,尤其是在近年来得到长足发展的应用历史学与管理科学中的案例研究方法,将数字经济实践放在人类经济社会历史发展的整体进程中予以深入研究。

再者,数字经济学应是一门于实践中创新、将创新投入实践的应用学科。在数字经济的研究过程中,既要研究ChatGPT、无人驾驶等新现象、新产品、新服务,也要将ChatGPT这样的新工具应用于数字经济的研究当中。

最后,数字经济学应是一门采取新视角重新审视政府与市场关系的新兴学科。作为一种继农业经济、工业经济之后的第三种主要经济形态,数字经济中的政府与市场关系也发生了根本性变化。通过不断深入探索和明确在新经济环境下的政策目标，设定新的政策原则，建立新的政策机制，数字经济的发展将行稳致远。

综上所述，数据之治既是"数治"也是"治数"，既是"法治"也是"共治"。作为继土地、劳动力、资本、技术之后的第五大生产要素，数据要素及其赋能的传统要素构成了新时代的新生产力，成为最值得讨论的时代性议题与理解数字经济的基本入手点。我们有理由相信，通过更好地建设数据要素市场，中国数字经济的理论与实践创新将达到一个新的高峰。

参考文献

丁晓东，2022.数据交易如何破局——数据要素市场中的阿罗信息悖论与法律应对[J].东方法学 (2):144–158.

范灵俊,洪学海,黄晁,等,2016.政府大数据治理的挑战及对策[J].大数据 (3):27–38.

郭海明,姚惠泽,2023.数据要素市场发展的问题与对策[N].中国社会科学报(A8).

何玉长,王伟,2021.数据要素市场化的理论阐释[J].当代经济研究 (4):33–44.

黄敦平,倪加鑫,2021.数据要素市场亟待治理的四大难题[N].学习时报 (A2).

卡萝塔·佩蕾丝,2007.技术革命与金融资本[M].北京:中国人民大学出版社.

李三希,黄卓,2022.数字经济与高质量发展：机制与证据[J].经济学(季刊) (5).

李三希,李嘉琦,刘小鲁,2023.数据要素市场高质量发展的内涵特征与推进路径[J].改革 (5).

李文军,李玮,2023.我国大数据产业和数据要素市场发展的问题与对策[J].企业经济 (3).

刘金钊,汪寿阳,2022.数据要素市场化配置的困境与对策探究[J].中国科学院院刊 (10).

马费成,卢慧质,吴逸姝,2022.数据要素市场的发展及运行[J].信息资源管理学报 (5).

戎珂,刘涛雄,周迪,等,2022.数据要素市场的分级授权机制研究[J].管理工程学报 (6).

塞巴斯蒂安·洛塞,莱纳·舒尔茨,德克·施陶登迈尔,2021.数据交易：法律·政策·工具[M].曹博,译.上海:上海人民出版社.

苏德悦,2023.浙江大学国际联合商学院数字经济与金融创新研究中心联席主任盘和林：数字经济发展还需强化数据要素市场和数据基础设施[N].人民邮电 (003).

王申,许恒，2022.数据善用与数据安全共治机制研究[J].当代财经(11).

王世强,陈逸豪,叶光亮,2020.数字经济中企业歧视性定价与质量竞争[J].经济研究 (12).

王伟玲,2023.中国数据要素市场体系总体框架和发展路径研究[J].电子政务 (7).

肖静华,吴瑶,刘意,等,2018.消费者数据化参与的研发创新——企业与消费者协同演化视角的双案例研究[J].管理世界 (8).

谢谦,刘洪愧,2022.数字服务贸易助推经济高质量发展：理论机理与政策建议[J].经济体制改革 (6).

熊巧琴,汤珂,2021.数据要素的界权、交易和定价研究进展[J].经济学动态 (2).

徐翔, 孙宝文, 李涛, 2022. 基于"技术—经济"分析框架的数字经济生产函数研究[J]. 经济社会体制比较 (5).

徐翔, 赵墨非, 李涛, 李帅臻, 2023. 数据要素与企业创新：基于研发竞争的视角[J]. 经济研究 (2).

于施洋, 王建冬, 郭巧敏, 2020. 我国构建数据新型要素市场体系面临的挑战与对策[J]. 电子政务 (3).

曾铮, 王磊, 2021. 数据要素市场基础性制度：突出问题与构建思路[J]. 宏观经济研究 (3).

张新宝, 曹权之, 2023. 公共数据确权授权法律机制研究[J]. 比较法研究 (3).

Adler R, C Stringer C, and Yap M, 2016. The valuation and pricing of information assets. Pacific Accounting Review, 28(4), 419–430.

Akcigit U, and Liu Q, 2016. The Role of Information in Innovation and Competition. Journal of the European Economic Association, 14(4), 828–870.

Fontana G, Ghafur S, Torne L, et al., 2020. Ensuring that the NHS realises fair financial value from its data. The Lancet Digital Health, 2(1), e10–e12.

IDC and Lisbon Council, 2022. European Data Market Study 2021–2023 (D2.1 First Report on Facts and Figures). Luxembourg: Publications Office of the European Union.

Tene O, Polonetsky J, 2012. Privacy in the age of big data: A time for big dicisions. Stanford Law Review Online, 64:63–69.

Veldkamp L, C. Chung, 2019. Data and the aggregate economy. Journal of Economic Literature.

价值视角的数据要素资源分类与统计测算思路

蔡跃洲[*]

一、引言

数字经济时代，数据要素既是新一代信息技术大规模商业化应用的产物，也是各种新业态、新模式得以涌现和运行的关键支撑。数据要素具有非竞争性、非排他性及低成本复制等技术及经济特征，不仅能够通过提高微观层面不同要素、不同环节的协同性来提升经济运行效率，更能实现宏观层面的价值倍增。2019年，党的十九届四中全会通过的《中共中央关于坚持和完善中国特色社会主义制度 推进国家治理体系和治理能力现代化若干重大问题的决定》提出"健全劳动、资本、土地、知识、技术、管理、数据等生产要素由市场评价贡献、按贡献决定报酬的机制"，明确将数据列为第七大生产要素。这表明，数字经济时代数据在微观生产运营、宏观经济增长及发展中所发挥的作用得到广泛认可。然而，对于如此重要的生产要素，无法就数据要素资源的规模给出各界普遍接受的统计数据。在某种意义上可以称之为"大数据统计测算悖论"。

---

[*] 蔡跃洲，中国社会科学院数量经济与技术经济研究所研究员，数字经济研究室主任，中国社会科学院大学应用经济学院教授。

"大数据统计测算悖论"可能主要源于两方面原因。一方面，数据作为生产要素是数字经济时代的产物，而现行官方统计体系和国民经济核算框架，以及微观层面的会计核算体系，本质上都是工业经济时代的产物，反映了工业化成熟阶段的经济运行特征；而数据要素作为新一轮科技革命和产业变革下数字经济新模式、新业态的关键支撑，既有国民经济统计核算体系指标无法直接提供有关其规模的信息。另一方面，社会各界对于数据的理解和认识其实是比较模糊的，更多是一种大而化之的笼统概念。实际上在数字经济运行实践中，数据概念本身可以划分成不同的层次，有原始数据、企业内部积累的数据资产、加工以后对外出售的数据产品/数据服务等，形成一个内涵边界差异巨大，但又紧密关联、相互交织的复杂数据生态体系。

面对如此复杂的数据生态体系，如果要科学准确地对其规模进行统计测算，并且能够实现一种常态化的信息输出，即随时从现有的调查统计体系中提取有关数据要素资源规模的指标，至少需要做好三方面工作：一是必须对数据要素资源相关的概念、内涵进行辨析并划分层次。二是要根据数据要素、数据资源不同的类别采取相应的统计抽样以及测算方法，包括围绕数据要素资源开展的统计调查如何与现有的国民经济核算体系对接。三是围绕实现持续、常态化地输出数据要素规模的相关信息，还要完善现有的会计制度，包括解决企业数据资产如何入表等问题。为此，本文拟从基本概念出发，对数据要素资源进行分类，并辨析其内涵范围。在此基础上，尝试从物理尺度和价值尺度两个维度，结合数据要素资源分类，提出一套与其特点相适应的统计测算框架。

二、文献综述

1. 数据规模统计测算研究回顾

在当前的官方统计体系和国民经济核算框架下，很难对包含经济价值的数据规模进行直接观测。现有研究针对不同国家、不同类型数据以及相应市场进行了初步价值测算，其中大部分停留在数量级层面的估算。本节将梳理数据要素宏观价值测算的代表性文献，对其测算对象、结果和方法进行对比（表1），并就数据要素测算研究的整体状况予以评述。

英国政府部门较早尝试对公共部门数据价值进行测算。英国公平贸易办公室（Office of Fair Trading）在调查访问超过400家公共部门信息持有者（Public Sector Information Holders，PSIHs）和300家购买或使用公共部门信息数据的英国企业后发布报告指出，2005年公共部门信息持有者通过信息供应、销售或许可使用数据获得的收入约为3.9亿英镑；进一步研究评估，公共部门数据的生产者剩余可达到每年6 600万英镑，而消费者剩余可以达到约5.18亿英镑。该报告使用总剩余（即生产者剩余与消费者剩余合计，5.85亿英镑）作为公共部门信息数据的总经济价值，约占英国当年GDP的0.1%。该报告还将公共部门信息持有方划分为三类，分别是：（1）具有商业激励的公共部门信息创收机构；（2）免费提供未经信息提炼的公共部门信息数据机构；（3）持有公共部门信息数据改进或支持内部活动的机构（对第三方提供的情况较少）。在确定需求弹性水平时，采用定性估计结合已有文献研究的方法给出高、中、低三个参数范围，而生产者剩余则是基于样本中报告的公共部门信息数据持有者收入、目标以及实际雇用资本回报率估算而得。

ACIL Tasman（经济咨询公司伊索·塔斯曼）于2008年和2009年分别发布两份研究报告，测算了澳大利亚和新西兰空间地理数据的经济收益。这两项研究将空间地理数据对生产率以及自然资源可用性的影响作为冲击纳入ACIL Tasman Global可计算一般均衡（Computable General Equilibrium，CGE）模型，据以测算数据要素的广义经济收益。其测算思路考虑到地理空间数据的采用对各部门行业生产力产生的影响，而这种影响在宏观层面表现为资金在经济流动和资源在部门之间转移方式的变化。研究结果显示，空间地理数据给澳大利亚带来了0.6%~1.2%的GDP增长，而在新西兰则带来了0.6%的GDP增长。2012年，维克里（Vickery）借鉴了ACIL Tasman研究报告，直接使用空间地理数据对GDP的影响系数，推算了2009年欧盟27国的数据市场价值，测算结果显示，欧盟27个国家空间地理信息产业规模约为177亿欧元，数据使用所产生的价值区间为708.5亿~1 417亿欧元。

上述代表性文献基本上都是针对公共部门或单一行业数据经济价值所开展的估算。麦肯锡全球研究院（McKinsey Global Institute，2013）与互联网数据中心（IDC，2016，2022）则将测算对象从公共部门数据扩展到私有部门，尝试测算数据要素在更大范围内使用所带来的价值提升。麦肯锡全球研究院报告指出数据要素在教育、交通、消费产品、电力、石油天然气、医疗健康、消费金融等7类行业中的应用，有助于提升效率、促进产品创新、提升消费者福利，能带来3万亿美元的潜在经济收益，但报告中并未提及具体的测算思路。互联网数据中心（IDC，2016，2022）的测算则聚焦欧盟28个国家的数据市场规模，从数据从业人员、数据供应商、数据企业、数据市场、数字经济、数字技能6个维度构建了测算指标体系。其测算的基本思路是将数据的经济影响量化为数据供应商的收入（销售数据产品/服务的数据市场价值）以及数据供应商上下游企业实现的业务增长。测算结果表明，2016年欧盟28国的数字经济整体影响折算成GDP占比大约为2.2%（约3 060亿欧元），2017年约为GDP的2.4%（约3 360亿欧元）。该报告还预测了2025年欧盟数字经济的GDP影响，在数据访问、管控和开发条件平稳增长的场景下，预计可以达到GDP的4.2%（约6 690亿欧元）。经合组织（OECD，2019）主要对已有测算研究文献进行梳理与汇总，但并未在测算思路或方法上给出具体建议。根据该报告的评估，公共部门数据获取和共享可以带来的经济社会收益约为GDP的0.1%~1.5%；私营部门和公共部门数据获取和共享可以带来的收益为GDP的1%~2.5%左右（在个别案例中，可以达到GDP的4%）；而上述收益规模大小主要取决于数据覆盖度/范围（scope of data）、数据开放程度（degree of data openness）等因素。

2019年，加拿大统计局尝试将数据纳入国民统计核算框架（Statistics Canada，2019），将数据生产中发生的人工成本、相关的非直接人工以及其他成本，如人力资源管理和财务管理、电力、建筑维护和电信等成本进行加总，作为估算数据资本形成总额的依据。具体的测算方法是，根据国家职业分类系统（NOC）筛选出与数据生产相关的职业，并分别设定各职业在数据生产工作上的时间占比，以此计算生产数据的机会成本占直接成本的比重，同时设定非直接成本和其他成本占总工资的50%，另外附加3%的资本收益，从而得到数据的价值估计。测算结果显示，2018年加拿大的数据资本形成总额在90亿至140亿美元之间，加上数据库和数据科学投资，2018年数据相关的资本形成总额在290亿到400亿美元之间。

国内关于数据要素市场规模和价值的研究大多参考了互联网数据中心、Statista、Wikibon、OnAudience等国际咨询机构对全球数据市场收益的价值评估。国家工业信息安全发展研究中心的《中国数据要素市场发展报告（2020—2021）》主要关注数据价值挖掘活动，围绕数据采集、数据存储、数据加工、数据流通、数据分析、生态保障等各环节，结合样本企业相关资料信息，估计了我国数据挖掘相关行业的市场规模，但是该测算结果未考虑数据应用部门的价值创造。对于如何将数据资源、数据资产纳入宏观统计框架，国内研究主要从数据的资产属性、分类和基本核算框架等角度切入，开展了一系列讨论。李静萍（2020）认为，数据是经济社会活动的伴生物，而非生产活动的结果，因此应当作为非生产性资产进入国民经济核算体系；在核算方法方面，应以聚合数据整体作为数据资产的核算对象，具体识别依托于数据库；在核算框架方面，可以在现有国民经济核算框架里数据库和软件资产的基础上补充被遗漏的数据资产核算，包括数据开发过程中形成的数据库和数据分析软件，从而构成数据资产的附属核算框架。许宪春等人（2022）将"数据资产"定义为拥有应用场景且在生产过程中被反复或连续使用一年以上的数据。作为生产性资产，与数据资产相应的支出能够作为固定资本形成从而直接对GDP产生影响。在核算方法上，许宪春等人（2022）主张采用调整的成本法测度数据资产价值，通过"需求法"和"供给法"推算总成本，再考虑是否使用于对具体场景、使用者数量和使用次数的调整修正。具体到企业数据资产的价值测度，胡亚茹和许宪春（2022）将统计测度内容概括为数据资产的生产成本核算、特定商业模式中使用数据的质量评估以及数据使用带来的经济效益。蔡跃洲和刘悦欣（2022）则聚焦于数据流通交易环节，从个人数据、企业数据、公共数据三个方面对数据流通交易模式进行系统分类和梳理，并综合不同来源的资料，对全球主要经济体当下数据资源和数据市场交易规模及其趋势特征进行了估算分析。

表1 数据要素价值测算结果汇总

研究机构	发布时间	测算对象	数据价值测算结果
OFT/DotEcon	2006	英国公共部门数据	0.1%GDP
ACIL Tasman	2008	澳大利亚空间地理数据收益	0.6%~1.2%GDP
ACIL Tasman	2009	新西兰空间地理数据收益	0.6%GDP
维克里	2011	欧盟27个国家公共部门数据收益	1.5%GDP
麦肯锡	2013	全球7大主要行业公共+私营部门数据经济收益	3万亿美元

（续表）

研究机构	发布时间	测算对象	数据价值测算结果
互联网数据中心	2016，2022	欧盟28个国家的数据市场规模	2016年约为当年GDP的2.2%，2017年约为GDP的2.4%
经合组织	2019	全球公共部门数据收益	0.1%~1.5%GDP
		全球私营+公共部门数据收益	1%~2.5%GDP 部分达到4%
加拿大统计局	2019	加拿大数据要素规模价值	90亿~140亿美元
		加拿大数据库规模价值	80亿~120亿美元
		加拿大数据分析活动价值	120亿~140亿美元
国家工业信息安全发展研究中心	2021	中国数据要素市场规模	545亿元人民币

2.既有研究述评及本文思路

总体来看，已有研究的测算结果都充分显示出数据在社会经济活动中的积极作用，并在数量级上给出了较为明确的估算。但是，不同研究在测算范围边界、测算框架和测算方法上不尽相同，使测算结果之间缺乏可比性。首先，数据资源、数据资产等基础概念界定尚不统一，导致在实际测算过程中，不同研究对测算对象的界定并不一致。其次，数据要素价值的统计和测算方法还处于探索初期，基础调查数据的可获得性、测算角度和方法不同等，都使现有研究的最终测算结果存在较大差异。例如，英国公平贸易办公室（OFT，2006）使用的福利分析方法依据的前提是公共信息交易真实发生，对于免费产品和仅内部使用的数据产品则进行了较多假设，而这些并不适用于扩展到对全社会数据的价值估计。ACIL Tasman（2008，2009）虽然在测算中考虑到地理空间数据对生产效率和自然资源发掘的影响，但在这一部分的参数选择上并未充分说明用户增加价值中有多大比例是由于采用地理空间数据而产生的。加拿大统计局（statistics Canada，2019）和国家工业信息安全发展研究中心（2021）的测算都侧重于对数据价值挖掘的投入，对数据应用以及潜在用途（尤其是数据要素在投入生产过程后）所产生的影响和经济价值并未给予关注，不能充分反映数据参与价值创造全过程所发挥的作用，由此得出的结果可能低估数据要素价值。至于麦肯锡全球研究院（2013）、互联网数据中心（2018）和经合组织（2019）等提供的测算值虽然也具有一定的对比参考价值，但是没有给出清晰的测算框架和方法。

另外，已有研究对于数据要素价值创造宏微观机制及其衔接还有待深化，尚未构建起统一的测算统计体系。数据规模测算重点往往偏向于数据价值发掘投入或广泛的生产率提高，而忽略了以价值提升为驱动力的数据流通（交易）、数据复用潜力及其带来的宏观价值创造。当自有数据无法满足价值提升需求，微观主体对数据的需求向外拓展，数据流通（交易）由此展开；而数据要素进入流通（交易），进而产生价值的过程，又受到微观数据能力、宏观数据环境等多重因素的影响。从经济价值角度对数据规模进行估算，需要综合考虑微观主体使用数据作为生产投入时面临的成本收益权衡、行业差异以及宏观价值倍增机制影响因素。与此同时，现行的统计制度、会计制度等与测算统计密切关联的基础性制度尚未针对数据要素资源的特征进行适应性改造。

基于上述情况，本文拟对数据要素资源相关概念进行更为细致的辨析和梳理，进一步厘清相应的内涵边界。在此基础上，以数据在价值创造中所发挥的作用为主线，对其分类，并参考其他要素资源的统计测算，比照价值维度分类提出一套统计测算基本框架。

三、数据要素概念辨析和价值创造视角的分类

1.数据要素资源等关联概念辨析

从物理和技术角度看，数字时代的"数据"被广泛界定为以二进制编码、作为信息载体的字符串，即比特数据（蔡跃洲和马文君，2021；Farboodi and Veldkamp, 2021）。比特数据的产生是基于数字技术对经济社会现实运行状况的观察和记录，可以看作经济活动的副产品（Veldkamp and Chung, 2019）。经合组织（OECD, 2021）则提出"数据是通过访问和观察现象而产生，以数字格式记录、组织、存储、处理或访问的信息内容"，将数据看作一种特殊的信息表现形式，即以二进制比特形式呈现的信息。加拿大统计局（2019）出于测算的需要，将"数据"定义为已经被转化为数字/数码形式的观察结果，可以存储、传输或处理并从中获取知识；该定义旨在将"数据"的范围限定为某个时

点对特定事物的观察，并且作为数字化记录能够被存储、检索、分析和调查，从而将数字化音乐、影视资料等排除在外。事实上，"数据"历来被看作一种信息（或事实），而数字时代"数据"与信息的关联更为密切，很多语境下等同于"信息"（蔡跃洲和马文君，2021）。

当然，以二进制字符串形式存在的比特数据与有效信息之间还存在差别，需要借助数据分析技术才能提炼出有效信息。经初次采集、以比特形式存储的海量原始数据，在未经处理、分析、提炼其内在有效信息之前无法直接应用于生产消费场景。因此，原始数据还不是能直接参与价值创造的生产要素/数据要素，而只是具备价值创造潜力或者说潜在价值的"数据资源"（Varian, 2018; UNCTAD, 2021）。原始数据经过清洗、聚合、处理、分析而形成数据集、数据库、信息报告、数据服务等不同形式的数据产品/数据服务，则可以根据现实需要应用于经济社会运行的不同场景，如市场营销、风险控制或人员搜索（FTC, 2014）。应用于不同场景的数据产品/数据服务，发挥了生产要素的作用，直接参与生产经营中的价值创造，是数据要素的具体呈现形式。

数据资源具有的非竞争性、部分排他性、低成本复制等技术及经济特征，使数据在理论上可以被大规模重复利用，从而缓解其他有形资本稀缺性带来的增长限制，实现宏观倍增效应（蔡跃洲和马文君，2021）。然而，企业在生产经营实践中，需要投入大量的人力、物力对原始数据进行清洗、处理、分析，才能从中提取有效信息并将其切实转化成数据要素，这种转化能力本身对于企业来说也是非常稀缺的（OECD, 2013）。当然，由于原始数据是有效信息的源头，而且有的原始数据也能直接提供有效信息，因此，包括原始数据、加工数据、数据产品、数据服务在内的各种数据资源，都可以算作广义的数据要素。

2. 不同视角的数据分类与数据类型

数字技术的广泛渗透性和经济社会活动的复杂性决定了数据作为经济社会活动的数字化记录必然呈现多样性特征。为了促进数据资源/数据要素的流动交易，更好地发挥其对经济社会运行活动的支撑作用，有必要从不同视角对数据分类进行梳理。

数据作为经济社会活动的数字化记录，可以从记录对象的特征/类型入手梳理数据的分类。由于经济社会活动的复杂性，围绕被记录对象分类的维度可以有很多种。比较常见的方式是根据数据生成和应用场景所属领域进行分类。例如，比照既有的国民经济行业分类，将数据划分为通信大数据、金融大数据、医疗大数据、农业大数据、交通大数据、电力大数据等行业数据。也可以从经济社会活动角度，按照数据记录对应的每个具体环节进行分类。例如，2020年工信部发布《工业数据分类分级指南（试行）》，将工业企业生产经营各环节进行细分，各环节对应的数据记录则划分为研发数据、生产数据、运维数据、管理数据和外部数据等。另外，工业数据还可以按照数据来源划分为企业内部信息化数据、企业内部物联网数据、企业外部数据；也可以按照数据结构，将工业大数据划分为结构化数据、半结构化数据和非结构化数据三类（陈楠和蔡跃洲，2023）。

更为常见的是根据数据记录对象涉及的行为主体进行分类，具体可分为"个人行为数据"、"企业生产运营数据"和"政府公共部门数据"三大类。个人行为数据主要是用户在各种互联网平台上进行浏览、搜索、互动、交易等活动，被平台实时记录而形成的数据，如淘宝、京东的购物记录，微信、微博等社交媒体的互动交流内容等。企业生产运营数据是企业在生产经营过程中，对各环节、各流程状况进行记录、监测而形成的数据，如制造企业通过传感器实时监测反馈智能化生产线运行状况而收集沉淀的数据。政府公共部门数据则是各级政府部门、具有管理公共事务职能的组织和电力、公交、燃气、热力、给排水等公共服务运营单位，在提供公共基础设施、公共服务等过程中收集、产生、沉淀形成的所有数据资源，如税务和海关等部门数据、企业经营相关资质和信用信息、自然资源数据、交通路况信息、电力供需调度数据、市政道路管网分布及运行状态数据等。联合国贸易和发展会议（UNCTAD，2021）的类似分类则将数据区分为消费者数据、商业数据、政府及公开数据。与行为主体分类密切关联的是数据收集、维护的资金来源以及数据权属等问题。按照数据创建、维护和持有所需资金来源，可将其分为私人部门数据和公共部门数据；而根据所有权和使用权等法律权属，则可划分为公共数据和专有数据，其中专有数据特指所有权明确，受知识产权或其他类似法律效力保护的数据（Swedish National Board of Trade，2015；Nguyen and Paczos，2020）。

除了记录对象外，还可以着眼于数据自身特征进行分类。从数据提供信息含量的特征看，可以将数据划分为原始数据、加工数据、数据产品/数据服务以及元数据。而从数据流动范围看，则可以分为境内流动数据和跨境流动数据。需要特别强调的是上述数据分类方式并不互斥，在不同分类标准下，同一数据（集合）可以同时归属于多个类型。

3.价值创造视角的数据分类

从前面的概念辨析可以看出，不同学科文献对数据的定义都指向"数据的本质是信息"。当然，这只是说数据从物理层面或者说从其本质来讲指向的是信息，而数据要成为资源和要素就必然跟生产和价值创造关联在一起。资源只有在投入生产过程中时才能参与财富创造，在参与价值创造的过程中，它才能成为生产要素。所以说，只有将数据引入生产过程，把它放置到整个价值/财富创造的语境当中，才能把数据看作数据资源，进而看作数据要素。

基于上述基本概念的界定和辨析，我们又可以从涵盖使用范围和价值创造转移的角度将数据进一步划分为四个层次。

一是数据资源，即涵盖所有以"0""1"比特形式存在、具有价值创造潜力的记录或信息，包括各类主体生成收集的各种未经加工整理的原始数据/记录，或者说所有产生的原始数据都可以被归为数据资源。

二是数据资产，主要是指特定主体通过各种（合理、合法）手段积累和掌握的数据资源；具体又可以细分为公共数据资产和企业数据资产，前者是由政府和公共事业部门收集积累的数据资源，后者则是由微观企业主体基于一定成本投入所积累或实际控制的数据资源。企业自身不管是通过自我积累还是从企业外购买，都会形成一定的数据资产，并将其作为中间品投入生产过程中。从企业自身来讲，数据资产是不断积累形成的，这些数据资产则有可能被多次作为投入在生产经营中发挥作用。

三是数据产品/服务，即企业及其他数据控制主体根据客户需要对其实际掌握的数据资产或数据资源进行加工、处理，并向客户提供用于其生产经营活动的产品或服务。

四是数据要素，即具有较高信息密度，能够被直接用于生产经营、参与价值创造的数据资源，通常是经过加工处理后的数据。当然，由于原始数据是有效信息的源头，而且有的原始数据也能直接提供有效信息。因此，包括原始数据、加工数据、数据产品、数据服务在内的各种数据资源，都可以算作广义的数据要素。

四、价值创造视角的数据要素资源统计测算思路

基于上述价值创造视角的四个层次分类，我们可以参考传统实物类要素资源，从物理尺度和价值尺度两个维度，逐一设计不同的或提出与其特点相适应的统计测算思路，共同构成价值创造视角的数据要素资源统计测算方法框架。

1.物理尺度与数据资源规模

在数据资源这个层面，我们可以借鉴历史上对资源进行测算统计的方式。比如测算能源煤炭，经常会用物理单位尺度，如有多少吨的"标煤"，当然"标煤"已经包含转化的问题，和原矿质量还不完全一样。但无论如何，可以考虑将物理尺度作为测算的维度和标准。如果采用物理尺度，就要回答数据的本质是什么。前面已经提到了，在数字经济时代数据的本质就是信息，所以我们可以考虑能不能用比特作为衡量数据资源的尺度。

一个基本测算思路是，首先面向全球主要存储器厂商，像希捷、西部数据、三星等，收集整理这些厂商每年的存储器出货量指标；同时，对每年全国存储中心的在建规模，以及运营中心每年腾出来的存储空间进行匡算。具体来说可以按照以下步骤推进测算工作：（1）对分布在不同区域、由不同主体运营的数据中心（算力中心/存储中心）进行抽样调查，围绕收集存储规模、存储介质役龄、冷数据存储周期等基础信息及参数设计问卷；（2）对诸如阿里、腾讯、华为、金山以及三大电信运营商等算力/存力服务骨干企业进行专项定点访谈；（3）对主要存储介质供应商的公开产能、销售等经营数据以及行业统计年鉴、报告中的相关资料信息，进行收集整理；（4）借用会计核算和统计核算中的永续盘存等方法，在折旧率/退出率、役龄等设定基础上进行存储存量规模测算。

另外，从管道角度估算每年宽带、移动通信传输的数据流量。在传统的矿山资源估算中，我们虽然没有办法准确估算资源规模，但大致能够推测远期储量规模。同理在数据规模方面，从上述几个角度虽然也没有办法得到准确的估算值，但从不同角度互相校验，大概能给出类似于"总量为多少个ZB（泽字节）"这样的估计规模。

笔者课题组前期结合存储器厂商生产经营数据等多个基础信息来源，对全球每年新产生的数据资源规模进行过初步测算，测算结果显示：2021年，全

球新增的数据存储介质容量大约为 2.6ZB，而全年新产生数据高达 79ZB。这意味着新产生数据中仅有 3.2% 被存储，成为后续可供开发利用的数据资源（蔡跃洲和刘悦欣，2022）。

2. 价值尺度及统计测算思路

价值角度的测算必然涉及数据对生产活动和价值创造的参与，对应于其他三个层次的数据概念。

首先，从企业内部资产形成角度进行测算。企业内部形成数据资产，更多的是企业根据成本进行计价，属于入表价值，即形成数据资产进入企业的财务系统和资产负债表中。对于入表价值的测算，可以考虑按照以下步骤实施：（1）选择针对不同行业、不同地区、不同规模的企业或数据控制主体进行随机抽样，就其数据资源的收集整理情况和形成数据资产过程中的投入成本及其构成、内部数据资产流转计价等信息开展问卷调查；（2）对于数据密集型行业或部分企业（主要是数据积累沉淀丰厚和应用较为丰富的企业和行业），则可以直接针对数据资产存储规模、入表价值等情况进行调查或访谈；（3）会计统计核算方法，将结合调查问卷得到的样本信息，用于对数据控制主体入表（或可以入表）的数据资产规模进行估算。

其次，企业运用其数据资产对外提供数据产品或服务，涉及交易价值，因为这些（数据）产品或服务是可以在市场上销售的，当然也就是可以计价的，这主要由市场交易决定。交易价值的估算可以考虑按以下步骤实施：（1）针对数据要素生产流通过程，划分数据供应企业、数据第三方中介机构（如数据交易所等）和数据主要需求方等不同类型主体，分别发放问卷进行抽样乃至全面调查；（2）对于数据供应企业，可以结合企业规模实施分层抽样，调查内容包括建立数据相关成本费用、数据相关产品/服务收入的细颗粒度指标；（3）对于数据交易所/交易中心等第三方交易中介机构可以采用定点发放、全面覆盖的方式，就其交易规模等情况开展问卷调查；（4）对于数据需求方，可以分行业、选取一些大型企业有针对性地开展问卷调查。

最后，数据作为生产投入要素所具备的价值创造潜力。数据资产，或者数据要素，它的潜在价值或者价值创造的潜力可能是由多个场景叠加决定的。目前，上海数据交易所已经在统计分析不同类型数据资产/产品的交易场景；基于某类数据资产在较长时间内已经存在的交易场景，基本上就能覆盖和刻画出这类数据资产的大部分价值创造场景。以此为依据，有望对数据资产的潜在价值创造能力进行更为可靠的评估。

五、总结性评论

本文从数字经济实践中存在的"大数据统计测算悖论"出发，在对数据要素资源相关概念内涵进行辨析的基础上，从生产（投入）和价值创造视角对数据分类，提出从物理和价值两种尺度进行测算的设想。在此基础上，进一步给出各类数据的统计测算思路。相关主张和建议具体如下。

第一，数据要素资源从投入和价值创造视角可以分为"数据资源""数据资产""数据产品/服务""数据要素"四类，在测算上分别对应于"物理尺度""入表价值""交易价值""价值创造潜力"。

第二，在上述分类框架基础上，加强测算理论和方法层面的探索。包括（1）数据产品/服务的交易定价机制和交易规模估算；（2）数据要素价值创造潜力和价值评估理论方法，特别是基于数据交易实践和应用场景的评估；（3）数据资产生命周期及相应的资产价值增益、折旧、退役等处理方法，参数确定等。

第三，结合数字经济实践，完善统计制度和体系。（1）在现有官方体系中，增加与数据资产、数据资源相关的统计指标和常规性统计调查活动，增加数据存储细分行业中各类存储介质的出货量统计指标；（2）尽快建立完善覆盖数据产品/服务、数据生产活动、数字新兴职业等产业、劳动人员的多口径统计调查体系。

第四，完善企业数据资产相关会计准则及核算方法。（1）针对企业会计核算中对数据资产的认定、入表和记录，调整和完善现行会计准则；（2）对数据要素价值的折旧（折损）率、退役年限等，设定参数；（3）对企业研发创新活动和数据生产活动参与人员认定规则进行细化，避免重复核算问题。

参考文献

蔡跃洲，马文君，2021.数据要素对高质量发展影响与数据流动制约[J].数量经济技术经济研究，38（3）：64–83.

蔡跃洲，刘悦欣，2022.数据流动交易模式分类与规模估算初探[J].中国经济学人，17（6）：78–112.

陈楠，蔡跃洲，2023.工业大数据的属性特征、价值创造及开发模式[J].北京交通大学学报（社会科学版）．

国家工业信息安全发展研究中心，2021.中国数据要素市场发展报告（2020—2021）[R].数据要素研究系列 DE-2021-01.

胡亚茹,许宪春，2022.企业数据资产价值的统计测度问题研究[J].统计研究，39(9): 3-18.

李静萍.数据资产核算研究[J].统计研究，2020, 37(11)：3-14.

许宪春，张钟文，胡亚茹，2022.数据资产统计与核算问题研究[J].管理世界，38(2)：16-30.

ACIL Tasman, 2009. Spatial information in the New Zealand economy: Realising productivity gains. Prepared for Land Information New Zealand.

ACIL Tasman, 2008. The value of spatial information: The impact of modern spatial information technologies on the Australian economy, A report prepared for the CRC for Spatial information and ANZLIC.

Coyle, D and Manley A, 2021. Potential social value from data: An application of discrete choice analysis. Bennett Institute for Public Policy. University of Cambridge. Working Paper.

Coyle, D and Li W, 2021. The data economy: Market size and global trade. ESCoE Discussion Paper No. 2021-09.

Deloitte, U K, 2013. Market assessment of public sector information. London: Department for Business, Innovation and Skill.

Deloitte, 2017. Assessing the value of TFL's open data and digital partnerships.

DotEcon, 2015. Independent evaluation of the OFT's 2006 market study into the Commercial Use of Public Information (CUPI). A report for the CMA.

Farboodi, M, and Veldkamp L, 2021. A growth model of the data economy. NBER Working Paper, No.28427.

Federal Trade Commission, 2014. Data brokers: A call for transparency and accountability.

Goodridge, P, Haskel, J, and Edquist, H, 2021. We see data everywhere except in the productivity statistics. Review of Income and Wealth.

Gruen N, Houghton J, Tooth R, 2014. Open for business: How open data can help achieve the G20 growth target. A lateral Economics report commissioned by Omidyar Network.

Hogan O, Holdgate L, Jayasuriya R, 2016. The value of big data and the internet of things to the UK economy. Report for SAS, Cebr, London.

IDC and the Lisbon Council, 2022. European DATA market study 2021-2023: D2.1 first report on facts and figures.

IDC and the Lisbon Council, 2016. First report on facts and figures: Updating the European data market study monitoring tool, February.

Li, W., M. Nirei, and K. Yamana, 2019. Value of data: There's no such thing as a free lunch in the digital economy. Discussion papers, Research Institute of Economy, Trade and Industry (RIETI).

Manyika J, Chui M, Farrell D, et al., 2013. Open Data: Unlocking Innovation and Performance with Liquid

Information. McKinsey & Company.

Nguyen, D. and M. Paczos, 2020. Measuring the economic value of data and cross-border data flows: A business perspective. OECD Digital Economy Papers, No. 297.

OECD, 2013. Exploring the economics of personal data: A survey of methodologies for measuring monetary value. OECD Digital Economy Papers, No. 220.

OECD, 2019. Enhancing Access to and Sharing of Data: Reconciling Risks and Benefits for Data Re-use across Societies. Paris: OECD Publishing. https://doi.org/10.1787/276aaca8-en.

OECD, 2021. Issues paper: Recording Observable Phenomena and Data in the National Accounts. Paris: OECD Publishing.

Office of Fair Trading(OFT), 2006. Economic value and detriment analysis. OFT861g.

Office of Fair Trading(OFT), 2006. The commercial use of public information (CUPI). OFT861.

Office of Fair Trading(OFT), 2006. UK case studies. OFT861c.

Pollock R., 2008. The Economics of Public Sector Information. University of Cambridge.

Rassier, D G, Kornfeld, R J, and Strassner, E H, 2019. *Treatment of Data in National Accounts*, BEA Advisory Committee. Burau of Economic Analysis.

Reinsdorf, M.& Ribarsky J, 2019. Measuring the digital economy in macroeconomic statistics: The role of data. International Monetary Fund Working Paper.

Statistics Canada, 2019. The value of data in Canada: Experimental estimates, Latest Developments in the Canada Economic Accounts. Working Paper Series, No.9.

Swedish National Board of Trade, 2015. No Transfer, No Production: The Importance of Cross-border Data Transfers for Companies Based in Sweden. Stockholm: Swedish National Board of Trade.

United Nations Conference on Trade and Development, 2021. Digital Economy Report 2021 Cross-border Data Flows and Development: For Whom the Data Flow. Geneva: United Nations Publications.

Varian, H, 2018. Artificial intelligence, economics, and industrial organization. NBER Working Paper, No. 24839.

Veldkamp, L, and Chung C, 2019. Data and the aggregate economy. Journal of Economic Literature. forthcoming.

Vickery G, 2011. Review of recent studies on PSI re-use and related market developments. Information Economics. Paris.

数据要素市场的理论研究与实践探索

数据确权新思路：探究数据要素的分级授权机制

戎珂　刘涛雄　周迪　郝飞 *

一、引言

近年来，数字经济日益成为各国经济增长的重要驱动力。中国的数字经济增加值从2007年的1.39万亿元逐年增长至5.30万亿元，年平均增长率达到14.32%，累计增长近4倍；2017年中国数字经济增加值在GDP中的占比约为6.46%，成为国民经济的重要组成部分（许宪春和张美慧，2020）。数字经济的发展让数据的价值不断提升，《经济学人》杂志在2017年指出"世界上最有价值的资源已不再是石油，而是数据"。中国充分意识到数据要素在数字经济中的重要地位，且高度重视数据要素市场的发展。2017年，习近平总书记主持中共中央政治局第二次集体学习并在讲话中指出"要构建以数据为关键要素的数字经济"。2020年，《中共中央　国务院关于构建更加完善的要素市场化配置体制机制的意见》将数据作为一种新型生产要素写入文件。2021年，国家

---

* 戎珂，清华大学社会科学学院经济学研究所教授，研究方向：商业/创新生态、数字经济和数据生态；刘涛雄，清华大学社会科学学院经济学研究所教授，研究方向：经济增长与创新、大数据经济分析；周迪，同济大学经济与管理学院副研究员，研究方向：数字经济、数据生态；郝飞，清华大学社会科学学院经济学研究所博士生，研究方向：数字经济、数据生态。本文转载自《管理工程学报》2022年第6期。国家自然科学基金项目（71872098）、国家社科基金重大项目（16ZDA008）、清华大学文科建设"双高"计划项目（2021TSG07009）。

统计局发布的《数字经济及其核心产业统计分类（2021）》对数字经济做出具体定义，并指出数据资源是数字经济发展中的关键生产要素。目前，已有最新研究从宏观经济增长的视角阐述数据要素的重要作用（徐翔和赵墨非，2020；Jones and Tonetti, 2020；Farboodi and Veldkamp, 2021），且数据要素的产业经济基础（Dosis and Sand-Zantman, 2019）、创新价值（尹西明等，2021）乃至数字税费问题（Bourreau，Caillaud and De Nijs, 2018）也开始得到关注，但对整个数据要素市场流通和交易机制的研究仍有待进一步深化。

数据确权是数据成为一类生产要素进入市场，进而进行后续流通和交易的基础。从国民经济发展的历程看，要素权属的重要性不言而喻。改革开放以来，生产要素的市场化改革为中国经济的发展做出重要贡献（袁志刚，2013），要素市场的扭曲会阻碍经济的进一步发展（谭洪波，2015）。生产资料的确权是生产要素市场得以健全运行的基础，我国很多法律法规保障了各类生产要素能合理、合法地进入生产活动并获取报酬，比如，《中华人民共和国土地管理法》规定了土地的所有权及利用法则，《中华人民共和国劳动法》则保护劳动者的合法权益等。在现阶段，数据的权属问题正在成为阻碍数字经济进一步发展的制约因素，数据确权已成为在数据要素市场发展中亟待解决的重要问题。

当前数据要素市场面临的很多问题均源自数据权属不清。在数字经济时代，平台企业作为当前数据收集和使用的重要主体（邹佳和郭立宏，2017；周迪等，2019），其在数据要素市场中存在不合理行为。比如，互联网平台在收集、运用数据时存在不规范行为。早在2018年，中国消费者协会就对100款App进行测评，结果显示超九成App涉嫌过度收集用户个人信息，还有部分App存在账号注册容易注销难的现象。再比如，数据要素流通和交易中面临的各种障碍。数据的流通有助于数据本身发挥更大的价值（Fernandez, Subramaniam and Franklin, 2002），如果无法对用户在互联网平台上产生的数据进行确权，数据要素可能无法以较低的交易成本流向最能发挥其价值的地方。而根据科斯定理，在交易成本很高的情况下，数据确权不当会影响资源的配置效率并损害社会福利（Coase, 1960）。可见，数据权属不清造成的影响贯穿于整个数据要素流通的链条之中，确权不合理很可能降低整个数据要素市场的资源配置效率，进而损害用户的社会福利。

尽管数据确权非常重要，但是数据如何确权并没有在学术界达成一致。目前，解决数据确权问题的主要思路是，数字平台上产生的数据，其权属需要在用户和数字平台之间进行界定。一些学者基于这一逻辑，试图对数据确权提出一个统一的标准（Dosis and Sand-Zantman, 2019；申卫星，2020）。但是，由于不同数字平台应用场景下，数据衍生的权利可能存在差异性，且用户和数字平台各自在多大程度上拥有数据所衍生的各项权利也存在很大的差异，因此很难用统一的标准对所有应用场景下的数据权属进行清晰的界定。

鉴于此，本文提出一种解决数据确权问题的新思路。本文认为，可以让用户和数字平台围绕着数字经济的生产活动进行市场化的数据分级授权。在数字经济的实践中，数字平台对数据的基本诉求是能够让数据要素合法地进入数字经济的生产活动之中，而数据体现的与生产活动不相关的权利并不是数字平台关注的重点。因此在这一数据分级授权的新思路下，用户不再需要考虑数据衍生的具体权利有哪些，只需考虑数据能在何种程度上进入数字平台的生产活动即可。而事实上，针对数据进行分级的逻辑在一些最新的政策文件中已有探索。比如浙江省市场监督管理局批准发布的《数字化改革 公共数据分类分级指南》提出，需对公共数据的敏感程度进行从L1到L4的分级，从而促进公共数据的共享开放和增值利用。但是这类文件更多的是基于数据的敏感程度外生地提出分级标准，而不是基于数据要素市场本身内生地决定数据分级标准。

不论是在学术层面还是政策层面，有关数据要素市场的分级授权体系研究仍然有很大空间。因此，本文构建经济学模型，论证数据分级授权机制对数据要素市场带来的影响。研究发现，数据分级授权机制，可以提升愿意授权数据的总用户数和平台企业获得的数据要素总量，也可以提升用户福利和社会福利，并扩大用户在数据要素市场的社会福利占比。这一系列的结论证实，数据分级授权机制的构建，有利于整个数据要素市场的健康、持续发展，也有助于用户更多地享受到数据要素市场发展带来的红利，提升数据要素市场的普惠性，进而促进数据要素市场的"共同富裕"。

二、文献综述

1. 数据的定义

资源的稀缺性贯穿着整个经济学研究，而对资源的确权及相关权益的保护同样伴随着市场经济的萌芽、发展和成熟。因此，首先有必要对数据这一资源的相关概念进行界定。从信息技术的视角看，国际标准化组织（ISO）在信息技术词汇中将数据（data）定义为"以适合交流、解释或处理的正式方式对信息进行解释的表述方式"。从经济学的视角看，数据被归为信息的一类（Jones and Tonetti, 2020）。具体而言，信息（information）可以被理解为能够完全用二进制位串（bit strings）表示的经济物品，并可以分为两类。一类是创意，在遵循了罗默的研究后（Romer，1990），创意被定义为能够产生经济物品的一组指令（Jones and Tonetti, 2020）；另一类就是数据，所有除了创意之外的信息均被归为数据。从法学的视角看，欧盟的《数字市场法提案》（Proposal for a Digital Markets Act）将数据定义为"行为、事实或信息的数字表现以及任何此类行为、事实或信息的汇编，包括以声音、视觉、试听记录的形式"。还有研究指出数据包括了符号层的数据和内容层的信息，前者指数据本身，后者指数据包含的信息内容（纪海龙，2018）。这些定义虽然基于不同的学科背景，但是可以认为信息相较于数据更为宽泛，数据相较于信息则更为客观化、标准化。

2.数据要素的特征

数据如果进入生产活动中，那么便成为一种生产要素。在过去的经济发展过程中，数据之所以没有被单独作为一类生产要素加以强调，主要是因为数据往往和信息通信技术（ICT）紧密结合。ICT的投资可以促进相关产业和整个经济的发展（何小钢等，2019；Neibel，2018），而数据一直在这个过程中发挥着作用（Zhuravleva et al.，2019），因此将数据单独归为一种生产要素体现出对数字经济生产活动的一种更加深刻和精细的认识。琼斯和托内蒂（Jones and Tonetti，2020）在对信息分类的基础上指出创意是生产函数，而数据则是生产要素，作为生产要素的数据本身不产生经济物品，却能够在经济物品的生产过程中发挥作用。互联网平台企业收集到用户的个人数据后，这些个人数据本身不是一类产品，但是这些数据可以通过人工智能、大数据等算法被用于预测（Farboodi and Veldkamp, 2021），从而帮助平台企业更好地开展生产活动，比如广告服务产品、短视频推送产品、个人信用评级产品等的开发。数据的聚集可以帮助整个系统提升效率（Goodhue, Wybo and Kirsch, 1992），因此如果互联网平台企业收集汇总大量用户的个人数据后将其用于经济的生产活动，那么这些个人数据就是数据生产要素。

数据要素或数据资产的特征在一些文献中已经得到较为完整的阐述（Jones

and Tonetti, 2020; Veldkamp and Chung, 2019; 徐翔等, 2021; 熊巧琴和汤珂, 2021), 而数据要素的这些特征不仅让其区别于其他传统生产要素, 也为数据确权的复杂性埋下伏笔。总结而言, 数据要素主要包括如下几个特征。

(1) 虚拟性, 即数据必须依附于其他生产要素才能发挥作为生产要素的作用, 比如数据要素与信息技术的结合 (O'Leary, 2013), 与劳动力的结合 (Jones and Tonetti, 2020) 等。而这也导致数据在不同主体的手中可能拥有不同的价值 (Bergemann, Bonatti and Smolin, 2018)。(2) 规模报酬递增, 即数据规模的增加或种类丰富度的提升可以让数据要素的规模报酬不断提升 (Jones and Tonetti, 2020; Veldkamp and Chung, 2019)。具体而言, 平台企业能从数据中获得的价值取决于数据的质量、规模、范围和独特性等四大维度, 因此数据聚集在一起才能产生更强的规模报酬 (Iansiti, 2021)。但显然, 数据的聚集也会在一定程度上导致平台企业市场势力过大 (Martens, 2021), 甚至形成垄断。(3) 非竞争性, 即数据在被分享和复制后, 使用数据的效用并不会因为使用者的增加而大幅度下降 (Jones and Tonetti, 2020; Farboodi and Veldkamp, 2021; Acquisti, Taylor and Wagman, 2016)。非竞争性意味着数据的分享可能会削弱数据收集者的竞争力, 因此很多花费大量成本收集到独特数据的企业并不愿意分享其拥有的数据 (Gaessler and Wagner, 2019), 进而加剧数据垄断。(4) 负外部性, 即数据在形成生产力的同时也可能存在隐私泄露的风险 (Acquisti, Taylor and Wagman, 2016; Gertner, Ishai and Kushilevitz, 2000; Peukert et al., 2020)。因此, 数据要素在生产过程中需要去标识化、脱敏, 需要隐私计算、区块链等数字技术的支撑。此外, 负外部性也包括了数据的大量汇集对国家安全造成的潜在隐患。

3. 数据的确权

数据要素在数字经济的生产活动中扮演着关键角色, 数据确权首先需要基于上述特征。相比公共数据而言, 本文主要探究的个人数据甚至需要考虑更多的属性。当前互联网平台收集的数据主要为个人数据 (personal data), 个人数据不等同于个人信息 (personal information), 但是个人数据能够体现个人信息, 两者存在被混淆使用的情况 (Janeček, 2018)。个人数据体现的个人信息可以被认为是一类人格权的客体, 而客观存在的个人数据又可以被认为是一种财产权的客体, 个人数据兼具人格权和财产权的属性让个人数据的确权变得更加复杂（申卫星，2020）。

个人数据这种兼具人格权和财产权的特征会极大地增大数据要素市场的交易成本，主要可以体现在以下三个方面：第一，数据要素定价需要同时考虑人格权和财产权。《民法典》规定人格权不得转让，但是可以许可他人使用，因此获得个人用户的许可或授权是互联网企业收集个人数据的前提。于是，数据要素市场中数据要素的价格既需要反映个人数据财产权相关权益的转让价格，也需要考虑其中包含的个人信息人格权的许可价格。第二，数据具备人格权会致使数据要素呈现更强的禀赋效应（Thaler，1980）。禀赋效应是指用户对个人数据的估值会比互联网平台企业更高，且这种估值具有异质性。这就导致，就算数据权属明晰，互联网平台企业也可能需要与每一类用户谈判，以不同的价格获取数据要素。第三，数据要素的规模报酬递增、非竞争性等特征（Romer，1990；Veldkamp and Chung，2019）容易导致数据垄断。用户手中单一、少量的数据可能并不具备很高的价值，但是互联网平台企业收集起来的大规模数据却能产生很高的价值。这种情况下，互联网平台企业一方面可以通过低价甚至是免费的方式收集到用户的数据，另一方面又不愿意分享收集到的数据。久而久之便会造成数据垄断，阻碍数据要素的进一步流通（熊巧琴和汤珂，2021）。通过科斯定理可知，在数据要素市场交易成本很高的情况下，数据确权不恰当会影响数据要素的资源配置，并损害社会福利（Coase，1960）。鉴于数据确权面临的问题以及数据权属不清会导致的后果，目前学者主要从两个方面探讨数据及其衍生的各类权利的确权问题。

第一，偏重财产权，设计二元权利结构。经济学研究认为当数据生成市场更重要时，用户应该拥有数据；当数据使用市场更重要时，企业应该拥有数据（Dosis and Sand-Zantman，2019）。法学研究则不仅考虑了数据所有权，还指出了用益权问题，并尝试提出数据所有权与用益权的二元权利结构的确权方案，认为数据原发者拥有数据所有权，数据处理者拥有数据用益权（申卫星，2020）。这一做法在理论上是可行的，但是在实际操作过程中不可避免地需要数据处理者或者数据生产者与用户进行谈判，以解决获取用户多少数据、给予用户多少份额的数据收益等问题。

第二，不区分人格权和财产权，提出新的确权体系。数据所有权的提法更适用于竞争性物品，而数据接入权（data access）的提法则更适用于数据这一类非竞争性物品（Varian，2018）。因为用户将个人数据出售给互联网平台企业的交易方式在实践中并不多见，更多的则是平台企业向用户请求数据使用的许可。但是，这样的做法往往无法规避互联网平台企业过度收集数据的问题，很多情况下平台企业会向用户请求远超其提供的数字服务所需的数据许可。此外，还有一类观点是将数据市场看成一种共享经济市场（Richter and Slowinski, 2019），并把数据看成一类拟公共品。鉴于共享经济是一类接入经济（access economy）（Eckhardt and Bardhi, 2015; Rong et al., 2021），那么对数据的使用自然也可以被认为是一种接入权的获取。但是这种做法的前提是数据为市场所共有，这一假设本身就存在很大的可行性问题。

总结而言，目前对数据确权的研究思路仍然是基于数据的基本属性，探讨数据衍生的各类权利如何在用户和数字平台之间合理地划分。本文认为，沿着这一研究思路可能并不能提出一个合理、统一的数据确权标准，反而需要针对不同的应用场景进行不同的确权探讨，这并不利于降低数据要素市场的交易成本。因此，本文提出了通过数据分级授权机制来解决数据确权问题的新思路。具体而言，针对用户在平台上产生的各类数据，由用户和数字平台以市场化的方式达成不同层级的数据授权协议，以便让平台基于这一协议不同程度地使用数据要素，开展数字经济的相关生产活动。这一数据分级授权协议的好处一方面在于，数字平台无须考虑平台上数据衍生的各类复杂权利及相关权属问题，可以直接通过市场化的授权协议，合理、合法地使用数据要素；另一方面在于，可以从源头上解决数据确权问题，打通整个数据要素市场，为后续数据要素的进一步流通和交易打下基础，进而降低数据要素交易成本，提升数据要素市场的效率。

三、数据要素市场对分级授权的自然选择

通过对已有研究的综述总结，本文接下来将构建经济学模型，探讨数据分级授权对数据要素市场福利的影响。首先，需要对模型中的授权进行说明：用户在数字平台上产生的一系列数据及其衍生的各项权利，由用户和数字平台共同拥有。而传统确权方法的局限在于无法合理、清晰地区分用户和数字平台各自在多大程度上拥有这些权利。本文模型中的授权过程是，用户和数字平台对其共同拥有的数据达成授权协议，授权的对象为数字平台，授权的目的则是让数字平台可以使用授权后收集到的数据要素开展数字经济的

生产活动。

事实上，在《中华人民共和国个人信息保护法》（以下简称个保法，于2021年11月1日起正式施行）实施前，绝大部分互联网平台企业在收集用户个人数据的过程中并没有分级授权的理念。很多App在用户第一次下载注册后都会提供一份服务协议，这份协议一般包含App会收集用户的哪些数据以及App会如何使用这些数据的相关条款。如果用户没有勾选该协议同意选项，那么可能无法使用该App。由于服务协议往往篇幅很长，很多用户不会认真研读，而是在未充分知情的情况下就直接勾选同意选项。在很多情况下，用户甚至无法知道到底有多少数据被平台企业收集，也无法知道平台企业到底将这些数据进行了何种程度的加工和使用。而在个保法实施以后，一些平台企业开始对数据要素的分级授权进行探索。比如，微信更新iOS 8.0.17和安卓8.0.18版本后，增加了个人信息收集清单的条目，用户可以查看诸如用户基本信息、用户使用过程信息（包括位置、图片和视频）、社交与内容信息、联系人信息等使用场景及其次数；用户也可以对允许微信收集的个人数据进行调整，比如可以选择是否允许微信在聊天时使用用户的位置信息。在本部分，先探讨政府没有出台分级授权要求时，平台企业的最优选择；在第四部分，再探讨分级授权要求出台后，平台企业的最优选择。

基于上述对数据分级授权的实践探索，本文对数据要素市场的产业经济环境设定如下：沿用多西斯等人（Dosis and Sand-Zantman，2019）的研究，假定数据要素市场中仅存在一家垄断的互联网平台企业。尽管用户和平台企业共同拥有用户在平台上产生的所有数据，但是用户可以通过授权协议将数据授权给平台企业，以享受该平台企业提供的数字服务。在授权协议的保护下，平台企业可以将数据要素投入生产过程，并取得相应的经济收益。

1.政府不要求分级授权，平台企业选择不分级授权

先考虑政府不要求分级授权，即没有出台数据要素市场相关监管文件的情况。此时，平台企业可以选择分级授权，也可以选择不分级授权。本文先求解平台企业选择不分级授权的结果。

（1）用户效用

假定每一个用户在平台上产生的数据总量为$D>0$。由于用户在网络上的各类操作又会随着时间的推移产生大量的行为点击数据（click-stream data），即

每一个用户每时每刻都在互联网平台上产生各类可供收集的数据，因此数据总量是连续的。用户需要进行是否将平台上产生的数据授权给平台企业的决策。数据要素存在很强的负外部性（Acquisti, Taylor and Wagman, 2016; Peukert et al., 2020; Ichihashi, 2021），这些负外部性对不同用户带来的负面影响并不一致。有些用户特别看重自身的隐私，因此隐私泄露风险会对其造成很强的负效用；另一些用户则相对不那么看重自身的隐私，隐私泄露风险对其造成的负效应也就相对较弱。假定用户对数据负外部性的担忧程度 θ_i 服从从 0 到 1 的均匀分布，即 $\theta_i \sim U(0,1)$，数据的负外部性对用户造成的负效用则为 $e_i = -\theta_i^2 D$。这一函数形式意味着数据负外部性对大部分用户影响较小，对少数用户的影响非常大。这一假设与现实较为相符，因为大部分用户是在没有仔细研读服务协议的情况下就勾选同意选项进入了 App 使用界面。

同时，由于数据要素市场未分级授权，用户只有两种选择：要么选择将自己在平台上产生的数据 D 全部授权给平台企业，要么选择不授权。平台企业在获得用户的授权许可后，会给同意授权数据的用户提供一个质量为 v 的数字接入服务，对于拒绝授权数据的用户则不提供数字接入服务。显然，如果用户接受了平台企业的数字接入服务，那么大量接入的用户同时也会受到网络效应的影响（Rochet and Tirole, 2003; Armstrong, 2006）。因此，参考舍费尔等人（Schäfer and Sapi, 2020）的研究，本文认为数据授权后，用户从平台中获得的效用一方面来自平台上的网络效应，另一方面也受到接入质量 v 的影响。如果平台的网络效应强度为 $\alpha \in (0,1)$，平台上的用户数量为 n，数字服务的接入质量为 v，那么用户能在平台上获得的正效用则为 anv。这里，可以通过当前 App 中比较流行的会员制对接入质量 v 进行理解：比如 QQ 音乐中，非会员只能收听部分免费曲目，而绿钻会员则可以额外收听会员专属曲目。显然，绿钻会员在 QQ 音乐平台上享受了更高的接入质量，他们可以在所有的曲目下与所有的用户进行评论互动、音乐分享，以产生比非会员用户更强的网络效应。因此，在考虑了正效用和数据负外部性所导致的负效用后，我们认为用户最终的效用函数如下：

$$\mu_i = \begin{cases} anv - \theta_i^2 D & \text{用户同意授权数据} \\ 0 & \text{用户拒绝授权数据} \end{cases} \tag{1}$$

如图 1 所示，参考霍特林模型（Hotelling, 1929）的设定，由于

$\theta_i \sim U(0,1)$，可以认为所有的用户均匀分布在一条0—1的线段之上。最后一位愿意授权数据的用户，其选择授权与不授权带来的效用是一致的。同时，最后一位愿意授权数据的用户也决定了市场上愿意授权数据的用户数量，即最后一位愿意授权数据的用户对数据负外部性的担忧程度就是市场上愿意授权数据的用户数量。

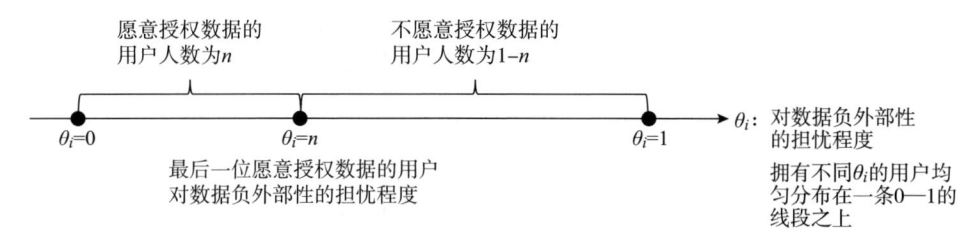

图1　用户对数据授权的选择（未分级授权）

因此，我们可以有：

$$anv - n^2 D = 0 \qquad (2)$$

基于（2）式，可以得到数据要素市场愿意授权数据的用户数量为 $n = \dfrac{\alpha v}{D}$。这里，我们假定最担忧数据负外部性的用户对其数据负外部性的担忧程度始终是大于平台企业的数字接入服务质量 v 的，即 $-e_{min} = D > \alpha v$。这一假定的逻辑在于，总有用户会出于对自身数据安全性的考虑不去长期地使用某一个App。现实情况下，用户对App账号注销的需求可以支撑这一假定。而从模型上看，这一假设保证了 $n = \dfrac{\alpha v}{D} \in (0,1)$。综上，可以得到（1）式等同于

$$u_i = \begin{cases} \dfrac{(\alpha v)^2}{D} - \theta_i^2 D & \theta_i \in \left[0, \dfrac{\alpha v}{D}\right] \\ 0 & \theta_i \in \left(\dfrac{\alpha v}{D}, 1\right] \end{cases} \qquad (3)$$

（2）平台利润

平台企业在收集到用户授权的数据后，使用数据生产要素进行生产，并为接入平台的用户提供数字服务。参考琼斯等人（Jones and Tonetti，2020）的研究，考虑了数据生产要素的生产函数可以记为如下形式：

$$y(D) = \left(\int_0^n D^\beta di\right)^\gamma = n^\gamma D^{\beta\gamma} \qquad (4)$$

其中，$\gamma \in (0,1)$，$\beta\gamma > 1$，这保证了整个生产函数相对于数据要素是规模报酬递增的。数据要素的虚拟性要求，数据要素需要结合其他生产要素才能进行生产活动。因此需要指出的是，我们假定了其他生产要素的投入均为1个单位，所以在（4）式中不再具体表述其他生产要素。之后，我们假定平台企业为每个用户提供接入服务质量v的成本为φ，那么平台企业的利润则为$n^\gamma D^{\beta\gamma} - \varphi n$。在平台企业只有一个用户的数据时，其利润为$D^{\beta\gamma} - \varphi$。基于此，我们定义单位数据生产成本为$c = \dfrac{\varphi}{D^{\beta\gamma}}$，表示单独一份数据进行生产时的每单位产出成本。于是，可以得到平台企业的利润函数如下：

$$\pi = D^{\beta\gamma}\left(n^\gamma - cn\right) \tag{5}$$

平台需要确定最优的接入服务质量v来最大化自身的利润，将$n = \dfrac{\alpha v}{D}$代入（5）式，平台企业的最优化问题即为：

$$\max_v \pi = D^{\beta\gamma}\left[\left(\dfrac{\alpha}{D}\right)^\gamma v^\gamma - \dfrac{\alpha c}{D}v\right] \tag{6}$$

基于（6）式，求解平台企业利润最大化问题的一阶条件为：

$$\dfrac{\partial \pi}{\partial v} = D^{\beta\gamma}\left[\gamma\left(\dfrac{\alpha}{D}\right)^\gamma v^{\gamma-1} - \dfrac{\alpha c}{D}\right] = 0 \tag{7}$$

同时，二阶条件$\dfrac{\partial^2 \pi}{\partial v^2} = -\gamma(1-\gamma)\left(\dfrac{\alpha}{D}\right)^\gamma D^{\beta\gamma} v^{\gamma-2} < 0$意味着一阶条件可以得到一个极大值。求解（7）式，我们最终可以得到平台企业的最优接入服务质量v^*如下：

$$v^* = \dfrac{D}{\alpha}\left(\dfrac{\gamma}{c}\right)^{\frac{1}{1-\gamma}} \tag{8}$$

由于$\dfrac{\partial v^*}{\partial D} > 0$，$\dfrac{\partial v^*}{\partial c} < 0$，$\dfrac{\partial v^*}{\partial \alpha} < 0$，用户享受到的接入服务质量会随着授权数据量的增加、单位数据生产成本的降低、网络效应强度的降低而提升。这些结果均与现实中的数字经济实践相符。进一步，基于（8）式，我们可以得到在数据要素市场未分级授权的情况下，数据要素市场中愿意对数据进行授权的用户数为

$$n^* = \left(\dfrac{\gamma}{c}\right)^{\frac{1}{1-\gamma}} \tag{9}$$

由于前文已经假定$D > \alpha v$，因此根据（8）式可知，必有$c > \gamma$。当然，还需

保证平台企业具备持续经营的能力。因此根据（5）式，有 $c<1$。于是，$c \in (\gamma,1)$。因此，根据（9）式知，$n^* \in (0,1)$。

2.政府不要求分级授权，平台企业选择分级授权

接下来，求解政府不要求分级授权，平台选择分级授权的情况。

（1）用户效用

若数据要素市场分级授权，我们假定提供完整接入服务所需的数据为 D，提供完整接入服务的质量仍然为 v，而平台企业提供基础接入服务所需的数据为 kD，其中 $k \in (0,1)$ 说明基础接入服务只需要用户在平台上产生的部分数据，而基础接入服务的质量则为 $u<v$。于是，用户最终的效用函数可以在（1）式的基础上调整为如下：

$$u_i = \begin{cases} \alpha n v - \theta_i^2 D & \text{用户同意授权全部数据} \\ \alpha n u - \theta_i^2 kD & \text{用户同意授权部分数据} \\ 0 & \text{用户拒绝授权任何数据} \end{cases} \quad (10)$$

此时，所有的用户可以被划分成三大类。我们假定有的用户愿意授权全部数据，有的用户愿意授权部分数据，剩下的用户拒绝授权任何数据。根据前文的逻辑，如图2所示，最后一位愿意授权全部数据的用户，其选择授权全部数据与授权部分数据所带来的效用是一致的；最后一位愿意授权部分数据的用户，其选择授权部分数据和选择不授权数据所带来的效用也是一致的。

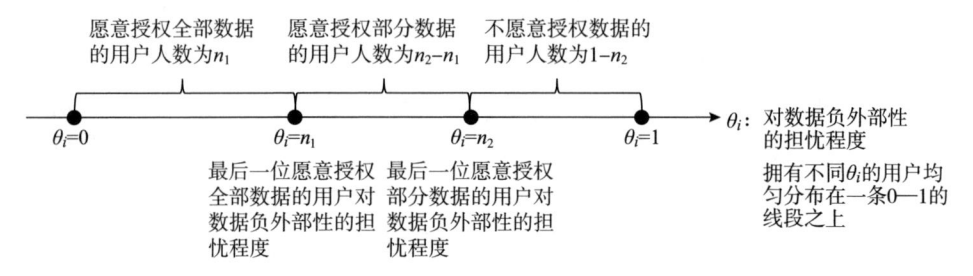

图2 用户对数据授权的选择（分级授权）

因此，我们有

$$\alpha n_2 v - n_1^2 D = \alpha n_2 u - n_1^2 kD \quad (11)$$

$$\alpha n_2 u - n_2^2 kD = 0 \quad (12)$$

从（11）式和（12）式，我们可以得到 $n_1 = \dfrac{\alpha}{D}\left[\dfrac{u(v-u)}{k(1-k)}\right]^{\frac{1}{2}}$，$n_2 = \dfrac{\alpha}{kD}u$。

将 n_1 和 n_2 代入（10）式，可以得到用户的效用函数等同于

$$u_i = \begin{cases} \alpha nv - \theta_i^2 D & \theta_i \in \left[0, \dfrac{\alpha}{D}\left[\dfrac{u(v-u)}{k(1-k)}\right]^{\frac{1}{2}}\right] \\ \alpha nu - \theta_i^2 kD & \theta_i \in \left(\dfrac{\alpha}{D}\left[\dfrac{u(v-u)}{k(1-k)}\right]^{\frac{1}{2}}, \dfrac{\alpha}{kD}u\right] \\ 0 & \theta_i \in \left(\dfrac{\alpha}{kD}u, 0\right] \end{cases} \quad (13)$$

（2）平台利润

类似于上文，平台企业在收集到用户授权的数据后，使用数据要素进行生产活动。但是在数据要素市场分级授权后，平台企业收集到的数据共有两类。相应地，平台企业提供的数字服务也会分为两类。首先，来看平台企业的生产函数

$$y = \left(\int_0^{n_1} D^\beta di\right)^\gamma + \left(\int_0^{n_2} (kD)^\beta di\right)^\gamma - \left(\int_0^{n_1} (kD)^\beta di\right)^\gamma = n_1^\gamma D^{\beta\gamma} + (n_2^\gamma - n_1^\gamma)(kD)^{\beta\gamma} \quad (14)$$

本文基于对腾讯公司的调研访谈，构建（14）式。腾讯的数据处理模型是根据数据包含的字段数构建的，不同授权程度的数据会进入不同的数据处理模型之中。（14）式中，第一项表示全部授权的数据，这些数据进入字段齐全的数据处理模型，积分范围为（0，n_1）；第二项表示部分授权和全部授权的数据，均包含部分字段，这些数据进入字段不齐全的数据处理模型，积分范围为（0，n_2）；第三项表示单独采用全部授权数据的部分字段所得到的价值已经囊括在第一项之中，需要剔除重复计算的部分，积分范围为（0，n_1）。当然，通过软件计算，采用 $y = \left(\int_0^{n_1} D^\beta di + \int_{n_1}^{n_2}(kD)^\beta di\right)^\gamma$ 或者 $y = \left(\int_0^{n_1} D^\beta di\right)^\gamma + \left(\int_{n_1}^{n_2}(kD)^\beta di\right)^\gamma$ 得出的结论也是一致的，只是无法获得一个显示解。为了方便模型求解，本文最终采用（14）式的形式。

然后，我们假定平台企业为授权全部数据的用户提供质量为 v 的完整接入服务所需承担的单位数据成本仍为 c，为授权部分数据的用户提供质量为 u 的

基础接入服务的单位数据成本则会降低。在分级授权后，我们假定为了提供基础接入服务而对数据进行存储、计算的成本会从 c 减少为 $k^\beta c$。采用这一形式同样基于腾讯公司的调研访谈，数据进入生产的过程可以理解为两个步骤。第一步，单一的数据经过平台公司的收集后，可以通过运算、加工获得更多的数据，比如可以获得一些加总后的数据。第二步，原始数据与运算后的数据一起进入算法，实现数据的生产。结合（14）式，第一步对应于平台企业从每个用户中获取的，经运算、加工后最终可用于生产活动的数据，如果全部授权，为 D^β；部分授权，则为 $k^\beta D^\beta$。第二步则是以 $f(data)=data^\gamma$ 的形式实现数据的生产。鉴于数据存储、计算成本是对应于经运算、加工后最终可用于生产活动的数据，而部分授权后，可用于生产活动的数据从 D^β 减少为 $k^\beta D^\beta$，因此单位数据成本也从 c 减少为 $k^\beta c$。

我们假定平台企业需要拿出 t 比例的净利润用于新算法的开发和维护，可以得到平台企业的利润函数如下：

$$\pi = (1-t)D^{\beta\gamma}\left[n_1^\gamma + \left(n_2^\gamma - n_1^\gamma\right)k^{\beta\gamma} - cn_1 - k^\beta c(n_2 - n_1)\right] \quad (15)$$

类似地，平台企业将会对其提供的完整接入服务的质量 v 和基础接入服务的质量 u 进行决策，以达到利润最大化。将 $n_1 = \dfrac{\alpha}{D}\left[\dfrac{u(v-u)}{k(1-k)}\right]^{\frac{1}{2}}$ 和 $n_2 = \dfrac{\alpha}{kD}u$ 代入（15）式，平台企业的最优化问题即为

$$\max_{u,v}\pi = (1-t)D^{\beta\gamma}\left\{(1-k^{\beta\gamma})\left[\dfrac{u(v-u)}{k(1-k)}\right]^{\frac{\gamma}{2}}\left(\dfrac{\alpha}{D}\right)^\gamma + k^{\beta\gamma-\gamma}u^\gamma\left(\dfrac{\alpha}{D}\right)^\gamma - \dfrac{k^{\beta-1}\alpha c}{D}u - \dfrac{(1-k^\beta)\alpha c}{D}\left[\dfrac{u(v-u)}{k(1-k)}\right]^{\frac{1}{2}}\right\}$$

（16）

基于（16）式，求解平台企业利润最大化的一阶条件为

$$\dfrac{\partial \pi}{\partial v} = (1-t)D^{\beta\gamma}(M-N)\dfrac{u}{2k(1-k)} = 0 \quad (17)$$

$$\dfrac{\partial \pi}{\partial u} = (1-t)D^{\beta\gamma}(M-N)\dfrac{v-2u}{2k(1-k)} + (1-t)D^{\beta\gamma}\left[\gamma\left(\dfrac{\alpha}{D}\right)^\gamma k^{\beta\gamma-\gamma}u^{\gamma-1} - \dfrac{k^{\beta-1}\alpha c}{D}\right] = 0$$

（18）

其中，$M = \gamma\left(\dfrac{\alpha}{D}\right)^\gamma(1-k^{\beta\gamma})\left[\dfrac{u(v-u)}{k(1-k)}\right]^{\frac{\gamma}{2}-1}$，$N = \dfrac{(1-k^\beta)\alpha c}{D}\left[\dfrac{u(v-u)}{k(1-k)}\right]^{-\frac{1}{2}}$，

通过观察可知,(17)式和(18)式可以等同为

$$\gamma\left(\frac{\alpha}{D}\right)^{\gamma}\left(1-k^{\beta\gamma}\right)\left[\frac{u(v-u)}{k(1-k)}\right]^{\frac{\gamma}{2}-1}-\frac{\left(1-k^{\beta}\right)\alpha c}{D}\left[\frac{u(v-u)}{k(1-k)}\right]^{-\frac{1}{2}}=0 \qquad (19)$$

$$\gamma\left(\frac{\alpha}{D}\right)^{\gamma}k^{\beta\gamma-\gamma}u^{\gamma-1}-\frac{k^{\beta-1}\alpha c}{D}=0 \qquad (20)$$

由于 Hessian 矩阵 $H(\pi)$ 的顺序主子式为

$$D_1=\left|\frac{\partial^2\pi}{\partial v^2}\right|=-\frac{(1-t)(1-k^{\beta})[2-(1+\gamma)]D^{\beta\gamma}}{4}\frac{\alpha c}{D}\left[\frac{u(v-u)}{k(1-k)}\right]^{-\frac{3}{2}}\frac{u^2}{k^2(1-k)^2}<0,$$

$$D_2=\begin{vmatrix}\frac{\partial^2\pi}{\partial v^2} & \frac{\partial^2\pi}{\partial v\partial u}\\ \frac{\partial^2\pi}{\partial u\partial v} & \frac{\partial^2\pi}{\partial u^2}\end{vmatrix}=\frac{(1-\gamma)(1-t)^2[2-(1+\gamma)]D^{2\beta\gamma}}{4}\left(\frac{\alpha c}{D}\right)^2\frac{(1-k^{\beta})k^{\beta-1}}{u}\left[\frac{u(v-u)}{k(1-k)}\right]^{-\frac{3}{2}}$$

$\frac{u^2}{k^2(1-k)^2}>0$。于是 Hessian 矩阵 $H(\pi)$ 负定。因此一阶条件为 0 意味着极大值。

最终,基于(19)式和(20)式我们可以得到

$$n_1^{**}=\frac{\alpha}{D}\left[\frac{u^{**}(v^{**}-u^{**})}{k(1-k)}\right]^{\frac{1}{2}}=\left(\frac{1-k^{\beta\gamma}}{1-k^{\beta}}\right)^{\frac{1}{1-\gamma}}\left(\frac{\gamma}{c}\right)^{\frac{1}{1-\gamma}} \qquad (21)$$

$$n_2^{**}=\frac{\alpha}{kD}u^{**}=k^{-\beta}\left(\frac{\gamma}{c}\right)^{\frac{1}{1-\gamma}} \qquad (22)$$

要保证 $n_2^{**}>n_1^{**}$,则需要满足:$k^{-\beta}>\left(\frac{1-k^{\beta\gamma}}{1-k^{\beta}}\right)^{\frac{1}{1-\gamma}}$。由于 $\beta\gamma>1$,$\gamma,k\in(0,1)$,所以 $k^{-\beta(1-\gamma)}>1$,于是有 $k^{-\beta(1-\gamma)}-k^{\beta\gamma}>1-k^{\beta\gamma}$ 成立,于是有 $k^{-\beta(1-\gamma)}(1-k^{\beta})>1-k^{\beta\gamma}$ 成立,于是有 $k^{-\beta(1-\gamma)}>\frac{1-k^{\beta\gamma}}{1-k^{\beta}}$ 成立,于是有 $k^{-\beta}>\left(\frac{1-k^{\beta\gamma}}{1-k^{\beta}}\right)^{\frac{1}{1-\gamma}}$ 成立。在数据要素市场分级授权的情况下,如果要保证

$n_2^{**} \in (0,1)$，必须要有 $c > \gamma k^{-\beta(1-\gamma)}$。又因为平台企业要保证持续经营，需满足所有用户在全部授权的情况下利润仍能为正，则由（15）式知，$c < k^{-\beta(1-\gamma)}$。所以 $c \in \left(\gamma k^{-\beta(1-\gamma)}, k^{-\beta(1-\gamma)}\right)$ 时，$n_2^{**} \in (0,1)$。而在 $c < \gamma k^{-\beta(1-\gamma)}$ 时，可能出现所有用户至少愿意授权自己的部分数据的情况，即此时 $n_2^{**} = 1$。同时，本文假定在数字技术 β 非常差，即 $\beta \to 1$ 的情况下，分类分级也能让最注重隐私的用户进入平台，比如极端的情况就是平台企业在不收集任何数据的情况下允许用户接入。实践中，《深圳经济特区数据条例》就要求不得以自然人不同意处理个人数据为由，拒绝向其提供相关核心功能或者服务。而有些服务，比如在豆瓣App中查看电影评分实际上并不需要任何用户的数据。因此，$c > \gamma k^{-(1-\gamma)}$ 即可保证 $\forall \beta > 1$，$\exists c \in \left(\gamma k^{-(1-\gamma)}, \gamma k^{-\beta(1-\gamma)}\right)$。于是，（22）式可以调整为

$$n_2^{**} = \begin{cases} k^{-\beta} \left(\dfrac{\gamma}{c}\right)^{\frac{1}{1-\gamma}} & c \in \left(\gamma k^{-\beta(1-\gamma)}, k^{-\beta(1-\gamma)}\right) \\ 1 & c \in \left(\gamma k^{-(1-\gamma)}, \gamma k^{-\beta(1-\gamma)}\right) \end{cases} \quad (23)$$

因此，在数据要素市场分级授权的情况下，若 $c \in \left(\gamma k^{-\beta(1-\gamma)}, k^{-\beta(1-\gamma)}\right)$，全部用户将会被划分为三类，$\theta_i \in \left[0, n_1^{**}\right]$ 的用户愿意授权全部数据，$\theta_i \in \left(n_1^{**}, n_2^{**}\right]$ 的用户愿意授权部分数据，$\theta_i \in \left(n_2^{**}, 1\right]$ 的用户不愿意授权任何数据；若 $c \in \left(\gamma k^{-(1-\gamma)}, \gamma k^{-\beta(1-\gamma)}\right)$，全部用户将会被划分为两类，$\theta_i \in \left[0, n_1^{**}\right]$ 的用户愿意授权全部数据，$\theta_i \in \left(n_1^{**}, 1\right]$ 的用户愿意授权部分数据。

3. 数据要素市场的自然选择

在政府没有出台相关政策的情况下，垄断的平台企业具备市场势力，它会根据自身的利润来决定是否选择数据的分级授权。

将（9）式代入（5）式，便可以得到平台企业不选择分级授权后所得到的利润：

$$\pi^* = (1-\gamma) D^{\beta\gamma} \left(\dfrac{\gamma}{c}\right)^{\frac{\gamma}{1-\gamma}} \quad (24)$$

而将（21）式、（23）式代入（15）式，则可以得到平台企业选择分级授

权后的利润为

$$\pi^{**} = \begin{cases} (1-t)(1-\gamma)D^{\beta\gamma}\left[1+\left(1-k^{\beta\gamma}\right)\left(\dfrac{1-k^{\beta\gamma}}{1-k^{\beta}}\right)^{\frac{\gamma}{1-\gamma}}\right]\left(\dfrac{\gamma}{c}\right)^{\frac{\gamma}{1-\gamma}} & c \in \left(\gamma k^{-\beta(1-\gamma)}, k^{-\beta(1-\gamma)}\right) \\ (1-t)(1-\gamma)D^{\beta\gamma}\left[\dfrac{k^{\beta\gamma}-k^{\beta}c}{1-\gamma}+\left(1-k^{\beta\gamma}\right)\left(\dfrac{1-k^{\beta\gamma}}{1-k^{\beta}}\right)^{\frac{\gamma}{1-\gamma}}\left(\dfrac{\gamma}{c}\right)^{\frac{\gamma}{1-\gamma}}\right] & c \in \left(\gamma k^{-(1-\gamma)}, \gamma k^{-\beta(1-\gamma)}\right) \end{cases}$$

(25)

定理1 在 $k, \gamma \in (0,1)$，$\beta, \beta\gamma > 1$，$c \in \left(\gamma k^{-(1-\gamma)}, k^{-\beta(1-\gamma)}\right)$ 的条件下，若

$$t \in \left(1 - \dfrac{\left(1-k^{\beta}\right)^{\frac{\gamma}{1-\gamma}}}{\left(1-k^{\beta\gamma}\right)^{\frac{1}{1-\gamma}}+\left(1-k^{\beta}\right)^{\frac{\gamma}{1-\gamma}}}, 1\right),$$

则有 $\pi^* > \pi^{**}$。

■定理1证明。

首先，分析 $c \in \left(\gamma k^{-\beta(1-\gamma)}, k^{-\beta(1-\gamma)}\right)$ 的情况。

$$\pi^* - \pi^{**} = t(1-\gamma)D^{\beta\gamma}\left[1+\left(1-k^{\beta\gamma}\right)\left(\dfrac{1-k^{\beta\gamma}}{1-k^{\beta}}\right)^{\frac{\gamma}{1-\gamma}}\right]\left(\dfrac{\gamma}{c}\right)^{\frac{\gamma}{1-\gamma}}$$
$$-(1-\gamma)D^{\beta\gamma}\left[\left(1-k^{\beta\gamma}\right)\left(\dfrac{1-k^{\beta\gamma}}{1-k^{\beta}}\right)^{\frac{\gamma}{1-\gamma}}\right]\left(\dfrac{\gamma}{c}\right)^{\frac{\gamma}{1-\gamma}}$$

(26)

由于 $k, \gamma \in (0,1)$，$\beta, \beta\gamma > 1$，$(1-\gamma)\left(1-k^{\beta\gamma}\right)\left(\dfrac{1-k^{\beta\gamma}}{1-k^{\beta}}\right)^{\frac{\gamma}{1-\gamma}} \in (0,1)$。因此，基于（26）式，若要保证 $\pi^* > \pi^{**}$，须有

$$t\left[1+\left(1-k^{\beta\gamma}\right)\left(\dfrac{1-k^{\beta\gamma}}{1-k^{\beta}}\right)^{\frac{\gamma}{1-\gamma}}\right] - \left[\left(1-k^{\beta\gamma}\right)\left(\dfrac{1-k^{\beta\gamma}}{1-k^{\beta}}\right)^{\frac{\gamma}{1-\gamma}}\right] > 0 \quad (27)$$

于是，通过（27）式知，在 $t > 1 - \dfrac{\left(1-k^{\beta}\right)^{\frac{\gamma}{1-\gamma}}}{\left(1-k^{\beta\gamma}\right)^{\frac{1}{1-\gamma}}+\left(1-k^{\beta}\right)^{\frac{\gamma}{1-\gamma}}}$ 时，$\pi^* > \pi^{**}$。

其次，分析 $c \in \left(\gamma k^{-(1-\gamma)}, \gamma k^{-\beta(1-\gamma)} \right)$ 的情况。

$$\pi^* - \pi^{**} = -(1-t)D^{\beta\gamma}\left(k^{\beta\gamma} - k^\beta c\right) + (1-\gamma)D^{\beta\gamma}\left[1 - (1-t)\left(1-k^{\beta\gamma}\right)\left(\frac{1-k^{\beta\gamma}}{1-k^\beta}\right)^{\frac{\gamma}{1-\gamma}}\right]\left(\frac{\gamma}{c}\right)^{\frac{\gamma}{1-\gamma}}$$
（28）

首先，$t, (1-\gamma)\left(1-k^{\beta\gamma}\right)\left(\frac{1-k^{\beta\gamma}}{1-k^\beta}\right)^{\frac{\gamma}{1-\gamma}} \in (0,1)$。又因为 $c \in \left(\gamma k^{-(1-\gamma)}, \gamma k^{-\beta(1-\gamma)}\right)$，所以 $k^{\beta\gamma} - k^\beta c < k^{\beta\gamma}\left(1 - k^{(\beta-1)(1-\gamma)}\gamma\right)$，$\left(\frac{\gamma}{c}\right)^{\frac{\gamma}{1-\gamma}} > k^{\beta\gamma}$。于是，基于（28）式，若要保证 $\pi^* > \pi^{**}$，须有

$$-(1-t)\left[1 - k^\beta\gamma + (1-\gamma)\left(1-k^{\beta\gamma}\right)\left(\frac{1-k^{\beta\gamma}}{1-k^\beta}\right)^{\frac{\gamma}{1-\gamma}}\right] + (1-\gamma) > 0 \quad (29)$$

于是，通过（29）式知，在 $t > 1 - \dfrac{\left(1-k^\beta\right)^{\frac{\gamma}{1-\gamma}}}{\dfrac{1-k^{(\beta-1)(1-\gamma)}\gamma}{1-\gamma}\left(1-k^{\beta\gamma}\right)^{\frac{1}{1-\gamma}} + \left(1-k^\beta\right)^{\frac{\gamma}{1-\gamma}}}$ 时，$\pi^* > \pi^{**}$。

综合来看，由于 $k^{(\beta-1)(1-\gamma)} \in (0,1)$，因此 $\dfrac{1-k^{(\beta-1)(1-\gamma)}\gamma}{1-\gamma} > 1$，因此只需满足

$t \in \left(1 - \dfrac{\left(1-k^\beta\right)^{\frac{\gamma}{1-\gamma}}}{\left(1-k^{\beta\gamma}\right)^{\frac{1}{1-\gamma}} + \left(1-k^\beta\right)^{\frac{\gamma}{1-\gamma}}}, 1\right)$，即可保证 $\pi^* > \pi^{**}$。

在现实情况下，平台企业进行算法的切换和App的整改具备较高成本，因此往往选择不分级授权。根据定理1，本文得到推论1。

推论1 由于数据分级授权给平台公司带来的技术成本较高，平台企业在没有政府监管政策约束的情况下，会选择不分级授权。

后续的讨论将基于 $t \in \left(1 - \dfrac{\left(1-k^\beta\right)^{\frac{\gamma}{1-\gamma}}}{\left(1-k^{\beta\gamma}\right)^{\frac{1}{1-\gamma}} + \left(1-k^\beta\right)^{\frac{\gamma}{1-\gamma}}}, 1\right)$ 展开。

四、数据要素市场的分级授权机制设计

接下来，考虑政府要求分级授权并出台数据要素市场相关监管文件后的情况。为了防止平台企业过度收集用户的数据，政府会进行数据要素市场的分级授权机制设计，若平台企业遵循政府的数据分级授权要求，则可以合法经营；若平台企业违背政府的数据分级授权要求，就会受到政府的监管惩罚。尽管此时政府要求进行分级授权，但是政府并不能强制平台企业遵循分级授权的要求，而是需要通过设计一个合理的分级授权机制，引导平台企业基于市场原则遵循分级授权的要求。一个合理的机制便是通过对罚款的设计，让平台企业遵循分级授权所得到的收益会高于违背分级授权的收益。

1. 政府要求分级授权，平台企业违背分级授权

首先看政府监管文件出台后，如果平台企业违背分级授权的情况。

（1）用户效用

政府要求分级授权，但是平台企业违背分级授权，此时用户面对的情况与第三节中一致，最终的效用函数仍为（3）式。

（2）平台利润

对于平台企业而言，此时若违背分级授权，其将面临政府监管的惩罚。本节引入政府监管力度 $g>0$。可以理解为，平台企业在违背政府对数据要素市场的分级授权要求后，就会受到比例为 g 的惩罚。于是，平台企业的利润函数被调整为

$$\pi = (1-g)D^{\beta\gamma}\left(n^{\gamma} - cn\right) \tag{30}$$

沿用第三节中的求解模式，可以求得此时数据要素市场中，愿意对数据进行授权的用户数仍然为（9）式的 n^*。

2. 政府要求分级授权，平台企业遵循分级授权

接下来，探讨平台企业遵循分级授权的情况。

（1）用户效用

政府要求分级授权，平台企业遵循分级授权，此时用户面对的情况与第三节中一致，最终的效用函数仍为（13）式。

（2）平台利润

同样，平台企业若遵循分级授权，就不需要受到政府的惩罚，此时最终的利润函数也同第三节中一致。

3.有效的分级授权机制设计

一个有效的分级授权机制设计可以保证平台企业在市场规律的驱动下，自发地选择数据要素分级授权。而鉴于平台企业对利润最大化的本质追求，只有当数据要素市场分级授权的利润高于未分级授权的利润时，平台企业才会遵循政府的要求。

因此，需要进一步计算政府要求数据要素市场分级授权时的企业利润。将（9）式代入（30）式，便可以得到平台企业违背分级授权后得到的利润为

$$\hat{\pi}^* = (1-g)(1-\gamma)\left(\frac{\gamma}{c}\right)^{\frac{\gamma}{1-\gamma}} \quad (31)$$

而平台企业遵循分级授权所得到的利润则仍为（25）式。

定理2 在 $k, \gamma \in (0,1)$，$\beta, \beta\gamma > 1$，$c \in \left(\gamma k^{-(1-\gamma)}, k^{-\beta(1-\gamma)}\right)$，$t \in \left(1 - \dfrac{\left(1-k^\beta\right)^{\frac{\gamma}{1-\gamma}}}{\left(1-k^{\beta\gamma}\right)^{\frac{1}{1-\gamma}} + \left(1-k^\beta\right)^{\frac{\gamma}{1-\gamma}}}, 1\right)$ 的条件下，若要保证 $\pi^{**} > \hat{\pi}^*$，需有 $g > t$。

■定理2证明。

记 $\hat{\pi}^{**}$ 为如下：

$$\hat{\pi}^{**} = \begin{cases} (1-\gamma)D^{\beta\gamma}\left[1+\left(1-k^{\beta\gamma}\right)\left(\dfrac{1-k^{\beta\gamma}}{1-k^\beta}\right)^{\frac{\gamma}{1-\gamma}}\right]\left(\dfrac{\gamma}{c}\right)^{\frac{\gamma}{1-\gamma}} & c \in \left(\gamma k^{-\beta(1-\gamma)}, k^{-\beta(1-\gamma)}\right) \\ (1-\gamma)D^{\beta\gamma}\left[\dfrac{k^{\beta\gamma}-k^\beta c}{1-\gamma}+\left(1-k^{\beta\gamma}\right)\left(\dfrac{1-k^{\beta\gamma}}{1-k^\beta}\right)^{\frac{\gamma}{1-\gamma}}\left(\dfrac{\gamma}{c}\right)^{\frac{\gamma}{1-\gamma}}\right] & c \in \left(\gamma k^{-(1-\gamma)}, \gamma k^{-\beta(1-\gamma)}\right) \end{cases}$$

(32)

由此可知，$\pi^{**} = (1-t)\hat{\pi}^{**}$，$\hat{\pi}^* = (1-g)\pi^*$。若要证明 $g > t$ 时有 $\pi^{**} > \hat{\pi}^*$，

只需证明 $(1-t)\hat{\pi}^{**} > (1-g)\pi^*$。若要证明 $(1-t)\hat{\pi}^{**} > (1-g)\pi^*$，则只需证明 $\hat{\pi}^{**} > \pi^*$。对 $\hat{\pi}^{**} > \pi^*$ 的证明如下。

先分析 $c \in \left(\gamma k^{-\beta(1-\gamma)}, k^{-\beta(1-\gamma)}\right)$ 的情况。

$$\hat{\pi}^{**} - \pi^* = (1-\gamma)D^{\beta\gamma}\left(1-k^{\beta\gamma}\right)^{\frac{1}{1-\gamma}}\left(1-k^{\beta}\right)^{\frac{-\gamma}{1-\gamma}}\left(\frac{\gamma}{c}\right)^{\frac{\gamma}{1-\gamma}} \quad (33)$$

由于 $k, \gamma \in (0,1)$，$\beta, \beta\gamma > 1$，必然有 $1-\gamma > 0$，$1-k^{\beta} > 1-k^{\beta\gamma} > 0$。于是由（33）式知，$\hat{\pi}^{**} > \pi^*$。

再分析 $c \in \left(\gamma k^{-(1-\gamma)}, \gamma k^{-\beta(1-\gamma)}\right)$ 的情况。

$$\hat{\pi}^{**} - \pi^* = -(1-\gamma)D^{\beta\gamma}\left[1-\left(1-k^{\beta\gamma}\right)^{\frac{1}{1-\gamma}}\left(1-k^{\beta}\right)^{\frac{-\gamma}{1-\gamma}}\right]\left(\frac{\gamma}{c}\right)^{\frac{\gamma}{1-\gamma}} + D^{\beta\gamma}\left(k^{\beta\gamma} - k^{\beta}c\right)$$
$$(34)$$

因为 $1-k^{\beta} \in (0,1)$，$\frac{-\gamma}{1-\gamma} < 0$，所以 $\left(1-k^{\beta}\right)^{\frac{-\gamma}{1-\gamma}} > 1$。又因为 $-k^{\beta\gamma} > -1$，$\frac{1}{1-\gamma} > 0$，所以 $\left(1-k^{\beta\gamma}\right)^{\frac{1}{1-\gamma}} > 1 - \frac{1}{1-\gamma}k^{\beta\gamma}$。于是，$-(1-\gamma)\left[1-\left(1-k^{\beta\gamma}\right)^{\frac{1}{1-\gamma}}\left(1-k^{\beta}\right)^{\frac{-\gamma}{1-\gamma}}\right] > -k^{\beta\gamma}$。又因为 $c < \gamma k^{-\beta(1-\gamma)}$，所以 $D^{\beta\gamma}\left(k^{\beta\gamma} - k^{\beta}c\right) > (1-\gamma)D^{\beta\gamma}k^{\beta\gamma}$。

又由 $c \in \left(\gamma k^{-(1-\gamma)}, \gamma k^{-\beta(1-\gamma)}\right)$ 知，$\left(\frac{\gamma}{c}\right)^{\frac{\gamma}{1-\gamma}} \in \left(k^{\beta\gamma}, k^{\gamma}\right)$。于是由（34）式可知：

$$\hat{\pi}^{**} - \pi^* > D^{\beta\gamma}\left[1-(1-\gamma)k^{\beta\gamma}\right] > 0 \quad (35)$$

综上，只要保证 $g > t$，即有 $\pi^{**} > \hat{\pi}^*$。

基于定理 2，我们可以得到推论 2。

推论 2 政府有必要进行数据要素市场的分级授权机制设计，以保证平台企业基于市场原则自发地遵循数据要素市场的分级授权要求。

本文第五部分、第六部分的分析将基于一个有效的数据要素市场分级授权机制展开。

五、数据要素市场分级授权的福利分析

促进数据要素市场发展,既要注重提升数据要素的使用效率,也要兼顾整个数据要素市场的福利。因此接下来,本文将对未分级授权与分级授权的数据要素市场进行进一步的比较,探究分级授权对数据要素市场的影响。

1.数据授权量分析

首先,对整个数据要素市场中进入生产活动的数据要素授权量进行分析。可以从两个维度度量数据要素授权量:愿意授权数据的人数和平台企业得到的数据要素总量。

根据上文求解,在政府出台监管之前,平台企业会选择不分级授权,从(9)式可以得到未分级授权下,平台企业获得的数据总量为

$$TD^* = \left(\frac{\gamma}{c}\right)^{\frac{1}{1-\gamma}} D \qquad (36)$$

在政府制定有效的数据要素市场分级授权机制后,平台企业遵循数据分级授权,(21)式和(23)式分别表示数据要素市场分级授权时愿意授权全部数据的用户量 n_1^{**} 和愿意授权数据(部分与全部之和)的用户量 n_2^{**},进而可以求得此时平台企业获得的数据总量为

$$TD^{**} = \begin{cases} \left[(1-k)\left(\dfrac{1-k^{\beta\gamma}}{1-k^{\beta}}\right)^{\frac{1}{1-\gamma}} + k^{1-\beta}\right]\left(\dfrac{\gamma}{c}\right)^{\frac{1}{1-\gamma}} D & c \in \left(\gamma k^{-\beta(1-\gamma)}, k^{-\beta(1-\gamma)}\right) \\ (1-k)\left(\dfrac{1-k^{\beta\gamma}}{1-k^{\beta}}\right)^{\frac{1}{1-\gamma}}\left(\dfrac{\gamma}{c}\right)^{\frac{1}{1-\gamma}} D + kD & c \in \left(\gamma k^{-(1-\gamma)}, \gamma k^{-\beta(1-\gamma)}\right) \end{cases} \qquad (37)$$

则基于上述模型的求解结果,我们可以得到:

定理3 在 $k,\gamma \in (0,1)$,$\beta,\beta\gamma > 1$,$c \in \left(\gamma k^{-(1-\gamma)}, k^{-\beta(1-\gamma)}\right)$,$t \in \left(1 - \dfrac{\left(1-k^{\beta}\right)^{\frac{\gamma}{1-\gamma}}}{\left(1-k^{\beta\gamma}\right)^{\frac{1}{1-\gamma}} + \left(1-k^{\beta}\right)^{\frac{\gamma}{1-\gamma}}}, 1\right)$,$g > t$ 的条件下,$n_2^{**} > n^* > n_1^{**}$,$TD^{**} > TD^*$。

■定理3证明。

首先,分析愿意授权数据的人数。由于 $k,\gamma \in (0,1)$,$\beta,\beta\gamma > 1$,必然有 $\frac{1-k^{\beta\gamma}}{1-k^{\beta}} < 1$,$\frac{1}{1-\gamma} > 1$,$k^{-\beta} > 1$。于是,必然有 $k^{-\beta} > 1 > \left(\frac{1-k^{\beta\gamma}}{1-k^{\beta}}\right)^{\frac{1}{1-\gamma}}$。因此,可以直接得到 $n_2^{**} > n^* > n_1^{**}$。

接下来,分析平台企业得到的数据要素总量。先分析 $c \in \left(\gamma k^{-\beta(1-\gamma)}, k^{-\beta(1-\gamma)}\right)$ 的情况。

$$TD^{**} - TD^* = \left[(1-k)\left(\frac{1-k^{\beta\gamma}}{1-k^{\beta}}\right)^{\frac{1}{1-\gamma}} + k^{1-\beta} - 1\right]\left(\frac{\gamma}{c}\right)^{\frac{1}{1-\gamma}} D \quad (38)$$

我们记 $f(k) = (1-k)\left(\frac{1-k^{\beta\gamma}}{1-k^{\beta}}\right)^{\frac{1}{1-\gamma}} + k^{1-\beta}$,为了求得 $f(k)$ 的取值范围,进一步对 $f(k)$ 求导,可得 $f'(k) = -\left(\frac{1-k^{\beta\gamma}}{1-k^{\beta}}\right)^{\frac{1}{1-\gamma}} - (\beta-1)k^{-\beta} + \left[k^{\beta} - \gamma k^{\beta\gamma} - (1-\gamma)k^{\beta\gamma+\beta}\right]\frac{\beta(1-k)}{k(1-\gamma)(1-k^{\beta})^2}\left(\frac{1-k^{\beta\gamma}}{1-k^{\beta}}\right)^{\frac{1}{1-\gamma}-1}$。因此,在 $k,\gamma \in (0,1)$,$\beta,\beta\gamma > 1$ 的条件下,我们只需证明 $k^{\beta} - \gamma k^{\beta\gamma} - (1-\gamma)k^{\beta\gamma+\beta} < 0$ 即可保证 $f(k)$ 在 $k \in (0,1)$ 时单调递减。在此,我们记 $h(x) = k^{\beta\gamma+x}$,显然 $h(x)$ 为凸函数。所以 $\forall \gamma \in (0,1)$,有 $h(\gamma x_1 + (1-\gamma)x_2) < \gamma h(x_1) + (1-\gamma)h(x_2)$。取 $(x_1, x_2) = (0, \beta)$,可知 $k^{\beta\gamma+(1-\gamma)\beta} < \gamma k^{\beta\gamma} + (1-\gamma)k^{\beta\gamma+\beta}$。于是有 $k^{\beta} - \gamma k^{\beta\gamma} - (1-\gamma)k^{\beta\gamma+\beta} < k^{\beta} - k^{\beta\gamma+(1-\gamma)\beta} = 0$。因此,$f'(k) < 0$,$f(k)$ 在 $k \in (0,1)$ 时单调递减。所以 $f(k) = (1-k)\left(\frac{1-k^{\beta\gamma}}{1-k^{\beta}}\right)^{\frac{1}{1-\gamma}} + k^{1-\beta} > f(1) = 1$,因此,由(38)式可知,$TD^{**} > TD^*$。

再来分析 $c \in \left(\gamma k^{-(1-\gamma)}, \gamma k^{-\beta(1-\gamma)}\right)$ 的情况。

$$TD^{**} - TD^* = -\left[1 - (1-k)\left(\frac{1-k^{\beta\gamma}}{1-k^{\beta}}\right)^{\frac{1}{1-\gamma}}\right]\left(\frac{\gamma}{c}\right)^{\frac{1}{1-\gamma}} D + kD \quad (39)$$

因为 $c \in \left(\gamma k^{-(1-\gamma)}, \gamma k^{-\beta(1-\gamma)}\right)$，所以 $\left(\dfrac{\gamma}{c}\right)^{\frac{1}{1-\gamma}} \in \left(k^{\beta}, k\right)$。于是，$TD^{**} - TD^{*} >$

$\left[k^{\beta}(1-k)\left(\dfrac{1-k^{\beta\gamma}}{1-k^{\beta}}\right)^{\frac{1}{1-\gamma}} + k - k\right]D = k^{\beta}(1-k)\left(\dfrac{1-k^{\beta\gamma}}{1-k^{\beta}}\right)^{\frac{1}{1-\gamma}}D > 0$。因此，$TD^{**} > TD^{*}$ 仍然成立。

基于定理3，在考虑了现实的数据要素市场后，我们最终得出推论3。

推论3 在有效的数据要素市场分级授权机制下，企业自发地落实数据分级授权，愿意授权全部数据的用户数下降，但是愿意授权数据（部分+全部）的用户数上升，平台企业获得的数据要素总量也上升。平台企业在搜集数据的过程中既履行了最小必要原则，也提升了数字服务的普惠性。

2.用户福利分析

前文已经说明，在有效的分级授权制度下，平台企业选择遵循分级授权时，其利润会低于分级授权要求出台前的利润，即 $\pi^{**} < \pi^{*}$。接下来，本文进一步针对数据要素市场中的用户福利展开分析。

在不分级授权的情况下，基于（3）式、（8）式和（9）式，可以得到用户福利如下：

$$w_u^{*} = \int_0^1 \left(\alpha n^{*} v^{*} - \theta_i^2 D\right)di = \dfrac{2}{3}\left(\dfrac{\gamma}{c}\right)^{\frac{3}{1-\gamma}}D \quad （40）$$

然后，在分级授权的情况下，根据（13）式，我们可以得到此时的用户福利如下：

$$w_u^{**} = \int_0^{n_1}\left(\alpha n_2^{**} v^{**} - \theta_i^2 D\right)di + \int_{n_1}^{n_2}\left(\alpha n_2^{**} u^{**} - \theta_i^2 kD\right)di \quad （41）$$

将（21）式、（23）式代入后，可以直接求得用户福利为

$$w_u^{**} = \begin{cases} \dfrac{2}{3}\left[(1-k)\left(\dfrac{1-k^{\beta\gamma}}{1-k^{\beta}}\right)^{\frac{3}{1-\gamma}} + k^{1-3\beta}\right]\left(\dfrac{\gamma}{c}\right)^{\frac{3}{1-\gamma}}D & c \in \left(\gamma k^{-\beta(1-\gamma)}, k^{-\beta(1-\gamma)}\right) \\ \dfrac{2}{3}\left[(1-k)\left(\dfrac{1-k^{\beta\gamma}}{1-k^{\beta}}\right)^{\frac{3}{1-\gamma}}\left(\dfrac{\gamma}{c}\right)^{\frac{3}{1-\gamma}}D + kD\right] & c \in \left(\gamma k^{-(1-\gamma)}, \gamma k^{-\beta(1-\gamma)}\right) \end{cases}$$

$$（42）$$

通过计算分析，可以得出如下关系：

定理 4 在 $k,\gamma \in (0,1)$，$\beta, \beta\gamma > 1$，$c \in \left(\gamma k^{-(1-\gamma)}, k^{-\beta(1-\gamma)}\right)$，$t \in \left(1 - \dfrac{\left(1-k^\beta\right)^{\frac{\gamma}{1-\gamma}}}{\left(1-k^{\beta\gamma}\right)^{\frac{1}{1-\gamma}} + \left(1-k^\beta\right)^{\frac{\gamma}{1-\gamma}}}, 1\right)$，$g>t$ 的条件下，$w_u^{**} > w_u^*$。

■定理4证明。

首先，分析平台企业利润。

其次，分析用户福利。先分析 $c \in \left(\gamma k^{-\beta(1-\gamma)}, k^{-\beta(1-\gamma)}\right)$ 的情况。

$$w_u^{**} - w_u^* = \frac{2}{3}\left[(1-k)\left(\frac{1-k^{\beta\gamma}}{1-k^\beta}\right)^{\frac{3}{1-\gamma}} + k^{1-3\beta} - 1\right]\left(\frac{\gamma}{c}\right)^{\frac{3}{1-\gamma}} D \quad (43)$$

记 $p(x) = (1-k)\left(\dfrac{1-k^{\beta\gamma}}{1-k^\beta}\right)^{\frac{3}{1-\gamma}} + k^{1-3\beta}$。于是通过求解导数可以得到

$$p'(k) = -\left(\frac{1-k^{\beta\gamma}}{1-k^\beta}\right)^{\frac{3}{1-\gamma}} - (3\beta-1)k^{-\beta} + \left[k^\beta - \gamma k^{\beta\gamma} - (1-\gamma)k^{\beta\gamma+\beta}\right]\frac{3\beta(1-k)}{k(1-\gamma)\left(1-k^\beta\right)^2}\left(\frac{1-k^{\beta\gamma}}{1-k^\beta}\right)^{\frac{1}{1-\gamma}-1}。$$

基于上文定理2的证明，$k^\beta - \gamma k^{\beta\gamma} - (1-\gamma)k^{\beta\gamma+\beta} < 0$。于是，$p(k)$ 在 $k \in (0,1)$ 时单调递减。所以 $p(k) = (1-k)\left(\dfrac{1-k^{\beta\gamma}}{1-k^\beta}\right)^{\frac{3}{1-\gamma}} + k^{1-3\beta} > p(1) = 1$。因此，由（43）式可知，$w_u^{**} > w_u^*$。

再分析 $c \in \left(\gamma k^{-(1-\gamma)}, \gamma k^{-\beta(1-\gamma)}\right)$ 的情况。

$$w_u^{**} - w_u^* = \frac{2}{3}\left[(1-k)\left(\frac{1-k^{\beta\gamma}}{1-k^\beta}\right)^{\frac{3}{1-\gamma}}\left(\frac{\gamma}{c}\right)^{\frac{3}{1-\gamma}} D - \left(\frac{\gamma}{c}\right)^{\frac{3}{1-\gamma}} D + kD\right] \quad (44)$$

因为 $c \in \left(\gamma k^{-(1-\gamma)}, \gamma k^{-\beta(1-\gamma)}\right)$，所以 $\left(\dfrac{\gamma}{c}\right)^{\frac{3}{1-\gamma}} \in (k^{3\beta}, k^3)$。于是可知：

$$w_u^{**} - w_u^* > \frac{2}{3}\left[(1-k)\left(\frac{1-k^{\beta\gamma}}{1-k^\beta}\right)^{\frac{3}{1-\gamma}} k^{3\beta} + k(1-k^2)\right]D > 0 \quad (45)$$

因此，$w_u^{**} > w_u^*$ 仍然成立。

基于定理4，我们同样可以得到数据要素市场分级授权后有关用户福利的推论4。

推论4 在有效的数据要素市场分级授权机制下，企业自发地遵循数据分级授权，用户福利得到提升，数据分级授权更有利于整个数据要素市场的健康发展。

最后，表1总结了政府构建数据要素市场分级授权机制前后的福利对比。

表1 分级授权和不分级授权的福利对比

		企业利润	用户福利
政府不要求分级授权	企业选择不分级授权	π^*	w_u^*
	企业选择分级授权	π^{**}	
政府要求分级授权	企业违背分级授权	$\hat{\pi}^*$	
	企业遵循分级授权	π^{**}	w_u^{**}
	福利对比	$\pi^* > \pi^{**} > \hat{\pi}^*$	$w_u^{**} > w_u^*$

六、影响数据要素市场分级授权效果的因素分析

1. 数据要素的规模报酬水平

由于数据要素有着规模报酬递增的属性，而规模报酬的大小在一定程度上可以反映平台企业处理数据的数字技术水平，因此有必要针对规模报酬的大小展开进一步分析。从上文的求解中可知，生产函数中有关数据要素的规模报酬与 β 和 γ 有关，规模报酬递增的条件为 $\beta\gamma > 1$。我们认为数据要素规模报酬递增的原因在于原本分散的数据要素被平台企业收集后形成的规模化的数据库可以通过各类计算技术让价值得到提升。由于我们假定 $\gamma \in (0,1)$，数据要素规模报酬递增的关键在于 β。因此，β 的取值可以衡量平台企业的数字技术水平。基于此，我们分析 β 的变化对数据要素授权量和社会福利的影响，具体变量的取值为 $D = 1.5$，$\varphi = 1.9$，$k = 0.5$，$\gamma = 0.7$，$\beta \in (1.5, 2.5)$。

我们首先来看 β 对愿意授权的用户数和数据授权总量的影响，数值模拟的结果如图3、图4所示。图3说明随着数据要素的规模报酬递增水平逐渐增强，愿意授权数据的用户数会上升。而相比于数据要素市场未分级授权的情况，分级授权下愿意授权数据的用户数上升的速度更快。图4说明随着数据要素的规模报酬递增水平逐渐增强，平台企业获得的数据总量会增加。而相比于数据要素市场未分级授权的情况，分级授权下平台企业获得的数据总量上升速度同样更快。本文认为，由于数据要素规模报酬递增水平的增强，平台企业可以提升数字服务的质量，从而可以吸引更多用户通过授权自己的数据来接入数字服务，进而提升获得的数据总量。当然，随着数据要素的规模报酬递增水平的进一步加强，最终有可能出现全部用户均愿意授权全部或者部分数据的情况。基于这一数值模拟结果，本文提出推论5。

推论5 在有效的数据要素市场分级授权机制落实后，平台企业遵循分级授权，此时数据要素规模报酬水平的增强对愿意授权数据的用户数、平台企业获得的数据总量的提升作用均更强。因此，有效的分级授权机制可以让数字技术的提升更好地惠及用户。

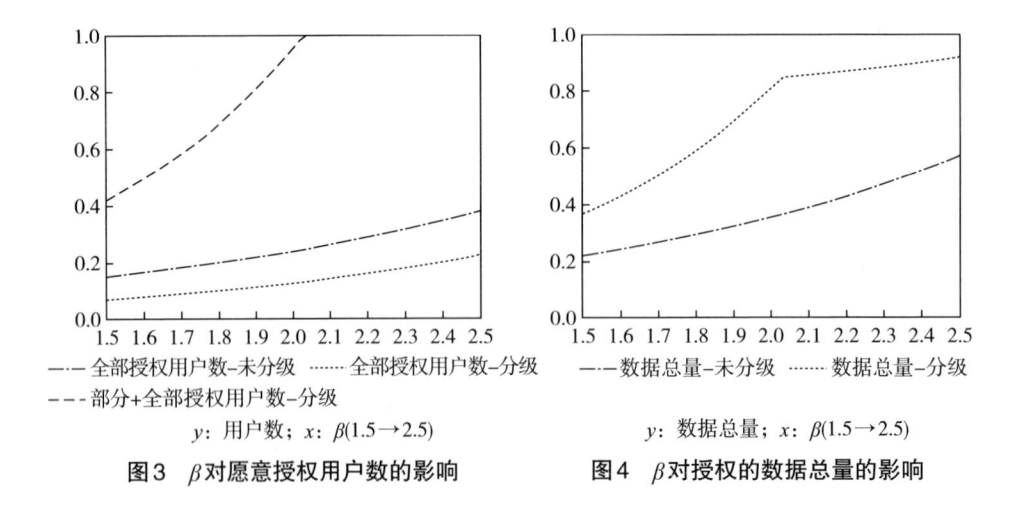

图3 β 对愿意授权用户数的影响

图4 β 对授权的数据总量的影响

再来看 β 对用户福利的影响，数值模拟的结果如图5至图8所示。图5和图6分别展示了在数据要素规模报酬递增水平逐渐增强的情况下，数据要素市场未分级授权和分级授权时，用户福利和社会福利的变化趋势。可以发现，无

图5 β 对用户福利的影响

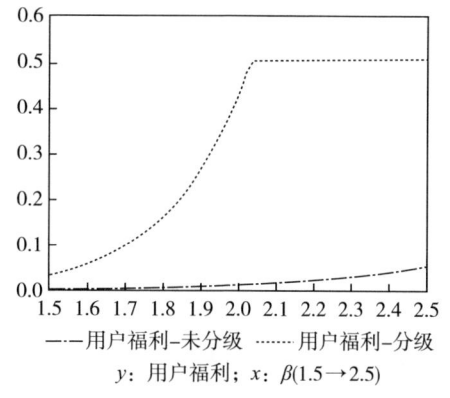

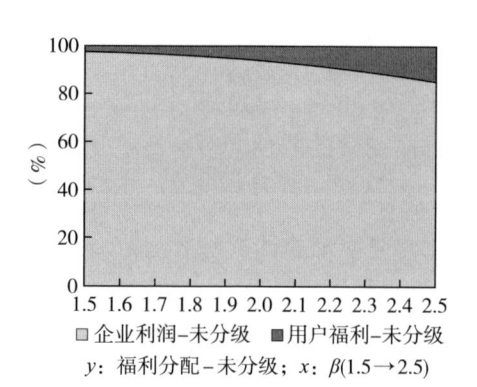

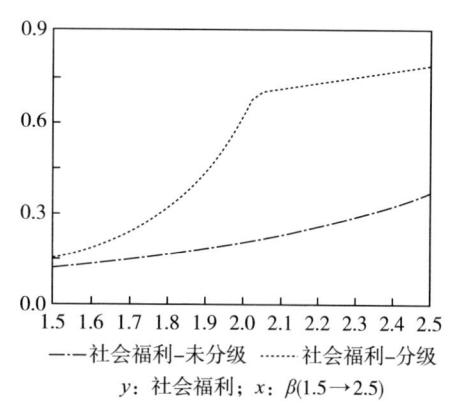

图6 β 对社会福利的影响

图7 β 对社会福利分配的影响–未分级

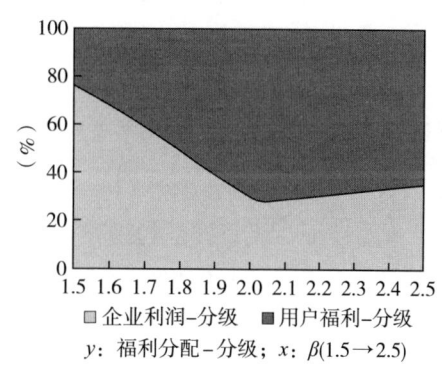

图8 β 对社会福利分配的影响–分级

论数据要素市场是否分级,长期来看,规模报酬递增水平的增强均会提升用户福利和社会福利,而相对而言,用户福利在数据要素市场分级授权后提升得更快。图7和图8更清晰地展示了长期情况下,企业利润与用户福利的分配。可以发现,数据要素市场分级后,在同等数据要素规模报酬水平下,用户福利所占的份额更大。此外,一旦平台企业占据了整个市场,再增强规模报酬递增水平,用户福利所占的份额反而会下降。这是因为此时所有用户已经根据自己的偏好将数据部分或全部地授权给了平台企业,规模报酬递增水平的提升将主要作用于平台企业的生产力之上,用户福利份额的下降是因为企业利润的快速提升。总结后,可以得出推论6。

推论6 在有效的数据要素市场分级授权机制落实后,平台企业遵循分级授权,此时社会福利、用户福利及用户福利份额更大,且数据要素规模报酬水平的增强对用户福利及用户福利份额的提升作用也更大。因此,有效的分级授权机制可以让数字技术的提升更好地促进数据要素市场的"共同富裕"。

2.数据的分级授权标准

最后,我们分析数据分级授权标准的问题。模型中的分级标准是,平台企业提供基础接入服务时向用户收集的数据比例。我们希望平台企业能够遵守最小必要原则,在提供基础接入服务时只收集这些接入服务涉及的数据,而不去过度收集额外的数据。分级标准在我们的模型中起到关键作用,不仅仅体现在基础接入服务的数据收集比例上,也会通过对效用函数、生产函数的影响,最终反映在数据要素授权量和用户福利之中。同时,分级标准也可以为平台企业确定基础接入服务的质量提供参考依据。平台企业可以制定较大的分级标准,从而提供质量相对较高的基础接入服务;也可以制定较小的分级标准,仅提供质量相对较低的基础接入服务。具体变量的取值为 $\beta=2.0$,$D=1.5$,$c=1.8$,$\gamma=0.7$,$k\in(0.1,0.9)$。

首先来看对愿意授权的用户数和数据授权总量的影响,数值模拟的结果如图9、图10所示。图9和图10说明在数据要素市场分级授权的情况下,在平台企业全部占据数据要素市场之前,降低分级标准既能扩大愿意授权数据(部分与全部之和)的用户数,也能增加收集到的数据总量;但是在全部占据数据要素市场之后,如果继续降低分级标准,愿意授权数据(部分与全部之和)的用户数并不会改变,反而会降低收到的数据总量。这是因为在占据数据要素市场之

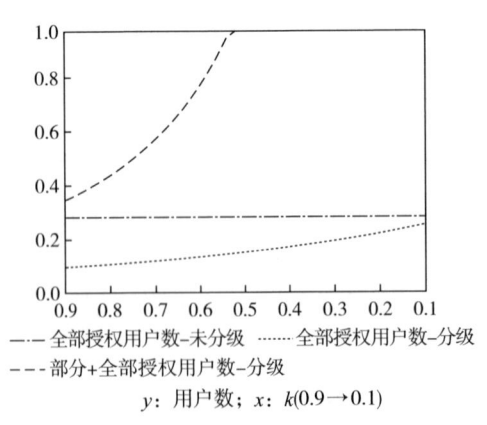

图9 k对愿意授权用户数的影响

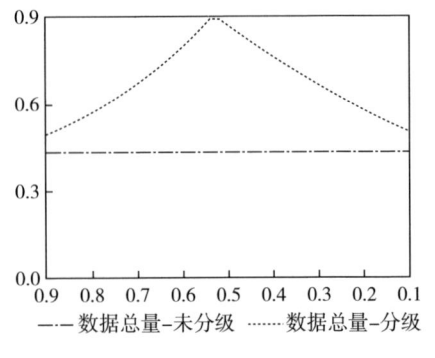

图10 k对授权的数据总量的影响

后，再降低分级标准，会让原先愿意授权全部数据的用户转化为授权部分数据，从而导致授权数据总量的下降。基于上述分析，可以得到推论7。

推论7 有效的数据要素市场分级授权机制落实后，平台企业遵循分级授权，当平台企业提供基础接入服务的数据要素授权标准正好可以帮助平台企业占据全部市场份额时，平台企业获得的数据要素总量也最多。因此，一个合理的数据要素授权标准有助于平台企业更加合规、合理地采集更多的数据要素。

我们再来看对社会福利的影响，数值模拟的结果如图11至图14所示。图11和图12分别展示了从长期来看，在分级标准逐渐下降的情况下，用户福利和社会福利的变化趋势。可以发现，在数据要素市场分级授权的情况下，用户福利和社会福利均大于未分级授权的情况。同时，可以发现用户福利和社会福

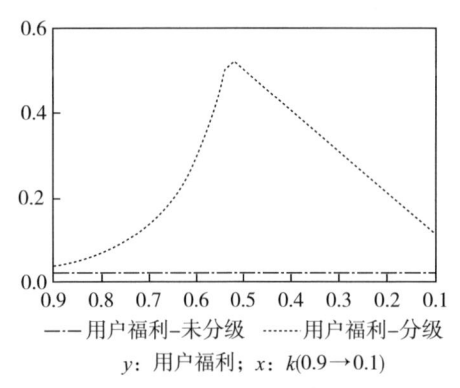

图11 k对用户福利的影响

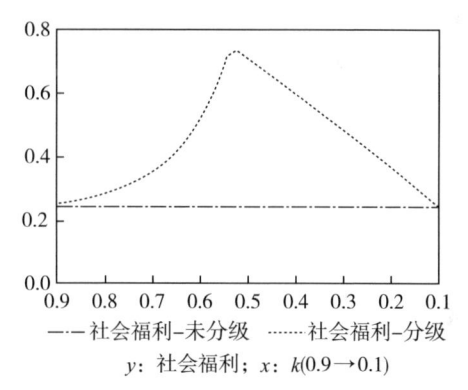

图12 k对社会福利的影响

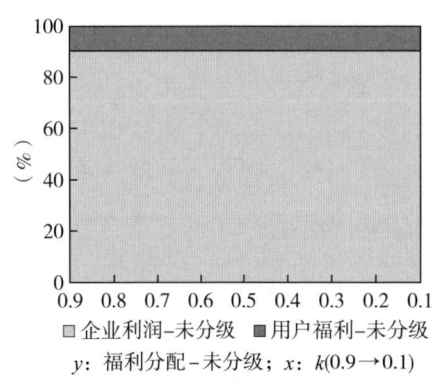

图13 k对社会福利分配的影响–未分级

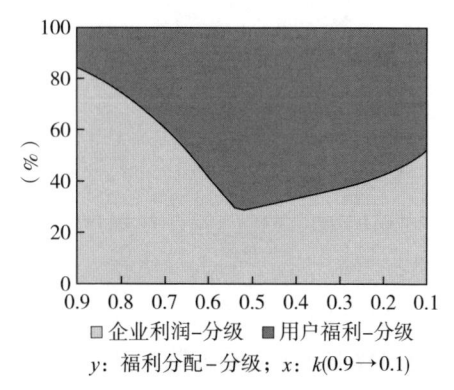

图14 k对社会福利分配的影响–分级

利会随着分级标准下降而先上升后下降。在本文的模型中，分级标准是外生给定的，而现实情况下，平台企业对分级标准有更大的选择权，因此若要让平台企业选择用户福利最大的分级标准，仍然需要政府对数据分级授权相关机制进行进一步的设计。由于篇幅所限，本文针对这一问题不再展开进一步的讨论。从图13和图14可以发现在数据要素市场分级授权的情况下，用户获得的社会福利份额是要大于未分级授权情况下的。类似地，随着分级标准逐渐下降，用户获得的社会福利份额同样是先上升后下降。基于上述分析，可以得到推论8。

推论8 在有效的数据要素市场分级授权机制落实后，平台企业遵循分级授权，当平台企业提供基础接入服务的数据要素授权标准正好可以帮助平台企业占据全部市场份额时，用户福利及用户福利份额也最大。因此，一个合理的数据要素授权标准有助于促进数据要素市场的"共同富裕"。

最后，虽然本文构建的探究数据要素市场分级授权机制的经济学模型只考虑了分两级授权的情况，但是得到的结论在一定程度上可以推广到更多级的分级授权情形。而在实际操作中，数据要素市场分级授权体系的构建也需要结合平台企业的实践操作，在权衡数据要素生产效率和用户权利保障的基础上进行更多级、更精细的分级授权设计，从而最终在长期形成一个低交易成本的数据要素市场。

七、结论

本文首次论证了数据要素市场分级授权的机制设计及福利分析。以往对数据要素的研究更多集中在数据作为一种生产要素对经济增长所起的作用上，而对于数据的确权问题则一直没有定论。数据的确权是数据要素市场进一步发展的基础。鉴于数据在不同应用场景下衍生的权利存在差异性，很难用统一的标准对数据衍生的所有权利进行清晰的权属界定。本文提出通过数据分级授权机制来解决数据确权问题，让用户和平台企业以市场原则为基础，达成不同级别的数据授权协议。数据分级授权能够让平台企业无须考虑平台上数据衍生出的各类复杂权利及相关权属问题，从而直接通过市场化的授权协议，合理、合法地使用数据要素，进而降低数据要素市场的交易成本。

基于这一逻辑，本文首次构建有关数据要素市场分级授权的经济学模型，探讨分级授权机制对整个数据要素市场的影响。本文发现，政府需要构建有效的分级授权机制，以使平台企业能自发地基于市场原则选择遵循数据分级授权的要求。在数据要素市场分级授权后，愿意授权全部数据的用户数会下降，但是愿意授权数据（部分＋全部）的用户数会上升，平台企业获得的数据要素总量也会上升。平台企业在采集数据的过程中既履行了最小必要原则，也提升了数字服务的普惠性。同时，在数据要素市场分级授权后，用户福利和社会福利均会得到提升，说明分级更有利于整个数据要素市场的健康发展。基于这一基本结论，本文进一步从数据要素规模报酬和分级授权标准两大维度展开分析。首先，本文发现，在数据要素市场分级授权下，数据要素规模报酬水平的增强对愿意授权数据的用户数、平台企业获得的数据总量的提升作用均更强；同时，对用户福利的提升和对用户福利份额的提升作用也更强。其次，在数据要素市场分级授权下，当平台企业提供基础接入服务的数据要素授权标准正好可以帮助平台企业占据全部市场份额时，平台企业获得的数据要素总量也最多，用户福利及用户福利份额也最大。由此可见，一个可行且合理的数据要素分级授权机制设计，可以更好地促进数据要素市场的发展。

本文的研究具有重要启示：（1）本文的研究脱离先前的基于数据衍生的各类权利进行确权的逻辑（申卫星，2020；Varian, 2018），提出数据要素市场的分级授权机制，从而更合理地解决数据的确权问题，在学术方面具有创新性，在实践方面具有可行性。（2）本文的结论说明了构建数据要素市场分级授权机制的重要性，为当前中央及地方政府出台相关数据条例提供了支撑。比如，深圳市通过的《深圳经济特区数据条例》就提出 App 要允许用户在不提供数据的情况下使用基础服务，这与本文模型所论证的最小必要原则和基础接入服务有一定的相通之处。（3）本文的研究说明，在长期，数据要素市场的分级授权机制同样有利于平台企业，可以通过"数据采集歧视"在尊重用户的情况下根据不同用户的偏好尽可能多地采集不同用户的数据；也可以帮助平台企业以更加合理、合法的方式采集更多的数据，并在后续使用这些数据的过程中不必担心法律上的权属问题，从而让平台企业更加放心地利用这些数据进行生产和创新活动。（4）本文的结论表明数据要素市场的分级授权机制可以提升用户的福利和福利份额。一个有效的数据要素市场分级授权机制，既可以让用户自主控制其在平台上产生的数据，也可以让数字服务惠及更多的用户，提升原本处于弱势一方的用户在数据要素市场中的福利份额，实现数据要素市场福利分配上的"共同富裕"。

参考文献

何小钢，梁权熙，王善骝，2019.信息技术、劳动力结构与企业生产率——破解"信息技术生产率悖论"之谜[J].管理世界，35(9):65–80.

纪海龙，2018.数据的私法定位与保护[J].法学研究，40(06):72–91.

申卫星，2020.论数据用益权[J].中国社会科学，(11):110–131+207.

谭洪波，2015.中国要素市场扭曲存在工业偏向吗？——基于中国省级面板数据的实证研究[J].管理世界，(12):96–105.

熊巧琴，汤珂，2021.数据要素的界权、交易和定价研究进展[J].经济学动态，(2):143–158.

徐翔，厉克奥博，田晓轩，2021.数据生产要素研究进展[J].经济学动态，(4):142–158.

徐翔，赵墨非，2020.数据资本与经济增长路径[J].经济研究，55(10):38–54.

许宪春，张美慧，2020.中国数字经济规模测算研究——基于国际比较的视角[J].中国工业经济 (5): 23–41.

尹西明，林镇阳，陈劲，林拥军，2022.数据要素价值化动态过程机制研究[J].科学学研究，40(2): 220–229.

袁志刚，2013.深化要素市场改革 创新对外开放模式[J].经济研究，48(2):19–20+54.

曾铮，王磊，2021.数据要素市场基础性制度：突出问题与构建思路[J].宏观经济研究，(3):85–101.

周迪，董雪峰，吴悠然，尤毓姝，戎珂，2019.短视频行业的平台定位模型研究——以抖音、快手为例[J].研究与发展管理，31(5):37–50+159.

邹佳，郭立宏，2017.基于不同用户信息水平的双边平台最优价格博弈时序研究[J].管理工程学报，31(3):117–125.

Acquisti A, Taylor C, Wagman L, 2016. The economics of privacy. Journal of Economic Literature, 54(2): 442–92.

Armstrong M, 2006. Competition in two-sided markets. The RAND Journal of Economics, 37(3): 668–691.

Bergemann D, Bonatti A, Smolin A, 2018. The design and price of information. American Economic Review, 108(1): 1–48.

Bourreau M, Caillaud B, De Nijs R, 2018. Taxation of a digital monopoly platform. Journal of Public Economic Theory, 20(1): 40–51.

Coase, R H, 1960. The problem of social cost. Journal of Law and Economics,3: 1–44.

Dosis A, Sand–Zantman W, 2019. The ownership of data. Available at SSRN 3420680.

Eckhardt, G. M., Bardhi, F, 2015. The sharing economy isn't about sharing at all. Harvard Business Review.

Farboodi M, Veldkamp L, 2021. A growth model of the data economy. National Bureau of Economic Research.

Fernandez R C, Subramaniam P, Franklin M J, 2020. Data market platforms: Trading data assets to solve data problems. arXiv preprint *arXiv*:2002.01047.

Gaessler F, Wagner S, 2019. Patents, data exclusivity, and the development of new drugs. The Review of Economics and Statistics: 1–49.

Gertner Y, Ishai Y, Kushilevitz E, et al., 2000. Protecting data privacy in private information retrieval schemes. Journal of Computer and System Sciences, 60(3): 592–629.

Goodhue D L, Wybo M D, Kirsch L J, 1992. The impact of data integration on the costs and benefits of information systems. MIS Quarterly: 293–311.

Hotelling H, 1929. Stability in competition. The Economic Journal, 39.153: 41–57.

Iansiti M, 2021. The value of data and its impact on competition, Available at SSRN.

Ichihashi S, 2021. The economics of data externalities. Journal of Economic Theory, 196: 105316.

Janeček V, 2018. Ownership of personal data in the Internet of Things. Computer Law & Security Review, 34(5): 1039–1052.

Ji H L, 2018. Private law positioning and protection of data. Chinese Journal of Law, 40(6):72–91.

Jones C I, Tonetti C, 2020. Nonrivalry and the economics of data. American Economic Review, 110(9): 2819–58.

Martens B, 2021. An economic perspective on data and platform market power. available at SSRN 3783297.

Niebel T, 2018. ICT and economic growth – Comparing developing, emerging and developed countries. World Development, 104: 197–211.

O'Leary D E, 2013. Artificial intelligence and big data. IEEE Intelligent Systems, 28(2): 96–99.

Peukert C, Bechtold S, Batikas M, et al., 2020. European privacy law and global markets for data. available at SSRN 3560392.

R Romer P M, 1990. Endogenous technological change. Journal of Political Economy, 98(5. Part 2): S71–S102.

Richter H, Slowinski P R, 2019. The data sharing economy: on the emergence of new intermediaries. IIC-International Review of Intellectual Property and Competition Law, 50(1): 4–29.

Rochet J C, Tirole J, 2003. Platform competition in two-sided markets. Journal of the European Economic Association, 1(4): 990–1029.

Rong K, Sun H, Li D, et al., 2021. Matching as service provision of sharing economy platforms: An information processing perspective. Technological Forecasting and Social Change, 171: 120901.

Schäfer M, Sapi G, 2020. Learning from data and network effects: The example of internet search. DIW Berlin, German Institute for Economic Research.

Thaler R, 1980. Toward a positive theory of consumer choice. Journal of Economic Behavior & Organization,

1(1): 39–60.

Varian H, 2018. Artificial intelligence, economics, and industrial organization. The Economics of Artificial Intelligence: An Agenda: 24.

Veldkamp L, Chung C, 2019. Data and the aggregate economy. Journal of Economic Literature: forthcoming.

Zhuravleva N A, Nica E, Durana P, 2019. Sustainable smart cities: Networked digital technologies, cognitive big data analytics, and information technology–driven economy. Geopolitics, History, and International Relations, 11(2): 41–47.

数字经济中的拍卖和匹配机制设计

俞宁　武华君　杨晓光　孙宁[*]

一、引言

新冠疫情以来，全球经济呈下行态势，我国经济结构亦发生了重大变化，消费和服务进一步向线上迁移，传统经济向数字经济加速转型。2020年，我国数字经济规模由2005年的2.6万亿元扩张到39.2万亿元，占GDP的比重为38.6%，数字经济成为疫情下稳定经济增长的新动能（中国数字经济发展白皮书，2021）。《2020年国务院政府工作报告》明确指出，要继续出台支持政策，全面推进"互联网+"，打造数字经济新优势。《国民经济和社会发展第十四个五年规划和2035年远景目标纲要》指出，要加快数字化发展，推动产业数字化和数字产业化转型。由此可见，全面发展数字经济已经上升到国家战略高

---

[*] 俞宁，南京审计大学社会与经济研究院教授，研究方向：市场机制设计、信息经济学、微观经济理论、社会网络；武华君，上海财经大学经济学院博士研究生，研究方向：市场机制设计、劳动经济学；杨晓光，中国科学院数学与系统科学研究院研究员，中国科学院大学经济与管理学院教授，研究方向：金融风险管理、博弈论、系统工程；孙宁，南京审计大学社会与经济研究院教授，研究方向：拍卖机制设计、市场机制设计、博弈论、微观经济理论。原文发表于《北京交通大学学报（社会科学版）》，2021年第4期。国家自然科学基金面上项目"就业匹配模型中的政策干预效应"（72073072）；国家自然科学基金重点项目"市场设计的理论研究"（72033004）；2020年中国信息经济学乌家培资助计划项目（E20103521）；深圳市大数据研究院开放合作研究课题"身心健康影响因素与干预策略的大数据研究"（2019ORF01015）。

度。数字经济是指以使用数字化的知识和信息作为关键生产要素、以现代信息网络作为重要载体、以信息通信技术的有效使用作为效率提升和经济结构优化的重要推动力的一系列经济活动（G20数字经济发展与合作倡议，2016）。与传统经济不同，数字经济以信息技术为载体，有着强大的市场穿透力，能够在短时间内覆盖社会的各个角落，其自然演化的试错过程可能会带来巨大的社会成本，甚至断送其发展前景，例如我国的P2P金融（互联网金融点对点借贷平台）。因此，对数字经济进行市场设计，有望促进数字经济的健康运行。在数字经济之下，大数据、人工智能等数字技术的发展使数据刻画更加精准，让海量数据的分析和使用成为可能，为市场设计提供了"透明"的信息基础。同时，市场设计理论和方法的发展及成功应用，也昭示着数字经济市场设计有着很高的可行性。

市场设计理论产生于20世纪60年代，是近二三十年来微观经济领域中迅速发展的一个分支，大量应用于解决现实问题。市场设计理论可以被视为对博弈论与社会选择理论的综合运用，旨在研究如何设计出一套显示微观主体真实偏好，最终达到既定社会目标的机制。同时，以此解决激励扭曲和市场失灵方面的问题，是一种有效且激励相容的资源配置的重要方式。以是否引入价格机制为区分，市场设计理论主要包括拍卖理论（有价格机制）与匹配理论（无价格机制）。虽然市场设计研究最初侧重于频谱拍卖、器官移植和住房匹配等线下市场，但经济学家逐渐将市场设计思维引入科技领域。例如，市场设计在科技公司中的应用范围包括阿里和eBay（易贝）的拍卖市场，谷歌、雅虎和脸书的广告销售市场，优步、来福车和滴滴的乘车市场，百合网和match.com的婚恋市场，以及Upwork的就业市场等（Eedlman, Michael and Michael, 2007; Athey and Glenn, 2011; Agarwal, Susan and David, 2009; Cohen et al., 2016）。这些项目的成功运行充分展现了市场设计理论对于解决现实问题的巨大潜力，也为促进数字经济的健康发展提供了新思路。

尽管数字经济增长迅速且潜力巨大，但学术界对数字经济的许多方面仍然没有进行系统的研究，尤其是市场设计方面。由于现实世界中不同的市场具有不同的目标和约束条件，成功的市场设计方案必然会因市场而异，不存在一种万能的市场机制。因此，本文通过几个例子来梳理数字经济市场设计的现状，从市场设计的组成部分，即拍卖和匹配机制设计两个方面展开，探讨二者发挥的作用及需要做出的改进，分三个部分进行研究：（1）以广告销售市场和阿里拍卖等典型拍卖市场为例，探讨数字经济中的拍卖机制设计；（2）以网约车市场和婚恋市场等典型匹配市场为例，探讨数字经济中的匹配机制设计；（3）讨论和归纳数字经济市场机制设计的新现象与新问题。

二、数字经济中的拍卖机制设计

拍卖是转让财产权利最古老的方式之一。相较于一手买卖的方式，拍卖更加公平、有效，因为最终赢得拍卖的人支付了比其他人更高的价格，其他竞争者不会嫉妒。而赢得拍卖者也是支付意愿最高的买家，卖家最终实现了利益最大化。关于拍卖的研究始于维克里（Vickrey，1961）的开创性研究，他从社会规划者和拍卖组织者的角度分析拍卖的配置效率和卖家收入问题。他指出，英式拍卖是有效率的，荷式拍卖在竞拍者非对称时可能是无效的；荷式拍卖与第一价格密封拍卖之间具有策略等价性，并在此基础上提出了与英式拍卖等价的第二价格密封拍卖；更重要的是，他给出了著名的"收入等价定理"（Revenue Equivalence Theorem），即在私有估值、竞拍者是对称和风险中性的情形下，上述四种标准的拍卖机制给卖家带来的期望收入是相等的，从此便开启了拍卖研究的新纪元。

美、英等国的经济学家通过设计合理的拍卖方案，成功拍卖了通信频谱、公共交通线路的经营权等公共资源，在有效配置这些公共资源的同时，也为政府赢得了数百亿美元的收入。2020年诺贝尔经济学奖授予保罗·米尔格罗姆（Paul Milgrom）和罗伯特·威尔逊（Robert Wilson）教授，以表彰他们"对拍卖理论的改进和发明了新的拍卖形式"。拍卖在我国现实经济情境下也有着非常广泛的应用，越来越多的资源通过拍卖机制进行市场化配置。其中，土地使用权出让是拍卖机制的一个典型应用。我国土地市场经历了从协议出让土地为主到目前拍卖出让土地为主（挂牌和招标是两种特别的拍卖方式）的转变过程。运用拍卖的主要动机是寻找有效的分配方案以及抑制土地使用权出让过程中滋生的腐败现象。与此同时，在诸如电力、矿产资源、森林资源、草原资源、水资源以及通信频谱等领域的资源配置中，拍卖也越来越受到重视。例如，我国在2016年已经通过立法，确定将拍卖作为分配通信频谱的一种法定方式，并且针对即将到来的5G通信频谱的拍卖政策的讨论正在紧锣密鼓地展开。此外，拍卖还是我国最重要的政府采购渠道之一。如今，得益于互联网的发展，在线拍卖越来越普遍，在市场交易中发挥着越来越重要的作用。

1.在线广告的销售市场

在线广告是谷歌、脸书和亚马逊等科技公司的主要收入来源，每年有千亿美元级别的市场。2020年，在线广告业务为谷歌创收1 469.24亿美元（Alphabet Annual Report 2020，2021）。与传统的电视、报纸广告不同，在线广告具有强大的定向功能，能够将广告精准地推送给目标用户群体。广告位的交易模式也从合约方式演变成实时竞价方式（Real Time Bidding，RTB）。在线广告的基本竞拍过程如图1所示（Wang, Zhang and Yuan, 2017）。从用户点击鼠标切换界面发送广告曝光请求，到ADX（Ad Exchange广告）交易平台上的广告位拍卖，再到最后的广告展示，整个过程通常在100毫秒内完成。基于DMP（数据管理平台）数据，利用用户的人口学基本信息、浏览记录和兴趣细分等信息，使广告精准投放得以实现。

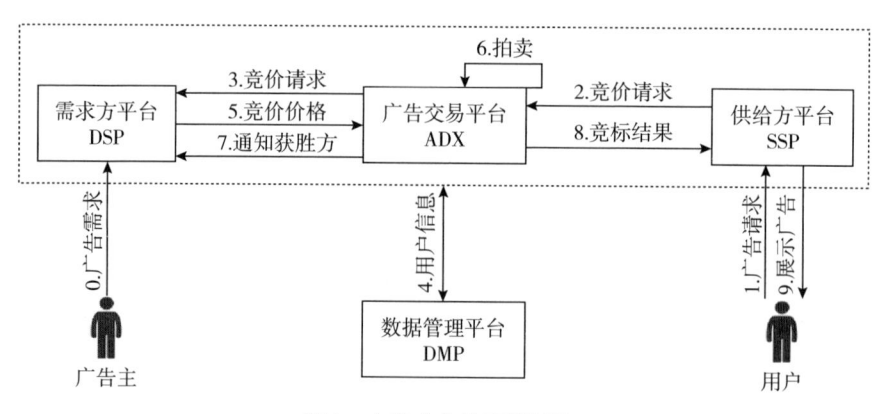

图1 在线广告的竞拍过程

为避免非现场交易讨价还价的不便，目前在线广告的拍卖形式均为密封拍卖，主要包括（1）广义第一价格（Generalized First-Price，GFP）拍卖机制；（2）广义第二价格（Generalized Second-Price，GSP）拍卖机制；（3）VCG（Vickrey-Clarke-Groves）机制。GFP拍卖机制，按出价的降序排列，出价最高者获得最优广告位，按出价支付费用。然而，GFP拍卖机制远不够完善，特别是由于环境的动态性质，投标人会根据对手的报价频繁调整出价，导致该机制的不稳定。下面用一个简化的例子来描述GFP拍卖的支付规则。假设有3个广告主竞拍2个广告位1小时的展示。广告位1和广告位2平均每小时可分别获200次和100次点击量。广告主1、广告主2、广告主3对每次点击的估值分别为10元、4元、2元。假设广告主2为每次点击出价2.01元，以确保能够获得一个广告位。那么，广告主1出价不超过2.02元就能成为出价最高者。但随后，广告主2将其出价修改为2.03元，成为出价最高者，广告主1则将其出价提高至2.04元，以此类推。显然，在该博弈中不存在均衡策略，投标人会频繁修改自己的出价。GFP拍卖会造成价格大幅波动，进而导致资源配置效率低下。

GSP拍卖机制，即按出价降序排列，排在最前面的广告主获得最优广告位，按第二高的出价支付费用。出价排在第二高的广告主获得次优广告位，按第三高的出价支付费用，以此类推。仍然采用GFP的例子来说明GSP拍卖的支付规则。如果所有广告主都按照真实估值出价，那么广告主1获得广告位1，支付$200\times4=800$；广告主2获得广告位2，支付$100\times2=200$元。GSP机制的创新之处在于将广告主的支付价格独立于自己的竞标出价，将广告主从与对手的博弈中解放出来，将精力集中在对广告价值的估算上。但其缺点是均衡不唯一，不能激励广告主报告其真实的价值估算。

VCG机制与GSP机制类似，广告主的付款不直接取决于他的出价，中标者需支付的价格是他对其他广告主造成的效用损失。仍然采用GFP的例子来说明VCG的支付规则。从社会福利角度看，当广告主1不参与拍卖时，广告主2、广告主3获得的价值总和为$200\times4+100\times2=1\ 000$元。当广告主1参与拍卖时，广告主2、广告主3获得的价值总和为$100\times4+0\times2=400$元。因此，广告主1需要支付其造成的社会福利损失$1000-400=600$元。同理，广告主2需支付的费用为$(200\times10+100\times2)-(200\times10+0\times2)=200$元；对广告主3的收费为0。VCG是一种激励相容的机制，且竞标人不会嫉妒自己广告位前后的商家（Varian and Harris，2014），具有良好的理论性质，但该机制在实际应用中并不多见。

2002年，谷歌开展Adwords业务时，采用了GSP机制。随后，众多互联网公司纷纷效仿，使GSP机制成为竞价广告的主流机制。第一，与GSP机制相比，GFP机制具有高度不稳定性。第二，在特定情形下，使用GSP机制给广告提供方带来的收益至少和VCG机制一样高（Eedlman，Michael and Michael，2007）。从例子中也可以看出，与VCG机制相比，广告提供方使用GSP机制可以多获得200元收益。第三，GSP机制中价格的计算较为简单，容易理解。而

VCG机制最明显的缺点是计算烦琐,尤其是当竞标人数增加时,计算量也随之增加,不利于投标人的理解。而且基于历史原因,实施和测试一个新系统会带来高昂的成本。

然而,仅依据出价高低来确定排名,会造成广告质量低下但竞拍出价高的买方赢得广告位。这样不仅会损害用户体验,还会导致信息的扭曲传播,造成诸如"魏则西事件"等社会问题。谷歌为防止劣质商家赢得拍卖,率先引入广告质量得分(Quality Score),使用竞拍金额和广告质量得分的加权分数来确定广告排名。这个考虑广告质量的做法,提高了广告点击率,为谷歌提升信誉的同时还带来了巨大收益。

2. 实用型物品的在线交易市场

与在线广告拍卖不同,许多在线拍卖行选择了开放的形式,在拍卖过程中公开报价。在我国的拍卖实践中,通常采用英式拍卖(English Auction),即公开升价拍卖,出价最高者赢得拍卖,并按出价支付费用。阿里拍卖平台上的汽车、房产、珠宝首饰等均采用该拍卖形式。通过竞买人不断提高出价,逐步排除超额需求,将资源分配给最需要的人。当实用型物品的拍卖从线下转移到线上时,出现了最后一分钟出价(last-minute bidding)的现象,并且互联网中的信息不对称可能会加剧"赢家诅咒"。此外,互联网使多物品同时拍卖成为可能。

(1)最后一分钟出价

网上拍卖与传统拍卖不同,传统拍卖不需要设定结束时间,而网上拍卖需要设定起止时间,一般持续时间较长。在有固定结束时间的拍卖中,往往会出现"狙击"(sniping)行为,即最后一分钟出价。目前对于"狙击"行为的解释主要有以下两种(Roth and Ockendels, 2002; Bajari and Hortacsu, 2004)。一方面,在拍卖即将结束时出价,使其他投标人没有足够的时间做出回应,从而避免价格战。另一方面,当拍卖品是共同价值时,投标人可以从其他投标中获取信息,从而修改自己的支付意愿。因此,延迟投标对缺乏经验或不够理性的投标人是有益的。同时,也可以通过延迟投标,避免向他人提供信息,在拍卖结束前几分钟出价,而无须让其他人有足够的时间做出回应,这也是理性投标人对付缺乏经验的投标人的一种方式。然而,由于系统响应时间等问题,该行为存在因出价太晚而不能参与投标的风险,同时弱化了竞争,不能充分发挥拍卖的价格发现功能。正如罗斯等人（Roth and Ockendels，2002）警示的那样，在设计市场时，不仅要考虑有经验的和理性的参与者行为，还要考虑缺乏经验的和不够理性的参与者行为，以及二者之间的互动。

自动延时功能部分解决了这一问题，即当拍卖即将结束时，若仍有投标人出价，系统会自动延长数分钟，直到没有人出价为止。该做法使拍卖结束时间有了一定的不确定性。在亚马逊的拍卖中，自动延时的形式使"狙击"行为的优势被严重削弱。

（2）赢家诅咒

塞勒（Thaler，1988）提出了赢家诅咒的两种来源：（1）中标者的出价超过标的物的价值，导致中标者亏损；（2）标的物的价值低于中标者的估计，导致中标者感到失望。因此，即使中标者获利，只要其获利低于出价时的预期，同样属于赢家诅咒。在任何一个来源中，中标者都对结果不满意。如果所有投标人都是理性的，则赢家诅咒就不会发生（Cox and Isaac，1984）。在网上的交易市场中，买家无法通过互联网直接触摸或看到商品，因此难以评估其状况，易遭受赢家诅咒。许多实验研究发现，缺乏经验的投标人经常会遭受赢家诅咒，而在线市场中严重的信息不对称又加剧了这一问题（kagel and Roth，2020）。像古玩字画、珠宝首饰等不易识别真假的标的物，更容易出现赢家诅咒的问题。同时，不能确定状况的投标人，由于没有信心而不愿出高价，从而赢家诅咒导致的价格低迷可能会限制卖家将信息不对称的物品在线上拍卖（Kazumori and Mcmillan，2005）。因此，对于"何种商品适合以在线拍卖的形式出售"的问题，需要进一步的理论和实证分析。

对于在线交易市场中存在的信息不对称问题，目前主流的做法是设计信誉系统，例如eBay经营的C2C（个人与个人之间的电子商务）在线拍卖。信誉系统的核心问题是如何激励评论者报告他们真实的购买体验。同时还要保持信誉系统的简洁性，减少认知负担（例如，评分从1星到5星），提升评价参与率。然而，为了向消费者传递正面信息，商家通常使用发放红包和赠送礼品的方式来诱导客户给予好评。此外，竞争对手之间还会通过虚假评论相互破坏，导致负面评论越来越多，造成不良的营商环境。因此，未来还需设计评价审查机制，利用算法来识别和处理虚假评论。

（3）多物品拍卖

互联网的出现使多个物品同时拍卖成为可能，随之关于多物品拍卖以及网络拍卖平台设计的研究也越来越受重视。单一物品拍卖机制往往呈现分散化的特点，面对众多具有类似性质的标的物，且竞拍者的需求并非所有标的物时，需要多物品拍卖机制来解决更加集中化的分配问题。数字化平台则为改变每次拍卖的标的物数量提供了可操作空间，能够降低交易成本、提高资源配置效率与公平性。相较于单物品拍卖，多物品拍卖涉及的拍卖品数量更多，最终物品的赢得者可能不止一个，而且每个买家拍卖所得物品数量不一。阿里拍卖作为全球最大的网络拍卖交易平台，涵盖与地方政府机构合作的大资产拍卖、高端消费品拍卖等业务。住宅用房司法拍卖目前采用的基本上都是单一物品拍卖方式，每次拍卖的标的物数量唯一，拍卖效率较低，尚存在改进空间。同城多个法院同时公开拍卖的现象大量存在，地理位置上相近的房屋可同时作为一场拍卖的标的物，通过多物品拍卖机制的方式进行配置，能够在市场中形成更合理的价格机制并提高拍卖效率，从而进一步优化资源配置。

目前学术界关于多物品拍卖的研究，除了典型的 VCG 机制，还有德曼格等人（Demange et al., 1986）提出的两种机制：精确拍卖机制和近似拍卖机制。在精确拍卖机制中，拍卖者首先宣布待售物品的保留价格。在每一个价格水平下，竞拍者报出需求集合，即在该价格下获得最大效用的物品集合。根据所报需求集合信息，拍卖者确定最小过度需求集合，并提高其中物品的价格。类似的提价过程一直持续至消除所有最小过度需求集合。在近似拍卖机制中，拍卖者首先宣布待售物品的保留价格，竞拍者按一定顺序编号并逐次进入市场，进入市场的竞拍者可以选择退出拍卖，或以当前价格拍得一个尚未分配的物品，又或通过提高当前价格拍得一个被暂时分配给其他竞拍者的物品，失去竞拍品的竞拍者可再次进入市场竞价，升价过程一直持续至没有竞拍者参与竞价。德曼格等人（1986）的研究克服了 VCG 拍卖机制面临的竞拍者信息披露以及价格调整过程不透明问题。米什拉等人（Mishra and Parkes，2009）提出了一个多物品的降价拍卖机制，拍卖者首先宣布一个充分高的起始价格。在每一个价格下，竞拍者报出需求集合。根据所报的需求集合，拍卖者确定最小过度供给（over supply）集合并降低其中物品的价格，该降价拍卖机制改进了德曼格等人（1986）精确拍卖机制的收敛速度。安德森等人（Andersson and Erlanson，2013）提出了多物品的混合拍卖机制。拍卖者首先宣布一个任意的起始价格，根据竞拍者所报需求集合，拍卖者确定最大基数超额需求集合或最小过度供给集合，并对其中物品进行升价或降价调整，同时证明得出，相较于单一的升价或者降价拍卖机制，混合拍卖机制具有更好的收敛性质。

尽管近些年来的研究推动了拍卖机制设计从单物品向多物品发展，但是目前还未形成一套成熟的系统，存在较多的缺陷，比如计算复杂、所需报价信息多、配置效率低、存在动态策略操纵等。另外，现有的多物品拍卖理论大多以竞拍者具有拟线性效用（竞拍者的货币边际效用不变）作为基本假设。然而在拍卖汽车、房屋等大宗不可分割商品，或者竞拍者有预算约束时，这一基本假设往往不再成立。未来有望运用互联网技术实现算法过程以及收集动态价格信息等，设计出更加合理有效的多物品拍卖机制。

3. 其他情形

在线拍卖不受时间和地点的限制，越来越多的交易已经或将要从线下转移至线上。近几年，在线拍卖也被运用到排污权二级市场的交易中。排污权一级市场由政府向排污企业分配指标，排污权二级市场交易是排污企业之间的交易，靠市场进行调节。2012年，首个排污权网络拍卖会在浙江嘉兴举行，8吨COD（化学需氧量）全部成交。同样，其他与污染防治相关的交易，如碳排放的二级市场，有望利用互联网的优势进行线上交易。而如何有效地在企业之间分配这些指标，需要进一步设计相应的市场机制，做到通过提升污染成本以激励创新，使环境污染防治的被动行为转变为市场驱动的主动行为。

拍卖机制设计在数字经济中发挥着重要作用。传统的线下拍卖方式要求竞拍者在同一地点、同一时间竞价。而数字经济平台提供了广泛的便利性，突破了时空限制，使市场参与者可以随时随地参与市场交易，极大地扩大了市场参与程度。对数字经济进行市场设计旨在更好地提升和拓展这些数字经济市场。首先，拍卖机制设计适应数字平台交易的约束，克服了非现场交易（特别是非现场讨价还价交易）的不便。例如广告交易中采取的第二价格密封拍卖，避免了公开竞价频繁出价的低效率，广告主只需提交一个价值估算，就可以通过需求方平台参与实时竞价，极大地提高了广告宣传效率。其次，在数字经济中，拍卖机制设计有利于提升交易质量和交易的透明度，从而维护市场的公平交易。例如在广告竞价排名中引入广告质量得分，防止劣质商家赢得广告位，优化用户体验并阻止不利信息的传播。特别是在医疗广告中，广告质量是竞价排名中不容忽视的关键要素。同时，拍卖的软关闭可以大大减少最后一分钟出价的现象，使商品得到更加充分的竞争，从而保护商家利益。而信誉系统的设计使消费者可以在线反馈购物体验，对商家的商品质量、服务态度等评分，使其他消费者在拥有这些信息的基础上做出更加理性的决策，从而部分克服赢家诅咒。

三、数字经济中的匹配机制设计

匹配是进行资源配置的非价格机制，经常涉及"双向选择"问题，即当一方选择另一方时，他也同时被对方选择。例如在婚恋市场上，只有当男女双方互相选择时，两者才形成婚姻匹配；在高考和中小学招生等择校问题中，学生和学校进行双向选择；在医学院毕业生的实习分配中，毕业生和医院进行双向选择；在一般的劳动力市场中，劳动者和企业进行双向选择。将进行匹配的一方视作物品时，双边匹配的框架也可用于研究分配问题，例如人体器官的分配和工作任务的分配。

匹配理论作为新兴的经济学分支，最早由两位美国的经济学家兼数学家戴维·盖尔和劳埃德·沙普利（David Gale and Lloyd Shapley，1962）提出，并应用于婚姻匹配和择校问题。他们提出了由男生（学生）申请的延迟接受算法（deferred acceptance algorithm，简称DA算法）。该算法可以实现对男生（学生）来说最优的稳定匹配，因此被视为婚姻匹配问题和择校问题中最重要的集中分配机制。之后，以阿尔文·罗斯（Alvin Roth）教授为代表的一批经济学家不仅发展了匹配理论，而且将该理论成功地应用于实践，造福社会。2012年诺贝尔经济学奖授予阿尔文·罗斯和劳埃德·沙普利教授，以表彰他们对"稳定的市场配置理论以及关于市场设计的实践"做出的贡献。在最近的研究中，有学者（Kojima et al.，2020a，2020b）将政府干预政策纳入匹配模型中，从理论上证明不同政策如何影响劳动力市场的效率与公平。数字经济下大量个体的匹配问题，其复杂性要求更加丰富的研究方法来解决，而技术的先进性也为理论的实际应用提供了支持。

1. 网约车市场

网约车服务平台基于GPS（全球定位系统）的匹配机制使查找乘客变得更加快捷，通过信誉系统减少了信息不对称问题，当司机人数相对较少时，平台通过浮动溢价算法来平衡短期的供给与需求，促进市场出清（Hahn and

Metcalfe，2017）。网约车市场的核心问题是司机与乘客的匹配问题，其本质是匹配理论中的一对一双边匹配问题（不考虑拼车情况）。匹配的效率直接影响用户体验，进而影响司机与平台收入，而且高效率的匹配决策可以在一定程度上改善交通问题。

以优步为例，当消费者发出乘车请求后，司机按顺序收到订单请求，直到有司机接单为止。由于乘客和司机对时间较为敏感，因此需要利用基于移动互联网技术和智能手机的更高效的匹配技术，实时进行网约车的匹配决策。为提升匹配效率，目前网约车派单系统使用组批匹配（batching matching），即平台在接收到订单信息后，不会立刻为该乘客进行距离最短的匹配，而是在一个可以被等待的时间内将订单集中起来确定供需双方，再进行批量匹配，从而优化全局的匹配效率。如图2所示，若当前批次有不匹配的乘客，则将其结转到下一个批次继续参与匹配（Yan et al.，2020）。

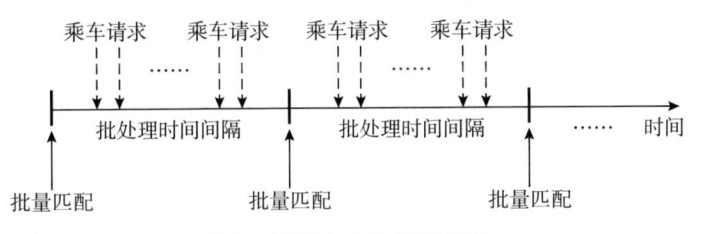

图2 网约车中的组批匹配

乘客与司机在时间上的动态进入和退出是派单匹配面对的最大挑战。不同于婚姻匹配等静态匹配市场，在动态的环境中，未来的不确定性给匹配带来了新的难题，匹配机制设计必须考虑包括未来时间的整体最优。新的乘客和司机随时可能加入，产生新的基点，发送出匹配需求，匹配的双方也就发生了变化，那么在此之前的最优匹配将可能被推翻。如何解决时序问题也是匹配理论中值得深入研究的部分，其本质是要面对未来供需双方的不确定性。以图3为例，若不考虑未来时间，则会带来效率损失。在时刻t，有一个乘车需求和两个乘车供给，即乘客1和司机A与司机B。乘客1距离司机A有3分钟路程，距离司机B有2分钟路程。根据途中时间，匹配决策应为（1，B）。然而，在$t+1$期，新的乘客2出现，该乘客距离司机A有4分钟路程，距离司机B有1分钟路程。若推迟在t期乘客1和司机B的匹配，在$t+1$期将实现新的匹配（1，A）与（2，B），总途中时间将从2+4=6分钟减少到1+3=4分钟。

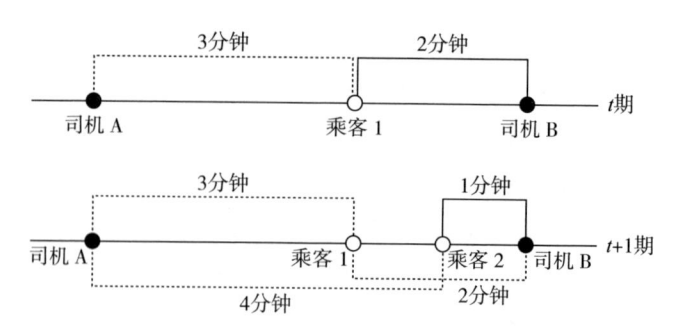

```
      3分钟              2分钟
  ●─────────○──────────●         t期
司机A        乘客1        司机B

      3分钟          1分钟
  ●─────────○────○────●          t+1期
司机A       乘客1 乘客2 司机B
        4分钟      2分钟
```

图3 考虑未来时间的动态匹配与效率提升

面对不确定的未来，平台必须在当前进行匹配决策。由于每个乘客的耐心程度不同，可以接受的等待时间不同，单一地延长所有乘客的等待时间并不可取。因此，基于用户耐心预测的动态匹配将提升匹配效率，增加部分乘客的等待时间以提高匹配比例（Akbarpour et al., 2020），同时防止部分乘客因等待时间延长而退出市场。但目前关于动态匹配的研究相对较少。

2. 婚恋市场

异性婚姻匹配是匹配理论研究的经典情境，男女双方的匹配为典型的一对一双边匹配，而且只有当双方都中意对方时才能形成婚姻匹配。婚姻匹配问题的研究源自戴维·盖尔和劳埃德·沙普利在1962年的经典论文。他们提出了由男生申请的延迟接受算法（DA算法）。但DA算法只能产生使单方面最优的稳定匹配，因此衍生两种匹配算法，即男生最优稳定匹配（men-proposing deferred acceptance algorithm）和女生最优稳定匹配（women-proposing deferred acceptance algorithm）。同时，DA算法不满足防策略操纵性（strategy-proofness），以男生最优稳定匹配为例，女生可以通过谎报自己的偏好排序，使最终的匹配结果变得对自己更有利。罗斯（Roth, 1982）从理论上证明了在婚恋市场中，不存在既稳定又防策略操纵的机制。然而策略操纵问题会带来效率的极大损失。以择校市场为例，在波士顿机制的志愿优先匹配机制下，由于志愿歧视问题，学生不得不将自认为最有可能被录取的学校放在第一志愿，而非将最喜欢的学校排在第一位，因此出现了大量"高分低就"现象。有学者（Chen and Kesten, 2017）从理论和实证两个方面系统研究了我国平行志愿填报机制，发现相对于2003年之前各省市实行的第一志愿优先录取机制，平行志愿录取机制的帕累托效率更高，学生也更愿意按照自己的真实偏好填报平行志愿。使用DA算法的前提是匹配双方具有严格偏好，但在现实中，非严格偏好更为常见，而目前很少有学者研究非严格偏好下的匹配问题。

数字经济创造了新的婚恋交友环境，珍爱网、百合网等平台相继出现。线上婚恋交友相较于线下婚恋交友拥有更多的匹配对象。海量的数据信息要求更复杂精准的算法实现匹配。平台可以利用云计算、智能分析等技术，对数据进行快速分析与模型构建，基于多项指标（人口学基本信息、依赖于GPS的生活轨迹图、搜索行为等）来预测男女双边需求并进行多维度匹配。同时匹配的选择在用户使用过程中实时进行，例如平台提供给用户"换一组推荐"的选项。然而虚拟世界的交流真实度也更低，通常情况下了解对方的信息都由对方提供，但过度美化的照片、个人爱好信息等存在一定的虚假性，平台对于信息真实性难以提供可靠的保障。

3. 其他情形

匹配机制在传统市场中的经典应用包括肾脏捐赠匹配。目前，在美国和英国等地，研究人员正在尝试使用人工智能来解决肾脏匹配问题。使用肾脏交换的模拟数据，研究人工智能对肾脏的分配特点。通过对患者的多维属性进行加权，设计符合人类价值观的匹配算法，让人工智能参与肾脏匹配，代替人进行稀缺资源的分配决策。费里德曼等人（Freedman et al., 2020）发现人工智能更偏向于把肾脏分配给那些接受肾脏移植后可能拥有更长寿命的人，而这正是人类在器官移植问题上采取的表面上公平的原则。然而，根据预期寿命数据，女人往往比男人的寿命更长，美国白人往往比美国黑人的寿命更长，匹配机制最终造成了性别和种族歧视。数字经济下的市场设计虽然可以在很多方面改善市场运行的效率，但依然面临着传统市场设计面临的问题，比如道德困境。此外，时间敏感性的匹配问题，如工作任务的分配（oDesk、Upwork）和食品配送（美团外卖、饿了么），与网约车平台类似，同样的分析也可以运用于其中。

匹配机制设计在数字经济中发挥着重要作用。随着计算算力的提升，市场参与者实现了实时匹配和高维度匹配。首先，进行匹配机制设计使平台可以快速生成较为合理的交易价格，使交易可以瞬间实现。以打车为例，传统的线下出租车接单有一定的随机性，乘客的等待时间较长。而打车平台通过实时监控供给与需求的变化，为乘客快速匹配司机，大大节约了乘客的等待时间，同时提高汽车的利用率，增加了司机的收入。其次，匹配机制设计降低了市场参与者信息收集与信息处理的成本，提升市场活跃度。例如，婚恋交友平台、购物网站、娱乐平台的推荐功能，使用户可以在一个小的、相对可靠的集合上做出决策。

四、数字经济市场机制设计的新现象与新问题

数字经济下的市场设计与传统市场设计最大的区别在于数据分析和数据密集型算法的重要性。传统的市场设计强调理论性，侧重于激励市场参与人报告真实的偏好，例如阿尔文·罗斯和劳埃德·沙普利的研究中关于择校、实习医生分配和肾脏移植等应用中的设计方法。随着现代计算机科学的进步，通过结合海量数据、机器学习和大规模试验来优化算法设计的做法越来越普遍。而正是基于这些技术的进步，诞生了新的市场，以及相应的市场机制。

长期以来，经济学家一直称赞拍卖具有发现价格的功能，但其广泛使用的障碍是聚集拍卖者的成本，如今互联网克服了这个关键问题，使在线拍卖越来越普遍。同时，技术的进步使实时匹配和高维度匹配得以实现。由此，数字经济中的市场机制出现了一系列新现象。互联网技术的发展使信息通过网络实现实时传递共享，借助大数据和人工智能技术精准化、智能化投放广告以及程序化自动运作，广告实时竞价得以实现，并使用第二价格密封拍卖来克服非现场交易的不便，以及在竞价排名中引入广告质量得分来维护公平交易；互联网技术的进步伴随着eBay和阿里拍卖等在线拍卖平台的出现，在线拍卖作为传统拍卖方式的拓展和延伸，拍卖方式不断推陈出新，例如通过拍卖软关闭和信誉系统的建立来维护交易秩序；随着GPS定位技术和移动通信技术的进步，以及计算算力的提升，网约车和外卖服务迅速兴起，实现了乘客与司机、外卖订单与骑手的高效率匹配，极大方便了人们的生活；智能电子设备的出现改变了人们的交际方式，从面对面的交流到通过数字化平台进行沟通，例如百合网和match.com等线上婚恋交友平台，而交友对象的匹配建立在数据分析的基础上，网上购物的"猜你喜欢"等推荐算法皆是如此；数字经济实现了市场决策的快速完成，比如优步通常在1秒钟内生成预期价格，在几秒钟内完成司机和乘客

的匹配（Yan et al.，2020），并使用组批匹配提升全局匹配效率。

然而，在数字经济中的市场机制设计方面，还有很多悬而未决的问题。首先，密封拍卖形式和互联网自身的信息不对称造成了广泛的社会问题。比如广告拍卖中的作弊行为，由于采取的拍卖形式为第二价格密封拍卖，ADX交易平台不会将所有的出价信息公开，难以确保广告主支付的价格是真实的第二高出价，交易平台可以通过谎报次高价格向广告主收取额外的费用；在线拍卖平台不向消费者提供质量保证，关于商品的所有信息均由商家提供，假货问题比比皆是；评价系统以及对司机的审查机制不完善等问题，造成网约车的安全隐患。信息不对称问题已是并将长期是数字经济需要面对和解决的重要问题，也是市场机制设计需要努力的方向。其次，现有的市场机制设计方法已经不能满足数字经济发展的需要。数字经济平台突破了时空限制，市场参与者可以随时随地进入和退出市场，动态的市场交易成为常态。而目前关于动态市场机制的研究相对较少，尤其是在动态的匹配机制方面。在动态的环境中，面对未来供需双方的不确定性，如何确定匹配对象和匹配时间点，需要更加完善的匹配理论。

市场机制设计需要做出适应数字经济的创新。设计更加有效的在线拍卖机制以防止作弊行为，设计更加完善的信誉系统以应对假货等问题。需要加快动态匹配的研究进度，结合动态的时空结构构建模型，深化匹配理论，并基于大数据设计优化算法，实现更高效的匹配。也许拍卖和匹配机制设计最核心的问题是"应该使用什么样的机制来出售商品和匹配资源"。数字经济给市场机制设计带来新的可能性，可以使用互联网产生的海量数据进行市场设计的实证研究。介于实验室实验和无线频谱拍卖等大规模现场交易之间，数字经济产生的丰富数据更加真实且易获得。数字经济平台是市场设计理论的天然试验场，可以利用大数据评估一种机制是否比另一种机制更有效。

最后，在市场不能发挥作用的地方，借助政府"看得见的手"，通过行政手段和法律手段为数字经济保驾护航。数字经济的快速崛起，导致还没有完善的政策法规与之相适应。未来需要针对数字经济的特征，制定适合数字经济的法律法规或行政政策。由于运行机制不完善，目前网约车市场中存在两个严重的问题。第一，司机与乘客之间存在信息不对称，这引发了一系列网约车安全问题。第二，由于乘客偏好在司机最多的平台上打车，司机偏好在乘客最多的平台上接单，因此形成了天然的垄断条件。这两个问题反映出数字经济中迫切需要解决的两大难题。第一，除了平台本身建立信誉系统以减少信息不对称风险之外，还要从法律层面明确责任划分，明确平台的责任与平台用户的责任。第二，对垄断问题进行政府干预，明确干预范围。传统观点认为，垄断造成消费者福利损失并扼杀创新。但在数字经济时代，数据成为新的生产要素，消费者往往能以比线下市场更低的价格购买商品和服务。因此，需要以是否侵犯消费者福利为依据，对数字经济中的垄断制定新的衡量标准。

五、结论与展望

市场机制设计对解决经济社会运行面临的问题往往具有直接的指导作用，因此被形象地称为"经济工程学"。在数字经济时代，互联网使经济活动环境发生了巨大变化。数字经济平台提供了广泛的便利性，极大地扩大了市场参与程度。同时，做大市场不仅可以更大程度地实现需求者和供给者匹配，而且规模效应也促进产出的提高和成本的下降。数字经济的市场机制设计作用就在于如何更好地提升和拓展这些数字经济市场。本文研究发现，拍卖和匹配机制设计在数字经济中发挥着重要作用。

1. 克服非现场交易（特别是非现场讨价还价交易）的不便，适应数字平台交易的约束。比如在线广告拍卖采取第二价格密封拍卖机制，避免了公开竞价频繁出价的低效率，从而实现实时竞价。

2. 提升交易质量和交易透明度，维护市场公平交易。例如在广告竞价排名中引入广告质量得分，防止劣质商家赢得广告位，拍卖的软关闭保护了商家利益，在线评价系统有利于消费者做出更加理性的决策，从而部分克服赢家诅咒。

3. 快速生成较为合理的交易价格，使交易可以瞬间实现。比如打车平台通过实时监控供给与需求的变化，为乘客快速匹配司机，大大节约了乘客的等待时间和司机的搜寻时间。

4. 降低市场参与者信息收集与信息处理的成本，提升市场活跃度。例如婚姻匹配市场的推荐功能，使用户可以在一个小的、相对可靠的集合上做决策。

此外，需要在市场不能发挥作用的地方实施政府干预。通过制定相应的政策法规来保证数字经济的健康运行。目前需要在法律层面明确平台与平台用户的责任划分,以是否侵犯消费者福利为依据,制定数字经济中衡量垄断的新标准。

本文为市场机制设计提供了适应数字经济的改进方向。在拍卖机制设计方面,未来需要针对数字经济的特点设计更加有效的拍卖机制,以防范密封拍卖中的作弊行为。在匹配机制设计方面,加快动态匹配的研究进度,实现匹配效率的提升。

参考文献

G20数字经济发展与合作倡议[EB/OL]. (2016-09-20) [2021-06-25]. http://www.g20chn.org/hywj/dncgwj/201609/t20160920_3474.html.

2020年国务院政府工作报告[EB/OL].(2020-05-22)[2021-06-25]. http://www.gov.cn/guowuyuan/zfgzbg.htm.

国民经济和社会发展第十四个五年规划和2035年远景目标纲要[EB/OL]. (2021-03-13) [2021-06-25]. http://www.gov.cn/xinwen/2021-03/13/content_5592681.htm.

中国数字经济发展白皮书[EB/OL].(2021-04-25)[2021-06-25]. http://www.caict.ac.cn/kxyj/qwfb/bps/202104/t20210423_374626.htm.

Agarwal N, Susan A, David Y, 2009. Skewed bidding in pay-per-action auctions for online advertising. American Economic Review, 99(2): 441–47.

Akbarpour M, Li S, Gharan S O, 2020. Thickness and information in dynamic matching markets. Journal of Political Economy, 128(3): 783–815.

Alphabet Annual Report 2020[EB/OL]. (2021-02-03) [2021-06-25], https://www.sec.gov/edgar/browse/?CIK=1652044&owner=exclude.

Andersson T, Erlanson A, 2013. Multi-item Vickrey-English-Dutch auctions. Games and Economic Behavior, 81:116–129.

Athey S, Glenn E, 2011. Position auctions with consumer search. Quarterly Journal of Economics, 126(3): 1213–70.

Bajari P, Hortacsu A, 2004. Economic insights from internet auctions. Journal of Economic Literature, 42(2): 457–486.

Chen Y, Kesten O, 2017. Chinese college admissions and school choice reforms: A theoretical analysis. Journal of Political Economy, 125, 99–139.

Cohen P, Robert H, Jonathan H, Steven L, Robert M, 2016. Using big data to estimate consumer surplus: The case of uber. NBER Working Paper.

Cox J C, Isaac R M, 1984. In search of the winner's curse. Economic Inquiry, 22(4): 579–592.

Demange G, Gale D, Sitomayor M, 1986. Multi-item auctions. Journal of Political Economy, 94(4): 863–872.

Eedlman B, Michael O, Michael S, 2007. Internet advertising and the generalized second-price auction: Selling billions of dollars worth of keywords. American Economic Review, 97(1): 242-59.

Freedman R, Borg J S, Sinnott-Armstrong W, et al., 2020. Adapting a kidney exchange algorithm to align with human values. Artificial Intelligence, 283: 103261.

Gale D, Lloyd S, 1962. College Admissions and the stability of marriage. American Mathematical Monthly, 69: 9–15.

Hahn R, Metcalfe R, 2017. The Ridesharing revolution: Economic survey and synthesis. More Equal by Design: Economic Design Responses to Inequality, 4.

Kagel J H, Roth A E, 2020. The Handbook of Experimental Economics. Volume 2. Princeton University Press.

Kazumori E, Mcmillan J, 2005. Selling online versus live. The Journal of Industrial Economics, 53(4): 543–569.

Kojima F, Sun N, Yu N N, 2020a. Job matching under constraints. American Economic Review, 110(9): 2935-47.

Kojima F, Sun N, YU N N, 2020b. Job matching with subsidy and taxation. Working Paper.

Mishra D, Parkes D C, 2009. Multi-item Vickrey-Dutch auctions. Games and Economic Behavior, 66: 326–347.

Roth A E, Ockendels A, 2002. Last-minute bidding and the rules for ending second-price auctions: Evidence from eBay and Amazon auctions on the internet. American Economic Review, 92(4): 1093–1103.

Roth A, 1982. The economics of matching: Stability and incentives. Mathematics of Operations Research, 7: 617–628.

Thaler R H, 1988. Anomalies: The winner's curse. Journal of Economic Perspectives, 2(1): 191–202.

Varian H R, Harris C, 2014. The VCG auction in theory and practice. American Economic Review, 104(5): 442–445.

Vickrey W, 1961. Counter Speculation, auctions, and competitive sealed tenders. The Journal of Finance, 16(1): 8–37.

Wang J, Zhang W, Yuan S, 2017. Display advertising with real-time bidding (RTB) and behavioural targeting. Foundations and Trends in Information Retrieval,11: 4–5.

Yan C, Zhu H, Korolko N, et al., 2020. Dynamic pricing and matching in ride-hailing platforms. Naval Research Logistics (NRL), 67(8): 705-724.